Paternidad
Consciente

Título original: PARENTING WITH PRESENCE
Traducido del inglés por Francesc Prims Terradas
Diseño de portada: Editorial Sirio, S.A.

© de la edición original
2015 Susan Stiffelman

© de la presente edición
EDITORIAL SIRIO, S.A.

EDITORIAL SIRIO, S.A.	NIRVANA LIBROS S.A. DE C.V.	DISTRIBUCIONES DEL FUTURO
C/ Rosa de los Vientos, 64	Camino a Minas, 501	Paseo Colón 221, piso 6
Pol. Ind. El Viso	Bodega nº 8,	C1063ACC
29006-Málaga	Col. Lomas de Becerra	Buenos Aires
España	Del.: Alvaro Obregón	(Argentina)
	México D.F., 01280	

www.editorialsirio.com
sirio@editorialsirio.com

I.S.B.N.: 978-84-16233-98-4
Depósito Legal: MA-841-2016

Impreso en Imagraf Impresores, S. A.
c/ Nabucco, 14 D - Pol. Alameda
29006 - Málaga

Impreso en España

Puedes seguirnos en Facebook, Twitter, YouTube e Instagram.

Susan Stiffelman

Paternidad
Consciente

Colección Eckhart Tolle

EDITORIAL
SIRIO

Para los niños que estamos educando
y para los que viven en nuestros corazones.
Para que podáis descubrir que es seguro salir a jugar,
a bailar y a brillar.

PRÓLOGO

Para que te dejen conducir un coche tienes que pasar unos exámenes teóricos y prácticos, que aseguran que no seas un peligro para ti mismo ni para los demás. Para todo, excepto para los empleos más elementales, se precisan determinadas titulaciones, y para los más complejos se requieren años de formación. Sin embargo, para una de las ocupaciones más desafiantes e importantes de la vida —hacer de padres— no se exige ninguna formación ni titulación. «La paternidad[1] sigue siendo la mayor "reserva natural" de los aficionados», escribió el autor Alvin Toffler. Esta falta de conocimiento o de formación es una de las razones —si bien no la principal, como veremos— por las que tantos padres lo pasan mal. Estos

---

1. En aras de la simplicidad, tendemos a traducir *paternidad* como genérico a lo largo del libro, entendiendo que incluye también la maternidad. Lo mismo se aplica a las denominaciones genéricas *padre* e *hijo*. Los términos originales, en inglés (*parenting*, *parent* y *child*), incluyen ambos sexos en sí mismos (N. del T.).

padres no dejan de atender necesariamente las necesidades materiales y físicas de sus hijos. Es cierto que los aman y quieren lo mejor para ellos. Pero les faltan claves a la hora de afrontar los desafíos que sus hijos les plantean casi a diario; tampoco saben cómo responder adecuadamente a sus necesidades emocionales, psicológicas y espirituales.

Mientras que en épocas pasadas la paternidad se caracterizaba por unos comportamientos demasiado autoritarios, en nuestra sociedad contemporánea muchos padres no saben ofrecer a sus hijos las orientaciones claras que estos necesitan y desesperadamente anhelan. A menudo hay una total falta de estructura en el entorno familiar, que se asemeja a un barco sin timón que ha sido abandonado por el capitán, de modo que se halla a la deriva en el océano. Los padres no se dan cuenta de que sus hijos necesitan que sean, como Susan Stiffelman señala tan acertadamente, *el capitán del barco*, un término que de ninguna manera implica regresar a la modalidad de crianza autoritaria de épocas pasadas. Se trata de encontrar un equilibrio, un término medio, entre el exceso y la total ausencia de estructura.

En última instancia, sin embargo, la causa más profunda de la disfunción familiar no es la falta de conocimiento o formación de los padres, sino su falta de conciencia. ¡Sin padres conscientes no puede haber paternidad consciente! Un padre consciente es capaz de mantener cierto nivel de conciencia en su vida cotidiana, si bien en el caso de la mayor parte de las personas es inevitable que cometan errores. Cuando no hay conciencia (otros nombres para ella son *atención plena* [*mindfulness*] o *presencia*), te relacionas con tu hijo, y con todas las demás personas, a través del condicionamiento de tu mente. Estás atrapado en las garras de los patrones mentales y emocionales reactivos, de las creencias y de las asunciones inconscientes que absorbiste de tus padres y de la cultura en la que creciste. Muchos de estos patrones se remontan a incontables generaciones, al pasado lejano. Sin embargo, cuando hay conciencia (o presencia, como prefiero llamarlo), se te revelan tus propios patrones mentales, emocionales y conductuales. Empiezas a tener elección en cuanto a cómo responder ante tus hijos, en vez de actuar ciegamente basándote en viejos patrones. También, y esto es lo más importante, dejas de transmitir estos patrones a tus hijos.

Si no estás presente, tan solo puedes conectar con tu hijo por medio de la mente pensante y las emociones, en lugar de hacerlo a partir del nivel más profundo, el del Ser. Incluso si haces todo lo correcto, faltará el ingrediente más importante en tu relación con tu hijo: la dimensión del Ser, que es el reino espiritual. Es decir, la conexión a un nivel profundo no estará ahí.

Tu hijo sentirá de un modo intuitivo que falta algo vitalmente importante en su relación contigo, que no estás nunca totalmente presente, totalmente ahí, sino que estás siempre en tu mente. Asumirá entonces inconscientemente, o más bien sentirá, que estás reteniendo algo importante. Esto da lugar a menudo a un enfado o resentimiento inconsciente en el niño, que se puede manifestar de varias maneras o permanecer en estado latente hasta la adolescencia.

Aunque este tipo de relación entre padres e hijos siga siendo mayoritaria, está aconteciendo un cambio. Un número cada vez mayor de padres se están volviendo conscientes;

están siendo capaces de trascender los patrones condicionados de su mente y conectar con su hijo en el nivel más profundo, en el nivel del Ser.

De manera que las razones de la paternidad disfuncional o inconsciente son dos. Por una parte, tenemos la falta de conocimiento o de formación en cuanto a la manera de criar a nuestros hijos manteniendo un sano equilibrio entre el viejo enfoque, excesivamente autoritario, y el enfoque contemporáneo, igualmente desequilibrado. Por otra parte, y a un nivel más fundamental, tenemos la falta de presencia, o de atención consciente, por parte de los padres.

Si bien hay muchos libros que ofrecen conocimientos especializados que resultan útiles a los padres que los leen, no muchos abordan la falta de conciencia de los padres u ofrecen orientación respecto a cómo usar los desafíos diarios de la paternidad como una manera de crecer en conciencia. Este libro de Susan Stiffelman ayuda al lector en ambos niveles, que podríamos denominar el nivel del Hacer y el nivel del Ser. La autora imparte conocimientos reveladores y ofrece consejos prácticos en cuanto al Hacer —o en cuanto a la acción correcta, como lo llaman los budistas— sin pasar por alto el nivel más fundamental, el del Ser.

Paternidad consciente muestra a los padres cómo pueden transformar la crianza en una práctica espiritual. Ayuda a cambiar los desafíos de tus hijos en un espejo que te permite percatarte de tus propios patrones inconscientes. Al lograrlo, puedes empezar a trascenderlos.

El autor Peter De Vries escribió: «¿Quién está lo suficientemente maduro para tener hijos antes de que estos lleguen? El valor del matrimonio no es que los adultos tengan niños, sino que los niños produzcan adultos». Tanto si estamos casados como si somos padres solteros, los hijos nos ayudarán sin duda a convertirnos en seres humanos más maduros. Sí, los niños producen adultos, pero —y esto es aún más importante— este libro único de Susan Stiffelman nos muestra cómo los hijos pueden dar lugar a adultos conscientes.

ECKHART TOLLE,
autor de *El poder del ahora* y *Una nueva Tierra*

INTRODUCCIÓN.

Angie era una máquina en el trabajo. Como editora de una pequeña revista sobre salud y bienestar, realizaba sus tareas con eficacia, y siempre las terminaba a tiempo. Aunque sus empleados a veces se sentían monitorizados al milímetro, a su manera supo crear un ambiente laboral agradable; ofrecía extras generosos, como flexibilidad para trabajar también desde casa y una sala de descanso con aperitivos orgánicos. Pero Angie se había comprometido a llevar una vida que no consistiese tan solo en ser productiva. Cada mañana escuchaba una meditación guiada antes de prepararse para el día que tenía por delante, y antes de tener hijos ella y su marido, Eric, habían decidido acudir a retiros de yoga siempre que les fuese posible.

Eric tenía una pequeña empresa de *marketing* por Internet en casa. Era conocido por su capacidad de pensar creativamente y disfrutaba de un éxito creciente gracias a su talento, a su espíritu de superación y a su fidelidad a los plazos de entrega.

Angie y Eric se emocionaron mucho con el nacimiento de su primer hijo. Se comprometieron a crear una familia distinta de aquellas en las que habían crecido. En el caso de Angie, esto significaba forjar un sentimiento de cohesión y conexión del que había carecido su familia de origen. Su madre era alcohólica y se había despreocupado dolorosamente de sus hijas; en gran medida, había dejado a Angie y sus hermanas a su propia suerte. Los padres de Eric sí que se habían implicado con sus hijos, pero demasiado. Controlaron las actividades de Eric y su hermana y, como él mismo dijo, les robaron su voz. Tanto Angie como Eric estaban decididos a proporcionarles a sus hijos la combinación de libertad y atención que a ellos les había faltado durante sus respectivas infancias.

A medida que Charlie crecía, sus padres se deleitaban con su gran personalidad. Pero tenía un temperamento enérgico, que hacía que se frustrase con facilidad y fuese difícil apaciguarlo; ya de muy pequeño manifestaba grandes rabietas cuando no podía salirse con la suya. Puesto que querían ser compasivos y cuidadosos, sus padres trataban de explicarle al pequeño Charlie por qué no podía tener lo que quería, pero esto solo empeoraba las cosas. Y a pesar de sentirse emocionado por empezar a ir a la «escuela de los niños mayores», no llevó nada bien las restricciones que se le impusieron cuando empezó preescolar. Era casi imposible que se sentara quieto a escuchar los cuentos; y su escasa capacidad para el autocontrol lo llevaba a arrebatarles a los otros niños cualquier juguete con el que estuvieran jugando si ese juguete le gustaba.

Poco después de empezar preescolar, Angie y Eric fueron convocados a hablar con el director a causa de un incidente en el que su hijo había empujado a otro niño con fuerza. Esta reunión resultó ser la primera de muchas relacionadas con las dificultades que tenía Charlie para controlar su temperamento. La llegada de una hermanita cuando tenía cuatro años solo agravó sus rabietas. Sus padres intentaron ser comprensivos, pero carecían de pistas para tratar con un hijo tan temperamental. Ante las súplicas, las negociaciones y las amenazas, en la mayoría de las ocasiones cedían a sus exigencias. Charlie era el rey de la casa gracias a su comportamiento vehemente, y Angie y Eric apenas podían recordar lo tranquilos que vivían antes de embarcarse en la aventura de la paternidad. Sentían vergüenza por ser los padres de un niño difícil y cada mañana se levantaban con la incertidumbre sobre lo que podría pasar ese día con su inestable vástago.

Creyeron que su compromiso con el crecimiento personal repercutiría de alguna manera en su experiencia de crear una familia, que habían esperado que fuese dulce y fácil. Al fin y al cabo, ¿no absorbían los niños la influencia de su entorno? Seguramente un hogar tranquilo y amoroso, unido a unos padres atentos, aseguraría la armonía familiar. Pero este no fue el caso. Las meditaciones matutinas de Angie se convirtieron en algo del pasado, y por más que intentaban no hacerlo, ella y Eric a menudo se acusaban el uno al otro, diciéndose cosas como: «Si hubieses manejado ese incidente con Charlie de *esta* manera en vez de hacerlo de *esa* otra, se habría evitado todo este lío».

Esta pareja era como muchas otras con las que he trabajado a lo largo de los últimos treinta años como profesora, asesora de padres y psicoterapeuta. Sea que los padres se autoidentifiquen como recorriendo un camino de desarrollo personal, sea que tan solo quieran criar niños felices sin dramas ni luchas de poder, a menudo tienen dificultades a la hora de afrontar la realidad de la crianza, sobre todo cuando las necesidades o el temperamento de sus hijos constituyen un desafío.

> Sea que los padres se autoidentifiquen como recorriendo un camino de desarrollo personal, sea que tan solo quieran criar niños felices sin dramas ni luchas de poder, a menudo tienen dificultades a la hora de afrontar la realidad de la crianza, sobre todo cuando las necesidades o el temperamento de sus hijos constituyen un desafío.

Incluso si tenemos hijos que son relativamente fáciles de llevar, hemos de adaptarnos al hecho de poner las necesidades de otro ser por delante de las nuestras, un día sí y otro también. Desde las noches sin dormir hasta la batalla de los deberes escolares, nos encontramos con que nos vemos obligados a desarrollar nuevas cualidades a medida que avanzamos, tales como la tolerancia, la persistencia y la capacidad de leer el mismo cuento ilustrado una y otra vez... y una vez más. Aquellos que consideran que tienen inclinaciones espirituales a veces confiesan sentirse mortificados por lo *inespirituales* que se sienten en ocasiones en relación con sus hijos. Palabras que nunca pensaron que pronunciarían parecen salir volando de sus bocas, y además a voz en grito, ¡palabras que parecen cualquier cosa menos «iluminadas»!

Pero como les ocurrió a Angie y Eric, a menudo descubrimos que el hijo que tenemos es el que puede enseñarnos más. Y este libro trata de esto.

Regresaremos a Angie y Eric en un capítulo posterior para descubrir cómo sus retos con Charlie allanaron su camino hacia una experiencia de paternidad mucho más sana, y cómo esta les proporcionó oportunidades a ambos para sanar asuntos de la infancia que tenían pendientes de resolver. De momento, permíteme compartir algo de mi propia historia.

> A menudo descubrimos que el hijo que tenemos es el que puede enseñarnos más.

MI EXPERIENCIA COMO MADRE

Cuando tenía quince años y vivía en Kansas, mi hermano mayor se fue a la universidad, y me dejó una nota en la que me recomendaba que leyera un libro que había dejado en mi habitación titulado *Autobiografía de un yogui*, de Paramahansa Yogananda. Este libro permaneció ignorado en un estante durante dos años, hasta que llegó el día en que me encontré buceando en él, motivada por la historia del viaje que emprendió un hombre indio para conocer la divinidad.

Esta extraña obra despertó algo tan profundo en mí que nada más leer la última página pedaleé hasta el centro comercial Prairie Village, introduje un puñado de monedas en el teléfono, marqué el número de la sede de la fundación de Yogananda en California y dije:

—Quiero conocer a Dios.

Durante alrededor de un año medité en la tradición de Yogananda, a partir de las instrucciones que recibía semanalmente en mi bandeja de correo electrónico desde Self-Realization Fellowship. Empecé a practicar yoga y exploré otros tipos de meditación, hasta que me quedé con una que resonaba conmigo mientras llevaba a cabo también otras prácticas que nutrían mi corazón y mi alma. Me apoyé tanto en la paz que experimentaba en mi meditación diaria que si no era capaz de sentarme por la mañana me sentía de mal humor todo el día, hasta que podía conseguir un poco de tiempo para acudir a mi interior.

Dieciocho años después, tuve un bebé. Dejé de lado la que una vez fue mi rutina matutina mientras luchaba para equilibrar las actividades centradas en mi interior con los aspectos prácticos de mi vida familiar. Cada vez que me mostraba rígida con mis actividades «espiritualmente edificantes», acababa sintiendo tensión y resentimiento. Tenía que encontrar la manera no solo de tolerar, sino de saborear, los momentos de la vida ordinaria: cambiar un pañal, leer un cuento o limpiar después de que el huracán de mi hijo hubiese estado jugando.

> Tenía que encontrar la manera no solo de tolerar, sino de saborear, los momentos de la vida ordinaria: cambiar un pañal, leer un cuento o limpiar después de que el huracán de mi hijo hubiese estado jugando.

Un día estaba en la cocina, haciéndole a mi hijo un sándwich de queso a la plancha. Mientras esperaba de pie junto a los fogones a que el queso se derritiera, experimenté una expansión de conciencia por la que me di cuenta de lo que estaba pasando en ese momento: allí, al otro lado de la cocina, había un milagro en forma de alguien a quien amaba más que los latidos de mi corazón, y yo estaba teniendo la oportunidad de expresarle mi amor por medio de un sándwich. Me sentí plena de gratitud y me di cuenta de que lo que estaba sintiendo no tenía por qué ser una experiencia aislada; podía vivir más frecuentemente con esta clase de apertura de corazón mientras realizaba mis actividades cotidianas, si así lo elegía.

La crianza de mi hijo resultó ser la experiencia más transformadora de mi vida. Me sentaba a meditar siempre que podía; primero, en raras ocasiones, pero cada vez más a menudo, a medida que mi hijo crecía. Es un enorme placer para mí beber de mi pozo interior de quietud y alegría, y la meditación influye sin duda en el *yo* que se muestra al mundo. Pero también comprendí que vivir de una manera espiritual significa manejarse en el día a día con la máxima presencia de espíritu posible, independientemente del ritual que pudiese haber practicado esa mañana.

> Comprendí que vivir de una manera espiritual significa manejarse en el día a día con la máxima presencia de espíritu posible, independientemente del ritual que pudiese haber practicado esa mañana.

Con este libro te invito a embarcarte en tu propio viaje hacia traer mayor paz, alegría y transformación personal al ejercicio cotidiano de tu paternidad. Descubrirás estrategias que te ayudarán a transitar por los altibajos de la crianza con mayor conciencia y aprenderás a dominar los impulsos que te hacen perder la ecuanimidad. Te invito a explorar maneras de traer la espiritualidad a tu hogar, incluso si no tienes inclinaciones religiosas o si tus hijos piensan que cualquier cosa que tenga que ver con la espiritualidad «no va con la moda».

A lo largo del libro compartiré algunas de las cualidades que he descubierto que son útiles a la hora de facilitar que un niño llegue a ser un adulto consciente, compasivo y seguro de sí mismo. Finalmente, descubrirás herramientas prácticas que te ayudarán a ejercer la *crianza consciente*. Esto significa que podrás responder con flexibilidad y sobre la base de tu elección en vez de reaccionar a partir de la frustración, el miedo o la ira.

Cuando la relación con nuestros hijos está impregnada de nuestro compromiso y presencia de todo corazón, son más proclives a recurrir a nosotros, y no a sus amigos, para recibir orientación y apoyo. Además, los niños que sienten que su presencia es importante y que son amados tal y como son están más motivados, de manera natural, a hacer lo que sus padres les piden. La naturaleza humana es la de cooperar con aquellos con quienes nos sentimos sólidamente conectados.

Tanto si eres un practicante espiritual ávido como si todo lo que quieres es ser un padre o una madre mejor, criar a tus hijos con más consciencia te abrirá a recibir en mayor medida el amor, las lecciones y la alegría que la aventura de la paternidad te puede aportar.

¡Te doy la bienvenida a este viaje! Vamos a empezar.

ES TU TURNO

Cuando en el libro te encuentres con los apartados «Es tu turno» y otros similares, puedes visitar www.SusanStiffelman. com/PWPextras para que mi voz (en inglés) te guíe a lo largo del ejercicio.

Siempre que llevo a cabo una sesión de *coaching* con padres, empiezo por pedirles que imaginen que cuelgan el teléfono cuando hemos acabado, sintiendo que el tiempo que hemos compartido ha sido bien invertido. Los invito a que piensen en qué podrían hacer para que eso fuera verdad: «¿Te sentirás mejor porque tendrás un plan para tratar con un problema, o quizá porque tendrás mayor claridad en cuanto a lo que está fomentando un determinado problema con tu hijo? ¿O acaso imaginas que te sentirás aliviado sencillamente porque estarás más dispuesto a efectuar pequeños pasos encaminados a cambiar vuestra situación familiar en vez de creer que tienes que cambiarlo todo a la vez? Tal vez serás más capaz de perdonarte a ti mismo o de comprender por qué tus hijos te sacan de quicio y qué puedes hacer para mantener la compostura incluso cuando las cosas se ponen feas».

He constatado que realizar este ejercicio ayuda a mis pacientes a aclarar qué tipo de cambios les gustaría manifestar a raíz de nuestro trabajo conjunto.

Permíteme que te pida que hagas algo semejante. Detente por un momento. Si quieres, cierra los ojos o ponte la mano sobre el corazón e imagínate cerrando este libro, tras haberlo leído, sintiéndote feliz y emocionado porque has experimentado un gran progreso. ¿Qué puntos difíciles, en cuanto a tu paternidad, has visto tal vez mejorados como resultado de leer este libro? ¿Qué te está yendo bien, de modo que quieres más de ello? ¿Qué te gustaría cambiar?

Sé consciente de cómo querrías que fuera, idealmente, tu vida como padre. Imagínate una relación más amorosa y saludable con tu hijo, así como contigo mismo. Si tu intención está muy definida o tienes muy claro lo que esperas obtener, puedes sacar más partido del contenido de este libro, sobre todo si tomas algunas notas que puedas ojear de vez en cuando.

Te recomiendo que utilices un cuaderno para anotar en él lo que esté funcionando en cuanto a tu papel como padre y en qué puntos te gustaría ampliar, hacer crecer o transformar la relación que tienes con tu hijo, con tu compañero de crianza y contigo mismo.

Capítulo 1

ESTÁS VIVIENDO CON TU MEJOR MAESTRO

La paternidad es un espejo en el cual vemos lo mejor
y lo peor de nosotros mismos, los momentos más
bellos de la vida y los que más nos asustan.

Myla y Jon Kabat-Zinn

En la India se los llama *yoguis cabezas de familia*. Son hombres y mujeres que tienen un compromiso inquebrantable con su camino espiritual, pero que han decidido tener una familia en vez de vivir en una cueva o en un *ashram*. Eligen crecer y evolucionar por medio de sus experiencias en el hogar y en el lugar de trabajo, abrazando los desafíos de la vida diaria como medios para su transformación.

Muchos de nosotros albergamos la creencia de que el crecimiento espiritual tiene lugar como resultado de la meditación diaria, de los retiros donde cultivamos la atención plena y de la inspiración que obtenemos de los sabios. Sin embargo, uno de los más grandes maestros de quienes podrías querer aprender está viviendo justo bajo tu mismo techo, incluso si (especialmente si) te saca de tus casillas o desafía tus limitaciones.

Uno de los más grandes maestros de quienes podrías querer aprender está viviendo justo bajo tu mismo techo, incluso si (especialmente si) te saca de tus casillas o desafía tus limitaciones.

En el contexto de la paternidad, los acontecimientos son muy reales y van muy rápidos. Encontrar la manera de hacer frente a la situación cuando tu hijo derrama zumo en el sofá nuevo o saber cómo gestionar tus reacciones cuando tus hijos se fastidian el uno al otro sin parar en el largo viaje a casa de la abuela es el equivalente a un curso avanzado de crecimiento personal. ¿Pierdes los estribos o eres capaz de permanecer presente, de profundizar en tu capacidad de estar «con lo que es», de responder en lugar de reaccionar?

El Buda está llorando en la habitación contigua. La manera como te manejes con todo esto determinará hasta qué punto constituyen experiencias espirituales y evolutivas para ti —y para tu hijo.

La verdadera espiritualidad no prospera dentro de una cueva ubicada en la cima de una montaña. Se encuentra aquí abajo, y la hallas limpiando una nariz que moquea, jugando otra ronda del mismo juego infantil o meciendo un bebé con cólicos a las dos de la madrugada. El Buda está llorando en la habitación contigua. La manera como te manejes con todo esto determinará hasta qué punto constituyen experiencias espirituales y evolutivas para ti —y para tu hijo.

¿Qué es un maestro?

Muchos de nosotros estamos encantados con la imagen de nuestros hijos como maestros designados por Dios para ayudarnos a transformar nuestras almas y corazones. Pero si bien la idea de ver a nuestro hijo como uno de nuestros maestros tiene una aureola lírica, hay una diferencia entre aceptar la idea de algo y abrazar su realidad.

Puede ser que nuestros hijos catalicen en nosotros un amor que pudimos no haber imaginado posible. Pero también pueden sacar a relucir algunas de nuestras partes más oscuras, como la impaciencia y la intolerancia, que nos dejan avergonzados y abrumados.

Conservar el equilibrio es clave para vivir en el momento, pero nada como ser padres pone a prueba nuestra capacidad de mantenernos centrados. Ejercer de padres puede ser cualquier cosa menos algo tranquilo. Las peleas entre los hermanos, las rabietas a la hora de hacer los deberes o las discusiones en relación con los videojuegos constituyen elementos demasiado comunes del paisaje de la vida familiar. Es fácil que los principios del alma choquen con las realidades de la vida cotidiana cuando hay niños de por medio. Incluso el meditador o yogui más experimentado puede encontrarse a sí mismo gritando, amenazando, sobornando o castigando, aunque se haya propuesto mantenerse afectuoso y calmado a pesar de todo.

Hay un dicho según el cual «cuando el discípulo está preparado, aparece el maestro». Me he encontrado muchas veces con que es cierto que cuando estoy lista para expandir mis horizontes intelectual, psicológica o espiritualmente, se presenta una oportunidad que parece divinamente dispuesta para permitirme expandirme, crecer y aprender. Dicho esto, ¡no siempre *quiero* expandirme, crecer y aprender! A veces me siento como si, sin yo quererlo, me hubiesen inscrito en una clase a la que no tenía ningún deseo de asistir. Cuando se trata de ejercer de padres, parece que a pesar de que no nos hemos inscrito para asistir al «curso» que nos ofrecen nuestros hijos, nos vemos obligados (¿«invitados»?) a crecer profundamente y sin parar. A este respecto, creo que nuestros hijos *pueden* convertirse en nuestros mejores maestros. Aunque puede ser que no hayamos elegido a propósito tener un bebé para poder sanar heridas de nuestra infancia o convertirnos en una mejor versión de nosotros mismos, estas oportunidades, de hecho –y miles más–, vienen al mundo junto con nuestros hijos.

Podemos vernos confrontados con nuestra impaciencia; puede que recibamos la lección de rebajar nuestro ritmo a medida que nuestro hijo nos obliga a parar y oler cada flor que hay junto al camino. O podemos adquirir fortaleza a medida que sobrevivimos a sus pesadillas y descubrimos que en realidad podemos mostrarnos razonablemente amables y amorosos después de varias noches seguidas sin poder dormir.

Son igual de importantes las maneras en que nuestros hijos nos ayudan a trabajar con asuntos que tenemos por resolver. Podemos reconocer aspectos poco deseables de nosotros mismos a raíz de la demora de nuestro hijo a la hora de ponerse con los deberes; si estamos dispuestos a ello, podemos hacernos conscientes de que nosotros somos igualmente culpables de aplazar algunas de las tareas que menos nos apetece hacer. O podemos sentir que nos estamos mirando en un espejo cuando nuestro hijo se frustra con facilidad y le sobreviene una rabieta siempre que no se satisfacen sus deseos. Ahí estamos nosotros, reviviendo, a todo color, momentos de nuestro pasado —¡tal vez tan recientes como la mañana de ese mismo día!— en que nos vinimos abajo porque las cosas no podían ser a nuestra manera.

A veces las lecciones que aprendemos de nuestros hijos son dulces y suaves; nuestros pequeños expanden nuestra capacidad de dar y recibir más amor y felicidad de lo que nunca creímos posible. Pero a menudo hay aspectos de su temperamento que nos desafían en lo más profundo. Puede ser que proyectemos nuestras propias necesidades en ellos y sintamos que estamos en una batalla continua desde la mañana hasta la noche cuando no podemos obligarlos a comportarse de maneras que acallen nuestro miedo y ansiedad. Caemos exhaustos en la cama al final de cada día temiendo la siguiente mañana, en que tendremos que despertarnos y volver a vivir la misma situación de nuevo.

Una de las maneras en que elijo ver a alguien desafiante como esencial para mi evolución consiste en imaginarnos a los dos en un estado previo a la encarnación; ahí somos almas sin cuerpo que tan solo sienten un amor puro e ilimitado la una por la otra. (Esto es solamente una idea; no tienes por qué creer en la reencarnación para beneficiarte de ella. Tan solo juega conmigo por un momento y comprueba si esta imagen te es útil). Me imagino que ambos tenemos una conversación (¡sea como sea que dos seres desencarnados puedan conversar!) en la cual uno y otro compartimos qué es lo que queremos aprender en nuestra próxima vida. La conversación puede ir así, por ejemplo:

—Quiero aprender la paciencia —dice uno de los dos.

—Bien, pues a mí me gustaría profundizar en mi capacidad de recibir amor y cuidados —dice la otra alma—. ¿Qué te parece esto? Yo naceré como tu hijo discapacitado. Aprenderé a aceptar el amor más plenamente y tú tendrás la oportunidad de aprender la paciencia.

—¡Trato hecho!

Y así empieza lo que Caroline Myss, conferenciante e intuitiva, denomina «contrato sagrado», un acuerdo que tenemos con las personas significativas de nuestras vidas por el que disponemos las circunstancias precisas que nos permitirán convertirnos más plenamente en quienes queremos ser.

Cada uno de nuestros hijos nos ofrece oportunidades para que confrontemos los rincones oscuros y polvorientos de nuestras mentes y nuestros corazones, para que creemos las condiciones correctas para evocar el tipo de aprendizaje que puede liberarnos de los viejos paradigmas, lo cual nos permitirá llevar vidas más plenas y expansivas. Sigue a continuación la historia de una dinámica como esta entre una madre y su hija.

> Cada uno de nuestros hijos nos ofrece oportunidades para que confrontemos los rincones oscuros y polvorientos de nuestras mentes y corazones, para que creemos las condiciones correctas para evocar el tipo de aprendizaje que puede liberarnos de los viejos paradigmas, lo cual nos permitirá llevar vidas más plenas y expansivas.

TAN SOLO PIDE

Catherine tenía dos hijas: Ella, de catorce años, y Shay, de dieciséis. Esto es lo que me contó:

—Me llevo bien con mis dos hijas; estamos muy unidas. Pero, para ser franca, Shay es un poco holgazana. Tira las toallas usadas en el suelo del baño, deja prendas de vestir desperdigadas por toda su habitación y nunca lava sus platos si no se le recuerda. Estos comportamientos me sacan *realmente* de mis casillas. Hemos hablado de ello, pero a menos que le regañe, no pone orden. —Catherine prosiguió—: Ayer le pedí a Shay, muy amablemente, que arreglase su habitación antes de que nuestros invitados vinieran a cenar. Apenas me miró mientras le hablaba; giró los ojos hacia arriba y dijo: «Mamá, ¡si ni tan siquiera entrarán en mi habitación! ¡Relájate! Te pones muy tensa cuando viene gente a casa». Ahí perdí los nervios; ¡hago tanto por ella! ¿Por qué no podía hacer ella algo tan nimio por mí?

Estuve escuchando un rato a Catherine y después le pregunté:

—¿Cómo te respondían tus padres cuando expresabas un deseo o una necesidad? ¿Escuchaban y asentían a tus peticiones o las ignoraban?

Su respuesta no se hizo esperar. Con un toque de sarcasmo, replicó:

—¿Cuando yo tenía una necesidad? ¡No me estaba *permitido* tener necesidades! Esto no ocurría en mi familia. Si me molestaba en decirle a mi madre o a mi padre que no quería hacer lo que me estaban diciendo que hiciera, me miraban casi como si estuviera loca y me decían lo egoísta que era. Pronto aprendí a no pedir lo que quería y he permanecido en el asiento del acompañante en todas mis relaciones importantes, incluido mi matrimonio.

Le dije a Catherine que quería mostrarle una analogía.

—¿Sabes los autos de choque, esos de las ferias? Bien, he observado que algunos niños entran en su pequeño coche y se quedan parados. Nunca han estado tras un volante y no entienden el concepto de hacer que se mueva por medio de pisar el acelerador, de modo que no hacen más que permanecer sentados en medio de la pista y recibir los impactos de todos los otros conductores.

»Y hay niños que están en el otro extremo. Son los que pisan el acelerador a fondo y nunca lo sueltan. Donde sea que giren el volante, chocarán contra algo en cuestión de segundos. En ambos casos, estos jóvenes conductores no saben cómo darle *correctamente* al gas. O no se mueven en absoluto o se lanzan imprudentemente a toda velocidad.

Le expliqué que para muchas personas supone un suplicio pedir lo que quieren o necesitan:

—Algunos permanecemos pasivamente silenciosos; no pedimos nada y nos sentimos invisibles, no importantes y resentidos.

—Este es mi caso —admitió—. Esta es la historia de mi vida, desde mi infancia y pasando por mi matrimonio y mi divorcio. Pronto aprendí que pedir lo que quería no iba a hacer más que molestar a las personas de mi entorno.

—En cambio, otros piden lo que quieren con toda su artillería —repliqué—. Abruman a quienes los rodean, decididos a salirse con la suya, sin que les importe cómo enajenan a los demás. Así pues, ¿estarías dispuesta a observar esta situación con tu hija desde otra perspectiva? ¿Podrías verla como una maestra que te está sugiriendo que lleves a cabo un excelente trabajo? ¿Podrías estar lista para aprender cómo pedir lo que quieres de tal manera que refleje la comprensión de que tus deseos son tan válidos como los de las personas que te rodean?

Catherine permanecía callada. Todo rastro de sarcasmo se había desvanecido cuando me dijo, en voz baja:

—¡Guau! Pues sí. Es hora de que aprenda a pedir lo que quiero.

Repliqué:

—Al observar por qué el comportamiento de tu hija te altera tan profundamente tienes una oportunidad de sanar algo que arrastras desde hace mucho tiempo y así convertirte en una versión más sana y completa de ti misma.

Catherine estuvo de acuerdo. Nuestro trabajo pasó de consistir en «arreglar» el desorden de su hija a sanar la tristeza que sintió ella misma cuando, siendo aún una niña pequeña, había llegado a la conclusión de que sus deseos y necesidades no eran importantes. Catherine había enterrado estos sentimientos hacía mucho tiempo. La ayudé a entender que la intensidad con la que había estado dirigiéndose a Shay para lograr que colaborase era el resultado de proyectar en su hija su propio anhelo no sanado de querer tener la certeza de que sus propios deseos importaban.

> Comprenden intuitivamente que no es su responsabilidad comportarse de maneras que curen las heridas que traigamos de relaciones anteriores. De modo que puede ocurrir que los malos comportamientos de nuestros hijos realmente constituyan un regalo para nosotros, porque si estamos dispuestos a mirar dentro en vez de proyectar nuestras heridas en ellos, podemos trabajar en muchos temas emocionales que tenemos sin resolver.

Le expliqué que no corresponde a nuestros hijos arreglarnos a nosotros. De hecho, a menudo se afianzan en su postura cuando acudimos a ellos con nuestra necesidad y desesperación. Comprenden intuitivamente que no es su responsabilidad comportarse de maneras que curen las heridas que traigamos de relaciones anteriores. De modo que puede ocurrir que los malos comportamientos de nuestros hijos realmente constituyan un regalo para nosotros, porque si estamos dispuestos a mirar dentro en vez de proyectar nuestras heridas en ellos, podemos trabajar en muchos temas emocionales que tenemos sin resolver.

Animé a Catherine a sencillamente estar presente con cualquier sentimiento que surgiese en ella cuando se encontrase con la resistencia de su hija.

—Practica la conciencia sin juicios, permitiendo que tenga su espacio cualquier emoción que se haya despertado en ti, para que pueda expresarse. Permítete sentirte triste o enojada, confundida o preocupada. Y después, tal vez, vuelve a estar triste. Deja que los sentimientos se muevan a través de ti sin censurarlos o controlarlos.

»Descubre en qué parte de tu cuerpo estás experimentando lo que estás sintiendo. ¿Se trata de una sensación pesada? ¿Aguda? ¿Oscilante? Tan solo permite que lo que estás experimentando tenga lugar, sin magnificar ni minimizar tus emociones. Nombra los sentimientos con amorosa bondad: «Hay tristeza en mi pecho. Es pesada, horizontal y oscura. Y ahora hay ira. Es muy dura y afilada, ¡y la siento por todo el cuerpo!».

»No permitas que tu cerebro izquierdo, racional, intente explicar tu malestar. Resiste el impulso de responsabilizar a tu hija o a la situación. Tan solo percibe lo que estás experimentando. Sé paciente. Las emociones pasarán. *Te sentirás mejor.* La única salida consiste en pasar por ello. Es un proceso de duelo por la voz que no tuviste, la empatía que no recibiste y la herida de haberte sentido invisible.

En este caso Catherine tuvo que atravesar —y sigue en ello— por un proceso muy profundo. No se trata de asuntos fáciles o rápidos de resolver. Las viejas heridas necesitan espacio para respirar con el fin de sanarse. A medida que transitas por este proceso, te animo a que seas amable y paciente contigo mismo, mientras ensayas nuevas formas de responder ante tu hijo cuando activa una vieja herida en ti. Si vas con cuidado, puedes empezar a sanar esa dinámica y a sanarte tú.

Una vez que Catherine se hubo permitido llevar a cabo el duelo por las partes de sí misma que habían tenido miedo de expresar sus deseos, estuvo lista para probar nuevas maneras de pedirles cosas a sus hijas. Compartí con ella algo que una vez oí decir a Diane Sawyer cuando le preguntaron sobre el éxito de su largo matrimonio:

—Pronto aprendí que una crítica no es más que una manera pésima de formular una petición. Así pues, ¡sencillamente, formula tu demanda!

LAS CUATRO MODALIDADES DE LA INTERACCIÓN

En nuestras interacciones con los demás, generalmente reaccionamos de una entre cuatro maneras. Nos mostramos pasivos, agresivos, pasivos-agresivos o asertivos.

Estamos en modo *pasivo* cuando reprimimos lo que realmente sentimos, fingiendo que todo está bien. Cuando somos pasivos, decimos *sí* cuando queremos decir *no*, ponemos las necesidades de los otros por delante de las propias y nos aterroriza la sola idea de perturbar a los demás. Los padres pasivos temen disgustar a sus hijos y quieren desesperadamente agradarles, de modo que acceden a sus demandas.

Cuando somos *agresivos*, acudimos a nuestros hijos usando la intimidación y las amenazas para doblegarlos a nuestra voluntad. Esto puede parecer efectivo (el mal comportamiento deja de tener lugar) pero se paga un precio muy alto: nuestros hijos no pueden sentirse cercanos a nosotros porque no nos mostramos emocionalmente seguros.

Los padres *pasivos-agresivos* controlan a sus hijos por medio de la culpa y la vergüenza. Pueden no manifestarse abiertamente agresivos, pero sus maneras sutiles de provocar culpa y sus manipulaciones son extremadamente perjudiciales para el desarrollo del sentido del yo de sus hijos. Estos niños son inducidos a sentirse responsables de las necesidades y la felicidad de sus padres en vez de sentirse en sintonía con las suyas propias. Si le dices a tu hijo: «Eres el único niño de esta familia que parece no encontrar la manera de poner bien la mesa», lo único que has hecho ha sido avergonzarlo. Si le dices a tu hija: «No pude pegar ojo en toda la noche preocupado por cómo voy a pagar ese viaje del colegio en el que tanto insistes», no podrá menos que sentirse culpable. Estas son formas muy poco saludables de interactuar con los niños.

Somos *asertivos* cuando nos comportamos como lo que yo llamo *el capitán del barco* en las vidas de nuestros hijos (hablo más al respecto en el capítulo 2). En esta modalidad de interacción, establecemos y respetamos unos límites saludables con ellos. Les permitimos tener sus necesidades, deseos, sentimientos y preferencias sin hacerles sentir que están cquivocados si estos no combinan bien con los nuestros. No necesitamos gustarles a nuestros hijos y no tenemos miedo de que sean infelices, pues reconocemos que si resolvemos todos sus problemas, estamos reduciendo su capacidad de desarrollar una verdadera resiliencia. Nuestros hijos saben que son amados por ser quienes son, no por lo que pueden hacer por nosotros o por cómo sus logros nos permiten aparentar ante los demás.

Cuando somos asertivos, podemos reconocer que nuestros hijos pueden no querer hacer lo que les pedimos sin tomarnos sus quejas personalmente o sin agravar el desacuerdo hasta convertirlo en una lucha de poder. Empatizamos con su posición y les permitimos sentir lo que sienten, pero no dudamos en poner límites aunque puedan disgustarlos.

> Cuando somos asertivos, podemos reconocer que nuestros hijos pueden no querer hacer lo que les pedimos sin tomarnos sus quejas personalmente o sin agravar el desacuerdo hasta convertirlo en una lucha de poder.

Mi trabajo con Catherine se centró, primero, en ayudarla a atravesar por el proceso del duelo en relación con la infancia dulce y cariñosa que nunca tuvo. Era un trabajo delicado, pero ella estaba comprometida y pasó a través de sus viejos sentimientos con valentía.

Después empezó a practicar la asertividad. Dado que casi no tenía experiencia con el comportamiento asertivo en su infancia ni en su matrimonio, este era un territorio desconocido para ella. Pero nos divertimos mucho; representamos escenas en las que fue capaz de practicar la expresión de sus deseos de una manera que no era agresiva (no «pisaba el acelerador a fondo»), pasiva (no permanecía quieta, congelada) o pasiva-agresiva (no hacía uso de la humillación o la vergüenza). A Catherine le encantó experimentar cómo se sentía cuando expresaba sus necesidades de manera asertiva.

Como resultado de trabajar con su equipaje emocional, sus peticiones pasaron a estar desprovistas de desesperación y nerviosismo, lo que hizo más fácil que Shay estuviera de acuerdo con lo que su madre le pedía. Catherine practicó *acercarse* a su hija (lo que yo llamo *la primera ley de la paternidad*) por medio de hacerle saber que comprendía que creyese que no era demasiado importante dejar su ropa esparcida por su habitación: «Incluso puedes pensar que, ya que es *tu* habitación, deberías tener el derecho de tener las cosas como quieras». De esta manera Shay se sentía comprendida y reconocida por su madre, y esto le hacía estar menos a la defensiva y más receptiva.

Pero las palabras de su asertiva madre no acababan ahí: «Por desgracia, corazón, puesto que *a mí* me molesta entrar en tu habitación y ver ropa por todas partes y soy yo la que paga el alquiler, me gustaría que hicieses el esfuerzo de mantenerla ordenada. Quiero que dediques cinco o diez minutos a recoger las cosas cada noche antes de acostarte. Y sería fantástico que te asegurases de dejar el baño tal como lo encontraste. ¡Esto significa que tus toallas encuentren la manera de llegar a la cesta!».

Antes de que Catherine descubriera lo que estaba enterrado bajo su hipersensibilidad en relación con este tema con su hija, o bien mantenía el pie fuera del acelerador (es decir, se comportaba pasivamente, de modo que no decía nada, aunque estaba llena de ira y resentimiento por dentro) o bien lo pisaba, de pronto, a fondo (y entonces se dirigía a su hija criticándola y mostrándole su enfado).

Al elegir ver a su hija como una maravillosa maestra que le estaba proporcionando la oportunidad de reclamar su propia voz y de pedir respetuosamente lo que necesitaba, Catherine incluso empezó a sentirse más cercana a Shay. ¡Además, la casa pasó a estar más ordenada!

ES TU TURNO

Escribe en tu cuaderno el nombre de tu hijo. Debajo de este, apunta una característica de él con la que te sea especialmente difícil lidiar, un rasgo o comportamiento que te saque de tus casillas y te haga reaccionar intensamente —de modo que tú te sientes muy molesto, mientras que a los demás les incomoda mucho menos—. Evita autocensurarte; sé veraz.

He aquí algunos ejemplos: *impaciente, desordenado, mandón, centrado en sí mismo, muy sensible, inflexible, demasiado cauteloso, grosero, negativo, superficial, agresivo, tímido, inmaduro, disimulado, exigente, provocador, se frustra con facilidad, descarado, disperso, crítico, poco afectuoso, terco, controlador, desagradecido, excesivamente racional, hipocondríaco, discutidor, desmotivado, débil, persistente, quejoso, se da fácilmente por vencido, hiperactivo, inquieto, no acepta un no por respuesta, indeciso, nada perseverante.*

Ahora responde las siguientes preguntas, centrándote en las que sean pertinentes en tu caso. Tómate tu tiempo; a veces se tarda un poco en descubrir la verdad que se halla bajo nuestra interpretación visceral de lo que está ocurriendo.

- ¿A qué persona de tu pasado te recuerda tu hijo cuando tiene ese comportamiento? ¿A uno de tus padres, acaso a un profesor? ¿A un hermano mayor, a una hermana pequeña? ¿A tu anterior cónyuge?
- ¿Cómo afrontabas la situación cuando esa persona manifestaba ese rasgo o comportamiento? ¿Te retirabas? ¿Te ponías agresivo? ¿Discutías? ¿Pillabas una rabieta? ¿Te escondías? ¿Llorabas? ¿Eras pasivo? ¿Agresivo? ¿Pasivo-agresivo?
- ¿Cómo respondía esa persona a tus quejas o problemas? ¿Te hacía sentirte culpable por ellos? ¿Subestimaba o trivializaba tus preocupaciones? ¿Te decía que tus reacciones eran exageradas? ¿Te castigaba por chismorrear? ¿Te decía que resolvieras tus problemas por ti mismo? ¿Te hacía sentirte culpable por hablar? ¿Te apuntaba que su vida era mucho más difícil que la tuya? ¿Te ridiculizaba por ser demasiado sensible?
- ¿Está expresando tu hijo algún rasgo indeseable que te recuerde algo *de ti mismo* que se te haga difícil afrontar? ¿Haces exactamente lo mismo que encuentras inaceptable en él? ¿Qué sentimientos afloran en ti mientras exploras las maneras en que tú y tu hijo compartís la tendencia de expresar esta cualidad?
- ¿Cómo interaccionaban contigo tus primeros cuidadores cuando manifestabas ese rasgo o comportamiento que les molestaba? ¿Te criticaban o avergonzaban? ¿Te comparaban con algún hermano más simpático? ¿Te aislaban o te mandaban a tu habitación para que pensaras «en lo mal que te has comportado»?

¿Reprimía su amor alguno de tus padres? ¿Te gritaba o amenazaba? ¿Te lastimaba físicamente?

- ¿Qué sufrimiento te provoca el hecho de que tu hijo tenga esta característica en particular? ¿Qué cualidad se te está invitando a manifestar para que puedas encontrarte con él exactamente tal como es? ¿Qué se te está sugiriendo aprender? ¿Te está ofreciendo tu hijo la oportunidad de que aprendas a ser más paciente? ¿A aceptarte mejor a ti mismo? ¿A ser más asertivo? ¿A ser más flexible?

Mirar debajo de la superficie de los comportamientos de nuestro hijo que desencadenan sentimientos no resueltos en nuestras mentes y corazones es un trabajo profundo, que no debe tomarse a la ligera. Si asoman a la superficie emociones que te son difíciles de procesar por tu cuenta, busca por favor la ayuda de un amigo de confianza o un terapeuta.

En cualquier caso, si, como Catherine, eliges ver a tu hijo como tu maestro y abrazar la sanación y la transformación que se te ofrecen, las compensaciones pueden ser ilimitadas.

En la práctica: ser padres conscientes
¿Cómo puedo evitar que me fastidien los lloriqueos de mi hijo?

Pregunta: Los lloriqueos de mi hija de cuatro años me vuelven loca. Sé que es pequeña y que no siempre puede formular sus deseos con palabras, pero por algún motivo estos lloriqueos me sacan de quicio.

Consejo: No eres la única a la que le ocurre esto. El llanto estridente de un niño puede sacar a los padres de sus casillas. Pero mostrarte reactiva solo empeora el problema.

Intenta ver el llanto de tu hija como un acontecimiento totalmente neutro. Hábitos como el de llorar, dar continuamente golpecitos con el lápiz o mover el pie no son intrínsecamente buenos o malos. Lo que los hace molestos es que *decidimos* que lo son, lo cual nos predispone a una lucha de poder. Si necesitas que tu hija deje de hacer algo porque decides que eso es irritante, a menos que vuestra conexión sea muy fuerte, es probable que estés provocando que persista en ello.

Lo que voy a decir podrá parecer muy zen, pero si puedes entrar en un espacio de *atestiguación* en vez de etiquetar o *juzgar* su llanto, serás capaz de decir: «Cariño, quiero escuchar lo que necesitas, y estoy feliz de esperar hasta que puedas pedirlo hablando». Al mostrarte menos reactiva, tu hija debería poder averiguar cómo pedir correctamente lo que quiere.

¿Qué me está enseñando mi descarada hija adolescente?

PREGUNTA: Mi hija de once años gira los ojos hacia arriba o hace gestos despectivos cuando le pido que haga algo. Encuentro que este comportamiento es muy irrespetuoso. ¿Qué puedo aprender de tener que tratar con una preadolescente descarada?

CONSEJO: ¿Que qué puedes aprender? ¿De cuánto tiempo dispones? ¡Las cosas que podemos aprender de nuestros adolescentes descarados pueden llenar volúmenes! Empecemos con *no tomárnoslo todo personalmente*.

Hay una notable falta de modelos positivos para chicos de la edad de tu hija, que están intentando averiguar desesperadamente cómo entrar en la adolescencia y empezar a individualizarse respecto a sus padres. Por desgracia, muchos toman como referencia el comportamiento sarcástico de niños que salen en programas de televisión populares, donde girar los ojos hacia arriba y mostrarse respondón se ve recompensado con unas entusiastas risas enlatadas.

Evita darle al movimiento de ojos de tu hija un significado mayor del que tiene: es una manera torpe e ineficaz (esperemos) de anunciar que no le apetece hacer lo que le has pedido o que está probando tus límites. Si puedes evitar tomártelo como algo personal, podrás decir sencillamente: «¿Por qué no intentas responder de otra manera, cariño?» (¡si puede ser, sin un tono descarado en *tu* voz!).

¿Qué puedo aprender de ser ignorada?

PREGUNTA: Tengo un hijo de quince años que me trata como si no existiera. Entra por la puerta y se va derecho a su habitación sin decir tan siquiera hola. ¿Qué puede estar enseñándome esto?

CONSEJO: Por desgracia, la crianza de los hijos puede tener un componente brutal, sobre todo para quienes tienen asuntos pendientes por haberse sentido invisibles, nada importantes o impopulares. La buena noticia es que al acercarnos a estas experiencias conscientemente somos capaces no solo de ejercer de padres de manera más eficaz, sino también de sanar algunas de nuestras propias heridas de la infancia.

Sé *consciente* de lo que estás experimentando en vez de enfocarte en cómo cambiar a tu hijo. Si tienes una reacción física (miedo, tensión...) acoge sencillamente estas sensaciones; no las magnifiques ni las minimices. Nómbralas: «Siento como una presión en el vientre...; como un nudo que se esté apretando».

Si tu reacción es más emocional, sé consciente de lo que tus sentimientos saquen a relucir: «Esta tristeza me recuerda cuando me sentía invisible en el instituto... Odiaba cómo me ignoraban mis compañeros a la hora de comer».

Cada persona tiene un conjunto de sentimientos único que afloran cuando comienzan a ser más conscientes ante lo que les desencadenan sus hijos. En todos los casos, mi recomendación es la misma: empieza con lo que está sucediendo en tu interior antes de embarcarte en lo que tienes pendiente con tu hija. Solo entonces podrás afrontar el problema como el capitán del barco, sin añadirle tus necesidades.

Capítulo 2

CRECER TÚ MIENTRAS TUS HIJOS CRECEN

Es más fácil construir niños fuertes que reparar hombres rotos.

Frederick Douglass

Hace varios años estaba llevando a mi hijo a la escuela, en coche, cuando otra madre que se dirigía hacia el mismo destino sufrió un coma diabético. Al darse cuenta de que su madre, inconsciente, no podría evitar que el coche avanzara sin control, su hijo de once años se desabrochó el cinturón de seguridad y trató de dirigir el coche a una zona segura. Cuando se dio cuenta de que no sabía qué hacer, se volvió a abrochar el cinturón tan solo unos segundos antes de que su Chevrolet Suburban golpeara cuatro coches —incluido el nuestro—. Su madre se despertó cuando se estrellaron contra una barandilla de seguridad. Afortunadamente, ninguna de las once personas involucradas en el accidente resultó gravemente herida.

> No quieren estar al cargo, pero saben que alguien tiene que estarlo, porque comprenden que la vida no es segura a menos que haya alguien competente al volante.

Se supone que los niños son pasajeros. No están preparados para conducir un coche o hacer navegar un barco a través de la tormenta. Y lo saben. Pero cuando no hay nadie en el asiento del conductor, intentan instintivamente asumir la responsabilidad. No quieren estar al cargo, pero saben que alguien tiene que estarlo, porque comprenden que la vida no es segura a menos que haya alguien competente al volante.

CAPITÁN, ABOGADO O DICTADOR

En mi libro *Parenting Without Power Struggles* («Paternidad sin luchas de poder»), describía tres maneras en que los padres pueden relacionarse con sus hijos: estar al mando con tranquilidad y confianza, negociar por el poder o luchar con el hijo para tener el control.

Capitán
El padre está al mando

Dos abogados
Nadie está al mando

Dictador
El hijo está al mando

Los padres que están al mando con tranquilidad y confianza, como capitanes del barco, se muestran claros, amorosos y capaces de tomar buenas decisiones en relación con sus hijos, incluso si estas decisiones los disgustan porque no pueden tener lo que quieren. Cuando estamos capitaneando la nave, somos responsablemente flexibles; elegimos cómo tratar con nuestro hijo durante uno de sus arrebatos en vez de reaccionar a partir de comportamientos impulsivos que heredamos de nuestra propia infancia.

> Los padres que están al mando con tranquilidad y confianza, como capitanes del barco, se muestran claros, amorosos y capaces de tomar buenas decisiones en relación con sus hijos, incluso si estas decisiones los disgustan porque no pueden tener lo que quieren.

He aquí un breve ejemplo. Tu hija de trece años te pregunta si puede ir a una fiesta cuya única supervisora será una hermana mayor que no es conocida precisamente por su buen juicio. El diálogo entre la madre y la hija podría ser este:

—Cariño, sé que quieres ir, pero lamentablemente no siento que sea una buena idea.

—¡Por favor, mamá! Te prometo que no ocurrirá nada malo.

—¡Oh, corazón! Sé que no parece justo, y sé cuánto quieres ir, pero me parece que va a ser que no.

La madre está siendo la *capitana*; está demostrando empatía y bondad a la vez que permanece firme en una decisión que ve clara. Dependiendo de lo acostumbrado que esté tu hijo a que vaciles y cambies de opinión, podrá intentar, o no, arrastrarte a la siguiente forma de interacción.

> Cuando los padres se implican en peleas, luchas de poder y negociaciones con sus hijos, nadie está al mando.

Cuando los padres se implican en peleas, luchas de poder y negociaciones con sus hijos, nadie está al mando. Llamo a esta modalidad la de los *dos abogados*. Los niños presionan a sus padres, los padres presionan a sus hijos y la relación se carga de tensión y resentimiento. He aquí un ejemplo; vuelve a ser una conversación entre una hija y su madre:

—Mamá, me tratas como a una niña de dos años. ¡Nunca me crees!

—¡Nunca estás contenta a menos que consigas lo que quieres! La hermana de Carey es inmadura y no me fío un pelo de que esté al tanto de vosotras. ¡Probablemente estará con su propia fiesta! De hecho, oí que el año pasado...

La madre argumenta su posición, y la hija contraataca:

—¡Eso no fue *realmente* así! La acusaron de fumar marihuana en el lavabo de la escuela, ¡pero ni siquiera estaba fumando! ¡Tan solo coincidió que estaba allí cuando esas *otras* chicas lo estaban haciendo!

Este tipo de interacciones entre padres e hijos consisten en peleas, discusiones y negociaciones.

Finalmente, cuando el niño es el que tiene la última palabra, los padres sienten que no tienen el control e incluso experimentan pánico, especialmente si imaginan que otros los están juzgando por no saber llevar a sus hijos. Intentan restablecer el orden y el control por medio de abrumar a sus hijos con amenazas, sobornos o ultimátums, de un modo semejante a como un déspota o un tirano, desprovisto de la auténtica autoridad, afirma el control a través del miedo y la intimidación. Esta modalidad es la del *dictador*. El siguiente es un ejemplo, de nuevo entre una hija y su madre:

CRECER TÚ MIENTRAS TUS HIJOS CRECEN

—Lo que pasa es que no puedes aceptar que ya no soy tu niña pequeña. ¿Por qué no te buscas una vida, y así dejarás de intentar controlar la mía?

—Hasta ahí llegaste, señoritinga. Nunca valoras todo lo que hacemos por ti. Trabajo muy duramente solo para traer comida a la mesa, y nunca dices tan siquiera gracias. ¡Estás castigada!

> Permanecer como capitán exige que nos sintamos cómodos a la hora de poner límites, de modo que podamos ejercer la paternidad con bondad, claridad y confianza.

Como puedes ver, esta situación se deteriora con rapidez: la madre pierde pie enseguida y pasa de capitana a abogada, para acabar como dictadora.

Permanecer como capitán exige que nos sintamos cómodos a la hora de poner límites, de modo que podamos ejercer de padres con bondad, claridad y confianza.

PONER LÍMITES

En mi práctica profesional como consejera, veo a menudo parejas bienintencionadas que están comprometidas con evitar los errores que cometieron sus padres, si bien confiesan tener una gran falta de confianza cuando llega la hora de manejar situaciones difíciles: «¿Es correcto si dejo que mi hijo de catorce años experimente con la marihuana? Todos sus amigos la fuman»; «Intenté cancelar la suscripción de mi hijo al juego de rol *online* World of Warcraft, ¡pero se puso tan furioso que hizo un agujero en la pared!»; «Mis hijos se convierten en pequeños terrores cuando vamos a comer a menos que les entregue mi teléfono móvil. ¿Debo ceder para mantener la paz?». Inseguros, y con miedo a establecer límites, transmiten a sus hijos que no saben dónde están ubicados, o quizá, para ser más exactos, que sencillamente tienen miedo de mantener su postura, para evitar disgustarlos.

Lo que me parece interesante es que los mismos niños que tienen arrebatos cuando no se salen con la suya anhelan casi siempre que sus padres creen algún tipo de conexión y estructura real. A veces, cuando me encuentro en privado con jóvenes como estos, me confiesan que desearían que sus padres no fueran tan blandengues. Otras veces lo dejan traslucir por el mero hecho de responder positivamente cuando alguien combina el establecimiento de límites con un vínculo profundo y seguro. Henry era uno de estos niños.

> Los mismos niños que tienen arrebatos cuando no se salen con la suya anhelan casi siempre que sus padres creen algún tipo de conexión y estructura real.

FORJAR UNA CONEXIÓN REAL

Henry tenía once años cuando Bradley y Melissa lo trajeron a verme. Se paseó por mi consulta jugando con su reproductor de juegos portátil (esto fue hace unos pocos años), pulsando los botones con mal genio. Cuando sus padres le sugirieron mansamente que dejara el dispositivo y me saludara, los miró y siguió jugando. Cuando me reuní con los padres a solas, admitieron no tener ni idea de cómo manejar las terribles rabietas de su hijo. Criado por un padre mayor que creía que los niños debían ser duros, Henry había aprendido a reprimir sus sentimientos más tiernos desde una edad muy temprana y había perdido la capacidad de sentir emociones como el miedo, la tristeza y el dolor; su repertorio se limitaba a la frustración y la ira. Era un niño grande y podía volverse violento cuando se le provocaba. Sus padres estaban aterrorizados con él.

Cuando me reuní a solas con Henry, sin embargo, me pareció que era un niño suave pero muy poco conectado a tierra. Parecía flotar por encima de sí mismo, poco acostumbrado a tener un contacto pleno con un mayor que se interesara por él sin pedirle nada. La mayor parte de sus interacciones con adultos consistían en lidiar con personas que trataban de obligarlo a hacer cosas que no quería hacer.

Empecé por mostrar interés en descubrir quién era Henry. A medida que hablábamos comenzó a abrirse. Me habló de lo mucho que le gustaba dibujar y de su sueño de diseñar videojuegos. Cuando me di cuenta de que seguía dividiendo su atención entre la conversación y su dispositivo de juego, le pedí, de una manera amistosa, que me lo diese. Le expliqué que parecía como si ese artilugio ejerciera un dominio particularmente fuerte sobre él. Puse el dispositivo en un estante de mi consulta, donde permaneció durante muchos meses, con un sorprendente grado de aceptación por parte de Henry.

Él y yo empezamos a forjar una conexión real. Me mantuve firme en mi amabilidad y mis muestras de interés, y él poco a poco fue confiando en que yo era su aliada. Las sesiones con sus padres fueron más difíciles. Melissa y Bradley se resistían a hacer el trabajo de aplicar aquello de lo que hablábamos en nuestras sesiones. Trataban de *atraer* a Henry en vez de *llegar* a él. Utilizaban una y otra vez la lógica, los sobornos o las amenazas para obligarlo a obedecerles. Parecía como si estuvieran más interesados en que yo cambiara a su hijo para que hiciera lo que le pedían que en mejorar la calidad de su relación con él.

Una tarde, a primera hora, sonó el teléfono. Era Bradley, que me llamaba desde el aparcamiento de un restaurante, angustiado. Al parecer, a Henry le había sobrevenido una rabieta importante en el restaurante y había huido al aparcamiento, donde estaba esquivando a sus padres. Bradley y Melissa estaban tratando desesperadamente de acorralar a su hijo para que entrase en el coche, para poder volver a casa.

—¿Va a hablar con Henry? ¿Va a convencerlo de entrar en el coche? —suplicó Bradley.

Era una petición inusual pero accedí, sin saber a qué me iba a enfrentar. Pero la cosa fue así: Bradley logró acercarse lo suficiente a Henry para decirle que Susan estaba al teléfono y quería hablar con él. Henry tomó el móvil enseguida. Tan solo dije:

—Corazón, es hora de que subas al coche.

—De acuerdo.

Asunto resuelto. Tendió de nuevo el móvil a su padre y subió al coche.

¿Qué hice que sus padres no habían podido hacer? ¿Qué poder ejercía yo sobre Henry que le hizo decir *sí*? Ninguno. Pero yo tenía dos cosas: primero, una conexión auténtica con él (él sabía que me gustaba, lo pasaba bien con él y lo respetaba) y segundo, me mantenía legítimamente como capitana del barco de nuestra relación. No tenía miedo de él, no necesitaba que apuntalase mi autoestima y, además, le había demostrado que me preocupaba verdaderamente por él. Sabía que yo estaba a su lado.

¿Cómo logré esto? Por medio de escucharlo, aceptándolo tal como era. Él sabía que lo encontraba divertido e interesante. Tenía claro que no iba con segundas intenciones, que no necesitaba nada de él. De modo que respondió positivamente a mi petición, como todos estamos inclinados a hacer cuando una persona que nos gusta nos pide algo.

Lamentablemente, las únicas ocasiones en que los padres de Henry le dedicaban toda su atención era cuando intentaban convencerlo de que hiciera algo que no quería hacer (acabar los deberes, ducharse, venir a cenar) o cuando deseaban que parase de hacer algo que *quería* hacer, como jugar a los videojuegos o disfrutar de la comodidad de su cama caliente por la mañana. Raramente invertían tiempo en conocer a su hijo como persona; no porque les faltase amor sino porque, como muchos padres, se dejaban llevar y distraer por las exigencias y los factores estresantes de sus vidas repletas de ocupaciones. Como resultado, Henry no sentía que les debiese lealtad a sus padres, con lo cual hacía tan poco como podía para complacerlos. En ausencia de cualquier atisbo de buena voluntad por parte de Henry, se sentían obligados a sobornarlo o amenazarlo para obtener su colaboración.

SANAR TUS PROPIOS TEMAS NO RESUELTOS

Debes de acordarte de Angie y Eric, de quienes hablé en la introducción, donde describía que la realidad de la crianza de su temperamental hijo había chocado con el panorama idílico que habían visualizado en relación con su paternidad consciente. Empecé a trabajar con ellos cuando su hijo, Charlie, tenía cuatro años y medio. Vinieron a verme porque pesaba sobre él una amenaza de expulsión de la escuela a causa de su comportamiento agresivo. También habían llegado a una situación límite en casa, donde los arrebatos de su hijo habían dado lugar a un clima de caos y tensión constantes.

Comencé por explorar los conflictos internos de Angie y Eric en relación con el hecho de poner límites. Ambos progenitores tenían dudas acerca de cómo, cuándo o dónde decirle «hasta aquí» al pequeño Charlie. En el caso de Eric, su falta de claridad era resultado de haber crecido con unos padres demasiado restrictivos que controlaban todos sus movimientos. De modo que tomó la determinación de darles a sus hijos la libertad de llevar a cabo sus propias elecciones. Como resultado, admitió equivocarse a menudo a la hora de establecer directrices claras para su hijo. Hablamos acerca de la idea de sofocar el espíritu de un niño.

—Eric, parece que te apasiona que tus hijos tengan su voz y la libertad de expresar sus deseos.

Asintió con la cabeza y afirmó que eso era algo que sentía fuertemente. Le pedí que me hablase de su infancia y me contó cómo se sintió subyugado por sus padres, que dictaban todos sus movimientos.

—Si querían que recibiese lecciones de piano, tenía que hacerlo, y debía practicar cada día. A mí no me gustaba el piano, pero eso no les importaba. Era «a su manera o te vas». Lo mismo ocurría con la ropa que me ponía, los programas de televisión que veía, las actividades deportivas en las que participaba... No había manera de que pudiese afirmar mi voluntad. Me sentía débil y carente de poder, y estoy decidido a no educar a mis hijos de esta manera.

Eric pudo comprender que sus hijos eran individuos separados y únicos, que no estaban destinados a ser los agentes de sus propios sueños incumplidos. Pero sus temas no resueltos estaban teniendo un impacto negativo en cómo estaba educando a su hijo.

—Desafortunadamente, por el hecho de que esto te hirió tanto en tu infancia corres ahora el riesgo de sobrecompensar la rigidez de tus padres por medio de ser tan desestructurado en relación con Charlie que esto, en realidad, lo dañe a él.

Les dije que me encuentro mucho con esta situación, sobre todo con padres que se toman sus prácticas espirituales o de crecimiento personal muy en serio. Siento una gran admiración por quienes están comprometidos con la crianza consciente, con quienes quieren empoderar a sus hijos para que expresen lo que está en sus mentes y sus corazones y confíen en sus sentimientos e intuiciones. Pero hay que dotarlos de una estructura y no tener miedo a poner límites. Dado que la situación se había deteriorado tanto con Charlie, Eric estaba abierto a considerar que pudiese haber una manera en que pudiese ser más asertivo con Charlie *sin* atentar contra su espíritu.

Angie se alteraba con las rabietas de su hijo, que le recordaban los impredecibles ataques de ira de su madre, de modo que le era más fácil ceder a sus demandas que poner límites. Además, la constante tensión que generaba Charlie implicaba que se hallase menos dispuesta a pasar tiempo con él, de modo que lo sentaba delante del iPad o la pantalla de televisión para que no diese problemas. Pero el pequeño se sentía impulsado a tener un mayor contacto con su madre, y si ello requería que se portase mal, lo hacía. Había descubierto que de esta manera se aseguraba de recibir el cien por cien de su atención. En algunos aspectos, era un pequeño Henry en ciernes.

Esencialmente, Charlie necesitaba averiguar si sus padres eran capaces de proporcionarle un contexto en el cual pudiese explorar el mundo de manera segura. Su comportamiento era, de hecho, la manifestación de que no se sentía seguro navegando por los mares de su vida en ausencia de un capitán competente. Como consecuencia, siempre que experimentaba frustración, sentía la necesidad de echarse al suelo, tirar objetos o patear y golpear a sus padres.

> Charlie necesitaba averiguar si sus padres eran capaces de proporcionarle un contexto en el cual pudiese explorar el mundo de manera segura. Su comportamiento era, de hecho, la manifestación de que no se sentía seguro navegando por los mares de su vida en ausencia de un capitán competente.

Les expliqué las tres modalidades de paternidad y la importancia de adoptar el rol de capitán del barco. Ambos estuvieron de acuerdo en que estaban viviendo sobre todo en el modo del dictador: dejaban que Charlie tuviese la última palabra y se saliese con la suya, hasta que las cosas se ponían tan mal que lo amenazaban con un severo castigo para hacerle entrar en razón.

Pero recurrir a la ira no encajaba con sus valores más espirituales, lo que los dejaba con un sentimiento de culpabilidad y remordimiento. Así, el ciclo se perpetuaba: soportaban el comportamiento de su hijo hasta que no podían más, momento en que estallaban contra él; después sentían vergüenza por no haber podido permanecer calmados y centrados.

Compartí con Angie y Eric lo que Eckhart Tolle denomina el *cuerpo de dolor*, un dolor emocional residual que alimenta la negatividad. Escribe Tolle:

> Mientras el niño está sufriendo el ataque del cuerpo de dolor, no hay mucho que puedas hacer, salvo permanecer presente, de tal manera que no te veas conducido a tener una reacción emocional. El cuerpo de dolor del niño no haría otra cosa que alimentarse con tu reacción. Los cuerpos de dolor pueden ser extremadamente dramáticos. No entres en el drama. No te lo tomes demasiado en serio. Si el cuerpo de dolor se activó por un deseo frustrado, no cedas ahora a sus demandas. Si lo haces, el niño aprenderá esto: «Cuanto más infeliz sea, más probable será que obtenga lo que quiero».

Mientras el niño está sufriendo el ataque del cuerpo de dolor, no hay mucho que puedas hacer, salvo ser consciente, de tal manera que no te veas conducido a tener una reacción emocional. El cuerpo de dolor del niño no haría otra cosa que alimentarse con tu reacción. Los cuerpos de dolor pueden ser extremadamente dramáticos. No entres en el drama. No te lo tomes demasiado en serio. Si el cuerpo de dolor se activó por un deseo frustrado, no cedas ahora a sus demandas. Si lo haces, el niño aprenderá esto: «Cuanto más infeliz sea, más probable será que obtenga lo que quiero».

Tolle sugiere que cuando alguien se derrumba o intenta incitar a otro a la pelea, lo que está ocurriendo en realidad es que su cuerpo de dolor está intentando alimentarse del de la otra persona. El cuerpo de dolor se fortalece por medio de empujar a los demás al drama y el sufrimiento. Tanto si este lenguaje te resulta familiar como si no, probablemente estarás de acuerdo con la idea. Cuando nos tomamos el mal comportamiento de nuestro hijo personalmente, nuestro ego se implica en ello, y genera desesperación o necesidad de control; desecha todos los topes con el fin de afirmarse a sí mismo. Una vez que esta dinámica está en marcha, inevitablemente entraremos en la modalidad del abogado o del dictador: en cierto sentido, el ego se habrá amotinado, habrá secuestrado al capitán y, con él, el liderazgo tranquilo que habría garantizado una navegación apacible a través de la tormenta del niño.

PERMANECE CLARO, CONECTADO Y CONSCIENTE

La única persona con la que Charlie parecía comportarse bien era su niñera, Alison, de veintitantos años y que no tenía hijos, pero que se había criado en una familia muy unida. Irradiaba una especie de actitud alejada del absurdo que dejaba patente que se sentía cómoda estando al cargo. Ella y Charlie tenían una relación muy cariñosa y jugaban mucho, y cuando le decía que se cepillase los dientes o dejase de molestar a su hermana, él casi siempre colaboraba.

Sospeché que había varias razones por las cuales Charlie era capaz de gestionar su comportamiento cuando estaba con Alison. En primer lugar, ella no se tomaba sus actos personalmente; no tenía un interés especial en que fuera un «buen chico», al menos no de la misma manera en que lo querían sus padres, y por tanto estaba menos desesperada o ponía en juego menos necesidades cuando interaccionaba con él. En otras palabras, no necesitaba a Charlie para demostrarse a sí misma que era una persona buena o competente.

Pero había más elementos en juego. Cuando Angie habló de la relación que tenía Alison con su hijo, era evidente que *se lo pasaba bien* con Charlie. Se reían mucho juntos, y Alison dedicaba mucho tiempo a encontrarse con él en el lugar exacto donde él se encontraba. De modo que jugaban con robots, construían fuertes o se perseguían por el patio. Mientras que la mayor parte de las interacciones que tenía Angie con su hijo estaban centradas en lo que debía hacer (desayunar, vestirse para ir a la escuela, bañarse...), Alison ponía en juego otro ritmo y estaba realmente *presente* con Charlie. Lo escuchaba con atención cuando improvisaba una historia con sus dinosaurios; le hacía preguntas y se deleitaba de un modo evidente con su vívida imaginación. Silenciaba su

> Charlie estaba más dispuesto a cooperar con Alison, no porque tuviera miedo de ser castigado por ella sino porque quería complacerla.

teléfono móvil cuando estaban jugando, de modo que Charlie no sentía que estaba constantemente compitiendo con personas externas que se inmiscuían en su tiempo, cosa que sí ocurría en el caso de sus padres. Alison se divertía con Charlie al menos un poco cada día, dejándole así claro que le gustaba, lo cual constituía un ingrediente esencial a la hora de catalizar la voluntad del niño de colaborar.

Otra manera de pensar sobre esto es que Alison estaba haciendo aportaciones constantes en la cuenta corriente emocional que compartía con Charlie, dándole dosis de pura presencia y atención. Cada interacción amistosa equivalía a depositar una moneda en la «cuenta» de su relación, lo que hacía fácil para ella efectuar «retiradas de efectivo» cuando quería que él atendiese una petición. Charlie estaba más dispuesto a cooperar con Alison, no porque tuviera miedo de ser castigado por ella sino porque quería complacerla, puesto que sabía que ella se interesaba de manera genuina por él.

Cuando Angie y Eric describieron el estilo de comunicación de Alison, también quedó claro que cuando esta le hacía peticiones a Charlie hablaba en serio, y él lo sabía. Así como él percibía la indecisión de sus padres cuando le decían que era la hora de venir a cenar o de ponerse los zapatos, percibía la entrega de Alison como clara, amorosa y firme, lo que hacía que respondiese positivamente a sus demandas. Sus peticiones no terminaban con un «¿de acuerdo?», sino que ella anunciaba lo que había que hacer como capitana del barco, mostrándose compasiva cuando él expresaba sus reticencias pero a la vez manteniéndose firme.

> Cuando los niños sienten una conexión con la persona que les hace la petición, su instinto de cooperación se despierta y los impulsa de manera natural a corresponder.

Angie y Eric admitieron que envidiaban un poco la capacidad de Alison de recibir un comportamiento cooperativo por parte de Charlie. Intentaron imitar sus palabras, pero el pequeño seguía resistiéndose. Les expliqué que no eran las palabras de Alison las que convencían a Charlie para que se comportase bien. Cuando los niños sienten una conexión con la persona que les hace la petición, su instinto de cooperación se despierta y los impulsa de manera natural a corresponder. Charlie sabía que su niñera lo pasaba bien con él, lo que le hacía *querer* comportarse bien cuando estaba con ella.

PERMITE QUE TU HIJO ESTÉ TRISTE

Había otro elemento que quería examinar en mi trabajo con Angie y Eric: necesitaba saber cómo se sentían en relación con permitir que su hijo se sintiera triste o decepcionado. Siempre indago esto cuando un niño manifiesta ira o agresividad crónicas. A menudo observo que a los padres les resulta muy difícil tolerar la infelicidad de sus hijos. Hay un dicho según el cual «una madre o un padre es tan feliz como el más infeliz de sus hijos». Si bien este es un sentimiento dulce, pone de relieve uno de los mayores desafíos a los que nos enfrentamos: reconocer que nuestros hijos son personas independientes que tienen que llevar a cabo su propio viaje por la vida.

Recuerdo una conversación que tuve con Sally, una de mis amigas más íntimas, cuando me di cuenta de que no era probable que mi matrimonio perdurase. Se me partía el corazón ante la sola idea de no poder proteger a mi hijo ante lo que estaba por venir. ¿Cómo podía yo, una terapeuta que había visto la lucha de tantos niños frente al divorcio de sus padres, hacer que el mío pasase por eso? Le dije a Sally:

—Se supone que Ari no debería pasar por esto, por esta ruptura de su familia. Se supone que no debería tener que lidiar con esto.

Sally me miró directamente a los ojos y dijo:

—¿Cómo sabes *tú* aquello por lo que él debe o no pasar?

Capté el mensaje. Comprendí que si bien no había nada en el mundo que pudiera evitar que hiciera todo lo posible para procurarle una buena vida a mi hijo, él tendría de cualquier modo experiencias difíciles que yo no podría evitar, por más que lo intentase. Lo mejor que podía hacer en esas circunstancias era permanecer a su lado amorosamente presente mientras él transitaba por el dolor y la decepción. Ahora que tiene veinticuatro años puedo ver las formas en que se ha vuelto más fuerte y compasivo gracias a haber trabajado con las pérdidas de las que intenté protegerlo.

Esto no quiere decir que sugiera hacer pasar a los niños por situaciones difíciles con el fin de que forjen su carácter; nada está más lejos de mi intención. Pero cuando no podemos proteger a nuestros hijos de las experiencias dolorosas, la segunda mejor opción es estar completamente presentes con ellos, ayudándoles a llevar a cabo su proceso permitiéndoles sentir su tristeza y su decepción.

> Cuando no podemos proteger a nuestros hijos de las experiencias dolorosas, la segunda mejor opción es estar completamente presentes con ellos, ayudándoles a llevar a cabo su proceso permitiéndoles sentir su tristeza y su decepción.

Hay una escena conmovedora en la serie de televisión estadounidense *Parenthood* que ilustra esto de manera muy bella. Max, de catorce años de edad, hijo de Christina y Adam, lucha por encajar en su instituto porque el síndrome de Asperger que padece (un trastorno de tipo autista) lo ha convertido en un paria. Gracias a Dios, ha descubierto que tiene un gran talento para la toma de fotografías, lo que hace que lo designen como el fotógrafo para el anuario. Desafortunadamente, comienza a tomar fotos de una chica mientras solloza rodeada de amigas. Las chicas le dicen a Max que se vaya, pero él insiste —manifestando una sensibilidad nula— en que se supone que son para el anuario, y sigue tomando fotos de la escena. Los padres de Max son convocados a una reunión en el instituto, en la que se les informa de que su hijo no puede continuar tomando fotos para el anuario; el profesor le ha asignado otra tarea a cambio, la de colocar las fotos. Los padres les piden al profesor y al director que reconsideren su decisión; ponen toda la carne en el asador en un esfuerzo para intentar que Max tenga esta experiencia satisfactoria, pero las quejas de la chica hacen imposible que pueda continuar.

Christina lleva la carga de tener que informarle de que ha dejado de ser el fotógrafo del anuario. Entra en la habitación del muchacho, se sienta y, muy angustiada, le cuenta a su hijo que lo han quitado de fotógrafo y se ocupará de la disposición de las fotos.

—¿Qué? ¡No quiero distribuir las fotos! ¡Quiero ser el fotógrafo! ¡Soy el mejor para este trabajo!

Christina le dice:

—Lo sé, Max, pero el profesor ha tomado su decisión y no va a cambiar de parecer.

Max está furioso. Nada de esto tiene sentido para él; según su comprensión, no hizo nada incorrecto, y, lógicamente, debería seguir tomando fotos para el anuario. Le dice a su madre:

—¿Qué vas a hacer al respecto?

Con un gran dolor en el corazón, Christina mira a su hijo y le dice:

—Me sentaré aquí contigo y estaré triste.

Esta escena me conmovió profundamente. Puesto que Christina había transitado a través de su dolor por ser incapaz de evitar que su hijo perdiera algo que era muy importante para él, ahora era capaz de mantenerse a su lado mientras él trataba de soltar eso que tanto deseaba. No le dio explicaciones ni justificaciones; ni tan siquiera trató de hacer que se sintiera mejor. En vez de eso, permaneció presente con él, confiando en que las olas de su decepción pasarían sobre él y luego retrocederían y en que iba a encontrar el camino a través de la pérdida hasta la aceptación.

AYUDAR A LOS NIÑOS A MOVERSE A TRAVÉS DE LA PÉRDIDA

Yo sabía que, puesto que Eric y Angie querían que Charlie fuera feliz, cedían por hábito a sus demandas o trataban de disuadirlo de su malestar. No me sorprendí cuando confesaron que su hijo rara vez lloraba. Este niño podía estallar de rabia si no se salía con la suya, pero su ira raramente desembocaba en una verdadera tristeza o en lágrimas. Les pedí que pensaran qué les parecería no resolver los problemas de Charlie cuando se frustraba, sino ayudarle a sentir su infelicidad. Imaginar esto les hizo sentirse desubicados.

—Si quiero a mi hijo –preguntó Eric–, ¿cómo puedo no querer hacerlo feliz?

Les pregunté qué querían en última instancia para Charlie mientras se encaminaba hacia su adultez; qué habilidades y recursos esperaban que hubiese interiorizado que les permitiese saber que era probable que tuviese una buena vida. Respondieron:

—Queremos que sepa llevarse bien con la gente y que tenga una actitud positiva que le ayude a atraer cosas buenas. También queremos que sea capaz de gestionar los momentos difíciles.

Les expliqué que para que los niños puedan desarrollar los recursos internos que les permitan aceptar la vida tal como se presenta debe permitírseles pasar por las etapas de la *negación*, la *ira* y la *negociación* cuando no pueden tener lo que quieren, de tal manera que sean capaces de moverse a través de la *decepción* hasta la *aceptación* (esta idea la he tomado prestada del trabajo de Elisabeth Kübler-Ross con los moribundos y la explico más cabalmente en *Parenting Without Power Struggles*).

El deseo de Angie y Eric de aislar a su hijo de todo el peso de sus decepciones estaba manteniendo a Charlie atascado en los tres primeros estadios del duelo (la negación, la ira y la negociación). Puesto que por lo general se derrumbaban cuando la frustración del niño empezaba a agravarse, este, cuando pedía algo, comenzaba ubicado en el estadio de la negación. Evidentemente, basándose en sus experiencias pasadas, para él «no» no quería decir «no», así que se quedaba estancado en la negación, sin aceptar que esta vez sus padres no accedieran a sus demandas.

> Adoptar el papel de capitanes con Charlie significaba que necesitarían anclarse con suficiente firmeza en su propio interior para poder sobrellevar su dolor o decepción

Contraatacar a Charlie con una furia equivalente lo mantenía en el estadio de la ira. Los padres y el hijo se lanzaban misiles hirientes a partir de sus reacciones instintivas, de manera que la rabia iba en aumento en ambos bandos. Cuando los padres entraban en encendidos debates acerca de *por qué* Charlie no podía tener lo que quería, estaban alimentando el estadio de la negociación; sin quererlo, estaban animando a su hijo a presentar argumentos a favor de sus demandas.

Adoptar el papel de capitanes con Charlie significaba que necesitarían anclarse con suficiente firmeza en su propio interior para poder sobrellevar su dolor o decepción (Kübler-Ross denomina a este estadio el de la *depresión*). Este era un paso esencial con vistas a ayudar a Charlie a reducir su acumulación de frustración que tan fácilmente estallaba siempre que se encontraba con algo que no podía cambiar o controlar. A menos que un niño pueda sentirse triste cuando no puede tener lo que quiere, nunca llegará al estadio de la aceptación.

—¿Qué mensaje le llega a Charlie sobre vuestra creencia en su capacidad de manejar la decepción cuando hacéis malabarismos con el fin de evitar que se sienta triste? —pregunté. Al invitarlos a pensar sobre el tema de esta manera se vieron impactados. Empezaron a ver que cuando resolvían los problemas de Charlie o intentaban justificar sus disgustos, estaban diciéndole de hecho que no tenían fe en que él dispusiera de los recursos internos necesarios para afrontar la vida cuando las cosas no fueran de acuerdo con sus preferencias. Este no es un buen mensaje para transmitir a un niño si tienes la esperanza de que llegue a convertirse en un adulto resiliente.

Aun así, Angie tenía miedo de permanecer firme ante Charlie. El solo hecho de pensar en ello la hacía temblar por dentro.

—Odio admitirlo, pero soy una pusilánime. No me puedo imaginar haciendo frente a Charlie cuando empieza con una de sus rabietas. ¡Es como tratar de mantenerse en pie en medio de un huracán!

Le pedí que permaneciese de pie delante de mí y se imaginara con Charlie cuando este empezaba a experimentar un arrebato.

—Conecta con lo que está sucediendo en tu cuerpo.

Empezaron a ver que cuando resolvían los problemas de Charlie o intentaban justificar sus disgustos, estaban diciéndole de hecho que no tenían fe en que él dispusiera de los recursos internos necesarios para afrontar la vida cuando las cosas no fueran de acuerdo con sus preferencias. Este no es un buen mensaje para transmitir a un niño si tienes la esperanza de que llegue a convertirse en un adulto resiliente.

Cerró los ojos, se quedó en silencio y luego se describió a sí misma como sintiéndose muy joven e inestable.

—Me siento como una niña pequeña, no lo suficientemente fuerte como para hacer frente a la situación. Quiero meterme debajo de una roca para esconderme.

Reconoció que se trataba de sentimientos que le resultaban familiares, una reminiscencia de todos los momentos en los que se había sentido demasiado débil para hacer frente a la intensidad y el caos de su madre. Mientras permanecía en este estado, le dije que la iba a empujar suavemente. Cuando lo hice, perdió el equilibrio al instante; la agarré justo antes de que se cayera.

—Ahora quiero que te imagines un cable de acero que baja desde la parte de arriba de tu cabeza a través de tu cuerpo, hasta las plantas de tus pies, y continúa bajando hasta el centro de la Tierra. Imagina que este cable es rígido e inamovible, que nada puede hacer que se mueva o se balancee. Siente tu fuerza; siéntete tan sólida como una vieja secoya cuyas raíces se hunden profundamente bajo la tierra.

Mientras visualizaba esto, la empujé exactamente con la misma fuerza que antes. Esta vez, en lugar de perder fácilmente el equilibrio, permaneció inamovible.

—¿Cómo te has sentido, Angie?

—¡Ha sido fantástico! He notado mi fuerza; me he sentido sólida y estable. Poderosa. No he tenido que forzarme a resistir o ser fuerte. ¡Me he sentido adulta!

Invité tanto a Angie como a Eric a que probaran este ejercicio un par de veces. Debían imaginarse en la presencia de Charlie cuando empezaba a verse arrastrado hacia una de sus tormentas a la vez que visualizaban cómo el cable de acero les procuraba una columna vertebral fuerte.

—Recordad que no le hacéis ningún favor cuando cambiáis las cosas para que sean a su gusto. Si queréis que vuestro hijo se convierta en un adulto que pueda gestionar las situaciones cuando no se presenten a su manera, tendréis que ayudarle a desarrollar el músculo de la resiliencia ahora por medio de estar presentes con él mientras experimenta todo el peso de sus decepciones.

»Seguid adelante y sentid vuestra congoja a medida que aceptáis que no podéis proteger a Charlie de cada frustración o pérdida, y después imaginaos de pie, firmes, con ese cable que os ancla a la tierra. Habitad esa fuerza suave pero inflexible mientras reconocéis los sentimientos de vuestro hijo con amor, pero permitidle que pase a través de su negación, ira y negociación hasta que solamente se sienta triste. Trabajé con esta familia durante unos tres meses. Nos enfocamos en reducir su incomodidad frente a las frustraciones de Charlie para que no sintieran la necesidad constante de manipularlo todo para que fuera a su gusto. Exploramos sus temores en cuanto a que tal vez estuvieran ahogando el espíritu de Charlie y buscamos maneras de que pudieran tratar con mayor confianza con su temperamento vehemente. Les ayudé a aprender cómo comunicarse con él de maneras que le permitieran sentirse comprendido, incluso si no podía tener lo que quería. En vez de: «No; no puedes comer galletas para cenar» (*no* es una palabra muy provocadora para la mayor parte de los niños), les mostré cómo podían responder de un modo menos conflictivo a sus demandas —o por lo menos a algunas de ellas—: «¡Galletas para cenar! Esto sí que sería divertido. ¿Podemos probarlo en tu próximo cumpleaños?». Tanto Angie como Eric liberaron tiempo para estar sencillamente presentes con su hijo, para que pudiera experimentar el tipo de cercanía y conexión que imploraba. Esto le ayudaría a querer comportarse mejor y complacer a sus padres.

LAS TRAMPAS DE LA CULPA

Las aguas fueron volviendo a su cauce en el caso de Angie y Eric. Sin embargo, era necesario abordar una cuestión más: su sentimiento de culpa y vergüenza. Cuando compartía con ellos sugerencias sobre cómo trabajar con Charlie, hacían comentarios como «Debería haberlo sabido» o

«Probablemente hemos malogrado a nuestro hijo para siempre». Esto no me sorprendió; he trabajado con padres durante décadas y estoy muy familiarizada con la tendencia que tenemos a golpearnos el pecho cuando no somos capaces de vivir de acuerdo con los estándares que hemos idealizado. Pero también sé lo perjudicial que es permitir que esa voz crítica presente en nuestras cabezas gobierne nuestras acciones y sentimientos. Al actuar de este modo no solo nos hacemos daño a nosotros mismos. De manera indirecta, también significa una presión para nuestros hijos; los inducimos a que se comporten bien con el fin de que podamos sentirnos bien con nosotros mismos y seamos capaces de mantener la culpa y la vergüenza a raya.

> Sé lo perjudicial que es permitir que esa voz crítica presente en nuestras cabezas gobierne nuestras acciones y sentimientos. Al actuar de este modo no solo nos hacemos daño a nosotros mismos. De manera indirecta, también significa una presión para nuestros hijos; los inducimos a que se comporten bien con el fin de que podamos sentirnos bien con nosotros mismos y seamos capaces de mantener la culpa y la vergüenza a raya.

Esto fue algo en lo que tuvimos que trabajar mucho. Compartí con Eric y Angie mi experiencia de tener esta voz juzgadora en mi propia cabeza, la voz que comenta constantemente cómo nos manejamos en cualquier momento o interacción dados. Una de las mejores inversiones que he hecho nunca consistió en aprender a lidiar con esta voz (por medio de la terapia, el EMDR −siglas en inglés de desensibilización y reprocesamiento por medio de los movimientos oculares−, la meditación y la oración). Es un proceso; no algo que se logre de la noche a la mañana o por medio de establecer, sencillamente, la intención de ser más positivo.

Un día estaba frente a mi guardarropa y algo se me cayó de las manos. De inmediato, una voz en mi cabeza (una vieja voz) me reprochó: «¡Oh, hermana! ¡Eres tan torpe!». Al instante, otra voz intervino diciendo: «¡No le hables a Susan de esta manera!». Me emocioné al ver que había interiorizado tanto el trabajo que había estado haciendo en relación con ser «suficientemente buena» que finalmente se había convertido en parte de mí. Puesto que hay muchas áreas con las que aún tengo que trabajar mucho, he llegado a aceptar que cometeré errores y perderé la calma o la paciencia. Siempre que pueda vivir esos momentos sin dejar que mi ego culpe a otros o elabore justificaciones, puedo permitir que mis imperfecciones formen parte de lo que me hace humana.

Eric y Angie tuvieron que trabajar mucho, pero se habían comprometido a aprender a dejar de permitir que sus voces interiores duras y críticas sabotearan los enfoques más saludables que estaban adoptando con su hijo. Se habían dado permiso para tener tropiezos y reveses. Esta parte del trabajo fue muy bonita; fue bello observar cómo se relajaban y hacían las paces con el hecho de estar dando lo mejor de sí mismos. También fue inspirador verlos entrar más plenamente en la confianza de que si asumían sus carencias en relación con Charlie, legitimaban sus sentimientos y se disculpaban cuando era necesario, podían dejar de convertir cada momento difícil de la crianza en un examen de su valía espiritual.

NUESTROS PROPIOS PROBLEMAS DE CRECIMIENTO

A veces dudamos acerca de si poner límites a nuestros hijos porque tenemos miedo de ellos. Sus rabietas son tan espantosas o agotadoras que pasamos de puntillas a su alrededor para evitar detonar su malestar. Otras veces tememos «matar su espíritu» al privarlos de algo que anhelan; quizá recordamos demasiado bien cómo nuestros padres reprimieron nuestros anhelos. Por otra parte, hay momentos en que descuidamos asumir plenamente el papel de capitán porque nos sentimos ambivalentes en cuanto a «sacarnos el carnet de adulto».

Ejercer de padres nos catapulta a la adultez; o al menos nos ofrece la oportunidad de crecer, si estamos preparados y dispuestos a ello. Pero podemos sentirnos impactados cuando nos damos cuenta de lo responsables que tenemos que ser una vez que somos padres.

Un día, cuando mi hijo era todavía un bebé y estaba empezando a comer regularmente, le di el desayuno y me descubrí pensando en qué le cocinaría para comer unas horas después. Mi primer pensamiento consistió en buscar por la cocina a la persona adulta que se ocuparía de cuestiones como estas, la persona legítimamente adulta que prepararía los desayunos, las comidas y las cenas de manera regular. Antes de tener hijos, mi marido y yo nos habíamos mostrado informales acerca de la hora de comer; nos preparábamos algo en el último minuto, sin pensarlo o planificarlo mucho. Cuando me di cuenta de que iba a ser responsable de elaborarle a ese niño tres comidas al día durante los siguientes dieciocho años o más, ¡me quedé atónita!

Francamente, no me veía a mí misma como esa persona madura. Pero la verdad fue que, cuando tuve el bebé, ya había tomado la decisión de efectuar todos los pasos que me condujeran a la adultez. Tenía que darme cuenta de que yo era la persona adulta presente en la cocina y de que podía asumir plenamente ese papel. Si somos actores en el escenario de la vida, ¡puede ser que también tengamos que vestirnos para la ocasión! Pero he aquí que la mayor transformación de mi vida tuvo lugar cuando di un paso más en el escenario de la maternidad y descubrí lo maravilloso que es ser madre en aras del propio crecimiento. ¡Y no tuve que perder mi vertiente lúdica o espontánea, como había temido!

Los niños nacen indefensos y dependientes. La madre naturaleza ha inculcado en los padres un impulso feroz para asegurar la supervivencia de sus hijos, para que con el tiempo puedan negociar con la vida sin la protección de sus padres. Los niños, de un modo natural, empujan contra los límites que les ponemos con el fin de averiguar dónde se hallan los postes indicadores de las fronteras de su mundo; de lo contrario, si no se encuentran con límites, corren el riesgo de aventurarse más y más fuera del mapa. Establecer límites nos ayuda a educar hijos que saben cómo manejar la decepción y que son, por tanto, fuertes, adaptables y autosuficientes.

Este es uno de los grandes premios de la paternidad: el de ver cómo nuestros hijos entran en la adultez capaces de transitar por los inevitables altibajos de la vida con confianza. Es entonces cuando

> Establecer límites nos ayuda a educar hijos que saben cómo manejar la decepción y que son, por tanto, fuertes, adaptables y autosuficientes.

sabemos que el esfuerzo que hicimos para crecer *nosotros*, mientras nos convertíamos en los amorosos administradores de nuestros hijos, compensaba todos esos problemas de crecimiento —los de nuestros hijos y los nuestros.

ES TU TURNO

Reflexiona acerca de tu infancia y sobre cómo la manera en que te educaron influye sobre tu capacidad de ser el capitán tranquilo y confiado del barco en el que también van tus hijos.

1. ¿Te proporcionaron tus padres un sentido saludable de lo que es estar amorosa y claramente al mando?

2. ¿En qué imitas conscientemente el comportamiento que tus padres tuvieron contigo? ¿En qué optas por obrar de un modo distinto?

3. ¿Hay ocasiones en que tienes miedo de ponerles límites a tus hijos? ¿Qué es aquello que fomenta tu incomodidad?

4. Apunta cualquier idea o creencia relativa a la paternidad que pueda estar afectando a tu voluntad de ser un adulto que sepa estar al cargo de sus hijos.

5. Si experimentas a menudo culpa o vergüenza en relación con tu paternidad, ¿de quién es esa voz crítica que estás escuchando en tu cabeza? ¿Es la de un padre, un profesor, un entrenador o alguien más que fue importante para ti cuando eras niño?

6. Tal vez quieras practicar el ejercicio que llevé a cabo con Angie cuando hice que imaginara ese cable de acero que recorría todo su cuerpo hasta hundirse

en la tierra. Sostén esta imagen con claridad en tu mente y mira si puedes conectar con una fuerza más profunda dentro de ti a la que puedas recurrir a la hora de interaccionar con tus hijos, una fuerza que te permita ser cariñoso y amable a la vez que firme y decidido.

EN LA PRÁCTICA: SER PADRES CONSCIENTES EN LA VIDA REAL

¿Son nuestros hijos nuestros iguales?

PREGUNTA: Como persona de mentalidad espiritual, creo que mis hijos son mis iguales. No me siento bien diciéndoles lo que tienen que hacer o aplastando sus espíritus mediante el establecimiento de límites que les impidan seguir sus corazones. ¿Cómo encaja esto con adoptar el rol autoritario que sugieres?

CONSEJO: En mi último cumpleaños, el regalo que me hizo mi hijo fue una carta que había escrito sobre su infancia en la que me daba las gracias por ayudarle a crecer hasta convertirse en el hombre que es y en que se está convirtiendo. En la carta evocaba momentos en los que se sintió disgustado porque le había dicho que no a algo que quería tener o hacer. Desde su actual punto de vista de adulto, apreciaba que hubiese estado dispuesta a mantener mi postura a favor de lo que ahora veía que eran sus mejores intereses.

No puedo describir cuánto me conmovió esa carta. Recuerdo muy bien las ocasiones en que tuve que tomar decisiones contrarias a sus deseos. Si no lo tenía claro, lo invitaba a que expusiera respetuosamente por qué mi *no* debería ser un *sí*, y a veces me convencía.

Pero cuando tenía la certeza de que un *no* debía continuar siendo un *no*, tenía que hacer caso a mis instintos y seguir enfocada en el panorama general a pesar del enfado o el disgusto de mi hijo, incluso cuando eso me conducía a dejar de brindar mis deliciosas sonrisas en caso de que me viese obligada a insistir.

También reconocía que, incluso cuando era todavía muy pequeño, era mi igual en todos los sentidos, en el nivel del alma (de hecho, a menudo sentía que él era el más sabio de los dos). Sin embargo, comprendí que los niños necesitan una presencia firme en su vida que los guíe, incluso si esto significa no dejarles hacer cosas que ansían hacer, tales como ver una película que sabes que hará que tengan pesadillas o ir a una fiesta en la que puede no haber la supervisión de ningún padre.

No es fácil ponerles límites o decepcionar a tus hijos, pero tal vez, como yo, comprenderás que esto no tiene nada que ver con tener o no la misma valía espiritual que nuestros hijos; esto no hace falta ni decirlo. De lo que se trata es de que tenemos el deber y la obligación de asumir plenamente nuestro papel como adultos, lo mejor que podamos. Esto puede requerir que estemos presentes con nuestra inquietud o malestar en relación con el enojo que expresen nuestros hijos hacia nosotros. No obstante no debemos evitar esos sentimientos desagradables desatendiendo la necesidad más grande que tienen: la de que capitaneemos amorosamente el barco y los orientemos, tanto a través de las aguas tranquilas como de las aguas tormentosas.

¿Cómo puedo evitar tomármelo de un modo personal?

PREGUNTA: Encuentro muy difícil no tomármelo personalmente cuando mi hijo se porta mal. Esto me hace perder pie y reaccionar ante él como si fuésemos críos de la misma edad que estuviésemos peleándonos en el patio después de las clases. ¿Cómo puedo seguir siendo la persona adulta cuando me saca de mis casillas?

CONSEJO: Imagina que estás en una barca en un lago pequeño, dejándote llevar, tan relajado que comienzas a dormitar. De repente, otra barca choca contra la tuya. Inmediatamente buscas con la mirada a la persona que lleva el timón: ¿cómo se ha atrevido a llevar tan mal su barca que se ha estrellado contra la tuya?; ¿en qué estaba pensando? Tu presión arterial empieza a subir. ¿Cómo puede esa persona ser tan irresponsable?

Te vas excitando y buscas al infractor, hasta que descubres... ¡que ahí no hay nadie! La otra barca se debió de haber soltado del muelle; sencillamente golpeó la tuya porque las corrientes hicieron que se desplazara hasta allí. Sin nadie a quien culpar, enseguida te calmas; tal vez incluso buscas formas de atar esa barca a la tuya para poder llevarla a la orilla.

¿Qué es lo que ha cambiado? Solo tus pensamientos en relación con el hecho. Te diste cuenta de que la barca que chocó con la tuya no estaba conducida por nadie que tuviera la intención de hacerte daño. Después de todo, *no se trataba de nada personal*.

Elige ver el mal comportamiento de tu hijo como algo distinto de un deseo de ofenderte o disgustarte. Puede ser que esté cansado, que tenga hambre o que sienta que no se le presta atención. O tal vez está preocupado por algo de la escuela, o sencillamente está de mal humor. Incluso si tu hijo te está provocando deliberadamente, puedes mirar debajo de esa motivación para ver su comportamiento como una forma torpe de conseguir satisfacer alguna de sus necesidades en lugar de ver que lo está haciendo con malicia.

Uno de los mayores regalos que puedes hacerte es permitirte ir por la vida sin tomarte personalmente los comportamientos de los demás. Un tornado no derriba una casa a propósito; tan solo ocurrió que la casa estaba en su camino.

Sigue adelante. Siente tu frustración o decepción, pero ahórrate el sufrimiento que sientes cuando crees que tu hijo te quiere hacer algún daño. Él es en esos momentos, simplemente, un bote a la deriva que se ve arrastrado por las corrientes de sus propios desafíos. Aborda las causas que subyacen a su mal comportamiento, pero permítete la libertad de evitar tomártelo como algo personal.

¿Puedo ser el capitán y aun así ser una persona divertida?

PREGUNTA: Ahora que estoy intentando capitanear el barco, siento que corro el peligro de volverme demasiado estricta. Antes era muy blanda y ahora veo que es mejor para mis hijos que me comporte más como una adulta, pero no quiero llegar a ser como mi madre, que era muy seria y rígida. ¿Cómo puedo ser la capitana y seguir siendo una mamá divertida?

CONSEJO: Los niños están programados para gozar de la vida, ¡gracias a Dios! De lo contrario, este sería un mundo monótono y gris, donde todo el mundo arrastraría tristemente los pies mientras abordaría las tareas de su lista de cosas por hacer, controlando diligentemente todo.

Recuerda que un péndulo oscila de un extremo al otro antes de asentarse en el medio. Es normal que te lleve algo de tiempo encontrar el punto óptimo en que asumas el rol de capitana del barco sin sacrificar el placer de disfrutar de la vida con tus hijos. Con el tiempo te sentirás más cómoda poniendo límites cuando sea necesario y correcto hacerlo, por ejemplo, cuando tus hijos quieran jugar con las cerillas o saltar desde el tejado.

Eckhart Tolle cuenta una anécdota divertida que tiene que ver con esto. Pasó junto a una escuela que acababa de cerrar por las vacaciones de verano y habían puesto un gran cartel que decía: «¡Permaneced seguros!». Mientras pensaba en este consejo de despedida para los estudiantes de cara a las vacaciones, se rio al imaginarse a los niños de regreso al inicio del siguiente año escolar. Eckhart se dijo: «El estudiante más aplicado dirá: "¡Estuve muy seguro durante las vacaciones!"». Está claro que queremos que nuestros hijos vayan con cuidado y que exploren el mundo y se diviertan.

Mi recomendación es la siguiente: si te hallas ante el dilema de mostrarte flexible o firme con tus hijos ante una situación dada, haz una pausa y busca la respuesta en tu interior. Alinéate con lo que tus instintos te digan que es la mejor manera de actuar. Confía en ti misma.

Permanece en tu papel de capitana con confianza. No tienes que convertirte en tu madre o mostrarte como un sargento de la armada. Si es un buen día para tomar un helado para desayunar o anunciar que en ese festivo pueden estar en pijama todo el día, ¡por favor, hazlo! Lo último que quiero es que los padres que lean mis libros piensen que tienen que dejar de mostrarse alegres y desenfadados con sus hijos. No lo olvides: aunque los capitanes de barco exudan confianza y saben cómo navegar por los mares tormentosos, ¡también sacan a los pasajeros a dar vueltas por la pista de baile!

Los niños nos recuerdan que juguemos, exploremos y abracemos la vida con mucha pasión. Si bien tienes que ser el adulto cuando estás con tus hijos, no permitas que esto haga que dejéis de llenar vuestros días con alegría y diversión.

Capítulo 3

¡SUELTA TUS IDEAS PRECONCEBIDAS!

*La realidad es siempre más amable que la historia
que nos contamos acerca de ella.*

Byron Katie

E n un artículo aparecido en *The New York Times*, Eli Finkel
ofrecía algunas estadísticas sobre la calidad de vida de los
padres tras haber tenido hijos:

> En un estudio publicado en la revista *Science*, los sujetos na-
> rraron sus experiencias emocionales en el transcurso de die-
> ciséis actividades que habían llevado a cabo el día anterior:
> trabajar, viajar, hacer ejercicio, ver la televisión, comer, so-
> cializarse, etcétera. Resultó que experimentaron las emo-
> ciones más negativas en el trabajo y al ejercer de padres. Y
> experimentaron mayor fatiga al hacer de padres que casi con
> cualquier otra actividad.

Descorazonador, ¿verdad? ¿Qué ha pasado con las alegrías de la paternidad, con esos besos descuidados y esos alegres arrumacos? Si bien el artículo de Finkel era duro de leer (también citaba estadísticas que reflejaban el aumento de la depresión clínica tras tener hijos), catalizó una interesante conversación en mi página de Facebook, y sin duda en muchos hogares de todo el país. Solo cuando reconocemos la ambivalencia que experimentamos en relación con vivir la vida tal como se nos presenta —lo cual incluye la crianza de los hijos— podemos encontrar la manera de abrazarla.

Ese artículo reflejaba unos hechos muy importantes, pero dejaba a los lectores con el peso de las implacables exigencias de la paternidad; no ofrecía ninguna luz al otro lado del túnel. Prever dieciocho años o más de insomnio, presiones financieras y menos oportunidades para el sexo no era algo precisamente atractivo. Nunca sugeriría que la depresión puede verse aliviada de un modo sencillo, por medio un cambio de actitud; sin embargo, creo que no nos hacemos ningún favor cuando nos encerramos en una perspectiva negativa sobre nuestras circunstancias. La verdad es que ejercer la paternidad es complicado. E intentar sostenernos en un nivel mítico de conducta (ser siempre pacientes, no estar nunca de mal humor) no hace más que alimentar la depresión de la que Finkel estaba hablando.

La paternidad es ingrata. «¡Quiero pasta con mantequilla!», exige tu hijo cuando acabas de servirle, con todo tu amor, el estofado que has preparado, todo con ingredientes no manipulados genéticamente. La paternidad también implica *desorden*: mira bajo los cojines del sofá, y quién sabe qué alimentos en estado de descomposición puedes encontrar. Y es *agotadora*: una madre me dijo que el mayor anhelo de su vida era poder dormir toda una noche de un tirón.

Por mucho que aspiremos a ejercer la paternidad de un modo consciente, ser responsables del cuidado y la alimentación de un niño no borra nuestra personalidad ni hace que nuestras necesidades, estados de ánimo o deseos se vean eliminados. Anhelamos leer durante horas o ir al baño sin pedir audiencia. Naturalmente, a veces experimentamos resentimientos. Hay momentos en que perdemos la calma. Algunos días decimos algo que después querríamos no haber dicho. Así son las cosas. El truco no está en hacer que las experiencias desagradables desaparezcan; está en hacer las paces con ellas.

> El truco no está en hacer que las experiencias desagradables desaparezcan; está en hacer las paces con ellas.

EL SÍNDROME DEL NIÑO DE LA FOTO

En *Parenting Without Power Struggles* expuse la idea de que nos cuesta aceptar a nuestro hijo no a causa de sus comportamientos problemáticos, sino porque comparamos a nuestro hijo real, en 3D, con lo que yo denomino nuestro *niño de la foto*, con lo que me refiero a nuestra imagen del hijo ideal. El niño de la foto dice: «¡Claro que sí, mamá!» cuando le pedimos que saque la basura, mientras que el niño real suelta un gruñido. Nuestro niño de la foto dice: «¡Gracias por recordármelo!» cuando le pedimos que

> El niño de la foto dice: «¡Claro que sí, mamá!» cuando le pedimos que saque la basura, mientras que el niño real suelta un gruñido.

se ponga con los deberes, mientras que el niño real, hipnotizado por la televisión, hace como si no existiéramos. Nuestros hermanos de la foto se quieren y se llevan bien; se abrazan y comparten sus juguetes, así como el último pedazo del pastel. Sus homólogos reales... bueno, ya sabes, es otra cosa.

> Nuestra dificultad a la hora de estar plenamente presentes con lo que sea que esté ocurriendo en relación con nuestro hijo se ve fomentado por el desajuste existente entre nuestro niño de la foto —que no existe más que en nuestra imaginación— y el niño real, de carne y hueso, que tenemos delante.

Por más frustrante que resulte que nuestro hijo no se ajuste a cómo nos gustaría que fuera, no perdemos los estribos porque moleste o porque no tenga ganas de ayudar. *Los perdemos porque pensamos que no debería molestar o que debería ayudar.* En otras palabras, nuestra dificultad a la hora de ser conscientes de lo que sea que esté ocurriendo en relación con nuestro hijo se ve fomentado por el desajuste existente entre nuestro niño de la foto —que no existe más que en nuestra imaginación— y el niño real, de carne y hueso, que tenemos delante.

Entramos en la modalidad del abogado o del dictador no porque nuestro hijo «nos haga» entrar ahí a causa de su mal comportamiento, sino por una historia —un «pensamiento píldora» que nos tragamos— que nos influye negativamente. Esa historia perturbadora se ve magnificada por un ejército de abogados internos que, con entusiasmo, aportan argumentos para justificar nuestras quejas. Si te descubres pensando: «Jeffrey debería ayudar en casa con más alegría», el equipo de abogados que tienes en la cabeza se apresurará a ofrecerte pruebas que avalen esa creencia, y te proporcionará pensamientos como: «¡Solo se preocupa por sí mismo! ¡Incluso tengo que regañarle para que recoja su toalla del suelo del baño!».

Estas historias y creencias se ven solamente neutralizadas cuando exploramos de qué manera el comportamiento decepcionante de nuestro hijo cobra sentido por sí mismo: «Jeffrey no debe ayudar alegremente en casa porque es un adolescente que no está de humor; se encuentra en medio de un montón de problemas con sus compañeros». O: «Jeffrey debe de resistirse a mis exigencias de que ayude porque se lo pido con irritación y sarcasmo».

Cuando miramos a nuestros hijos —y nuestra vida— desde una perspectiva más amplia, somos más capaces de alinearnos con la realidad en vez de combatirla. Si tenemos que llevar a cabo cambios, podemos responder desde la fuerza en vez de reaccionar desde la desesperación. Liberarnos del síndrome del niño de la foto significa que dejamos de intentar apartar la realidad; reconocemos nuestra resistencia y permitimos que la realidad sea tal como es. Como observa la conferenciante y escritora Byron Katie en clave de humor: «Cuando discutes con la realidad, pierdes. Pero solo el cien por cien de las veces».

Así como puede ser que debamos luchar para aceptar al hijo que tenemos —al preferir el niño de la foto al real—, puede ser que también nos veamos obligados a luchar para aceptar las realidades cotidianas de la vida en relación con nuestros hijos, que pueden parecerse muy poco a lo que pudimos haber imaginado. Pero aquí reside una ocasión de oro para expandirnos y crecer.

No imaginábamos que nos uniríamos a la Asociación Nacional de Padres y Profesores, pero cuando le damos una oportunidad, descubrimos un inesperado sentido de la camaradería mientras ayudamos a vender unos pasteles. O tal vez somos unos pacifistas acérrimos y nos encontramos con un niño que está fascinado con las armas; y ahí estamos, entregados en cuerpo y alma a un juego de disparar rayos láser con nuestro hijo y sus amigos. Cuando permanecemos inflexibles en lugar de abrazar la realidad, corremos el riesgo de perdernos algunas experiencias fabulosas.

CRECER O QUEJARSE

Casi todos nos enfrentamos a algún tipo de desajuste entre nuestra idealizada «vida de la foto» y la realidad que estamos viviendo. Para algunos, esta foto muestra un papá y una mamá sonrientes rodeados de niños alegres y un perro, mientras que la realidad puede estar presentando un amargo divorcio y una lucha por la custodia. Para otros, en la foto podría verse una pandilla de niños ruidosos dando volteretas por la casa, mientras que la realidad puede ofrecer un niño con una discapacidad, confinado a una silla de ruedas. Otro padre podría haber imaginado una vida fácil con vacaciones en el lago y una educación privada para sus hijos, mientras que la crisis económica puede haber dejado a la familia en una situación desesperada, hacinada en un pequeño apartamento en una parte de la ciudad que siempre habían evitado.

Rara vez podemos controlar nuestras vidas con tanta eficacia que estemos libres de los giros argumentales inesperados. La vida humana trae consigo un sinnúmero de oportunidades para que podamos resistirnos o adaptarnos. He visto a personas en circunstancias idénticas —una enfermedad grave, una adicción, una ejecución hipotecaria— asumir actitudes radicalmente diferentes frente a sus situaciones vitales. Los que se resisten pueden sufrir durante años, enojados con Dios, su excónyuge o sus padres por «obligarlos» a hacer frente a desafíos que no habían pedido. Otros hacen las paces con las realidades presentes en su vida y las viven con humildad, aceptación y agradecimiento por los pequeños momentos de gozo.

Crecer a partir de la falta de correspondencia entre nuestras imágenes ideales y nuestra vida real, en vez de estarnos quejando, exige soltar mucho. Cientos de veces al día se nos ofrece la oportunidad de trabar amistad con un momento difícil en lugar de apretar los dientes mientras lo soportamos. Todo se reduce a microelecciones (las pequeñas decisiones, que efectuamos momento a momento, sobre cómo abordar lo que tenemos delante).

> Cientos de veces al día se nos ofrece la oportunidad de trabar amistad con un momento difícil en lugar de apretar los dientes mientras lo soportamos.

A veces lo que tenemos delante es la deposición de un bebé que gotea en nuestra pierna. Un amigo me contó que en una ocasión se vio «atrapado» en un vuelo transoceánico con su bebé, que —para decirlo con delicadeza— tenía un problema estomacal. El vuelo habría sido mucho más fácil si él y su mujer hubieran llevado algunos paquetes más de toallitas para bebé:

—Tuve que decidir ser consciente de lo que estaba ocurriendo en el momento, incluso cuando el contenido del pañal apestoso de mi hijo se filtró hasta mis pantalones limpios.

Curiosamente, al no resistirme a lo que estaba sucediendo, y al conservar mi sentido del humor, encontré la alegría en medio de esa locura. Mi esposa y yo nos reíamos a carcajadas por todo lo que estaba ocurriendo.

No es difícil imaginar una versión alternativa de esta historia: «¡No te creerás por lo que tuve que pasar durante el vuelo! ¡Fue un infierno!, las peores nueve horas de mi vida».

Una y otra vez quedo impresionada por la paciencia y la elegancia de las que soy testigo cuando los padres sueltan su apego a su vida imaginada a favor de su vida real, incluso cuando se enfrentan con una tremenda dificultad, como un niño con una enfermedad grave. Podrías decir que «esos padres no tienen elección», pero sí que la tienen; todos tenemos elección, a cada momento: ¿me voy a resistir a lo que tengo frente a mí y viviré amargado y frustrado, o voy a alinear mi cuerpo, mi mente y mi espíritu con las situaciones tal como son, de modo que me permitiré estar en paz?

Por supuesto, nada de esto significa que deberíamos evitar hacer todo lo que esté en nuestras manos para generar cambios cuando sea necesario; no abogo por que permanezcamos pasivos, permitiendo que la vida pase por encima de nosotros como un rodillo. Sin embargo, como dice el dicho, «aquello a lo que te resistes, persiste». Está bien tener una imagen clara de la vida que queremos crear, pero tenemos que «tirar la foto» que muestra lo que debería estar sucediendo para poder disfrutar de la vida con los niños y las circunstancias que tenemos delante, tal como son.

EL DUELO POR TU ANTIGUA VIDA

Antes de tener hijos Sylvie había llevado una vida serena, que incluía clases de baile cinco días a la semana y un taller de pintura. En cambio, ahora se sentía a la deriva en un mar de niños exigentes.

—Me siento aislada de aquello que alimentaba mi alma —me confesó—, a pesar de que amo a mis hijos con todo mi corazón.

Al igual que Angie y Eric, estaba atormentada por la culpa por estar violando los *debería* de la paternidad.

—Es mucho más difícil de lo que pensé que sería. Sé cuáles son todas las cosas que *debería* sentir (amor, gratitud, alegría) y de hecho las siento parte del tiempo. Pero mi marido trabaja muchas horas, y yo me quedo sola con un niño pequeño que se opone a todo y una mandona de cuatro años. Siento que hay partes de mí que están muriendo. Reviso constantemente mi página de Facebook para ver lo que están haciendo mis amigos, tratando de mantenerme en contacto con un mundo exterior que está más allá del control de los esfínteres y del mundo de Bob Esponja. Me siento muy mal por las muchas veces que me descubro desconectada emocionalmente cuando estoy con mis hijos: estoy ahí, pero a la vez no estoy.

Aunque Sylvie y yo hablamos de la importancia de liberar tiempo para hacer lo que amaba, estaba claro que el solo hecho de asistir a unas cuantas clases de baile no iba a erradicar su resistencia a las exigencias de la vida cotidiana. Sospeché que hacer las paces con su vida actual iba a requerir que llevara a cabo un proceso de duelo en relación con la vida que había tenido que soltar. Si no realizaba este trabajo, quedaría atrapada en el espacio intermedio: ya no viviría la vida que tenía antes de tener hijos, pero tampoco estaría plenamente disponible para su vida actual. Si uno ejerce la paternidad desde este estado de semipresencia, los problemas están asegurados. Cuando los niños perciben nuestra media ausencia, hacen lo que sea necesario para traernos completamente de vuelta, incluso si esto significa que tengan que enrabietarse, mostrarse agresivos o desafiarnos. Le dije a Sylvie:

—La única manera de que puedas neutralizar tus pesares relacionados con tu vida actual es llevar a cabo un proceso de duelo. Esto requerirá que te vuelvas hacia tus sentimientos, aunque tu instinto sea el de alejarte de ellos.

Invité a Sylvie a que se aquietara y sintonizara con los sentimientos que subyacían a sus resistencias. Me confesó:

—Me siento atrapada y resentida. Es como si me apagase o me asfixiase. Después me siento avergonzada por sentirme de esta manera. En definitiva, quería tener hijos; no es culpa suya que tengan necesidades o que no me puedan proporcionar los estímulos que obtengo en el mundo exterior.

Le pedí que fuera consciente de sus sentimientos, sin analizar mentalmente lo que estaba ocurriendo.

—¿Qué te recuerda este sentimiento, Sylvie? ¿Por qué te resulta familiar esta sensación de estar atrapada o asfixiada?

Permaneció callada durante unos minutos, y después respondió:

—Conozco este sentimiento. Pertenece a una niña que quería, más que nada en el mundo, bailar y ser imaginativa, y a la que no se le permitió ni una cosa ni la otra. Lo de las clases de baile era algo inconcebible en el seno de mi familia y tardaba una eternidad en hacer los deberes de la escuela, porque tenía una mente imaginativa que no quería que se la molestase con tareas aburridas. Me sentía... atrapada.

Explorando destapó la profunda tristeza que sentía por haber sido criada por unos padres que habían intentado cambiarla. La intención de sus padres había sido buena; como inmigrantes de primera generación, habían hecho enormes sacrificios para criar a sus hijos en un país que ofrecía unas oportunidades para la educación y el éxito financiero que en otro lugar solo podrían haber soñado. Pero Sylvie era una niña muy creativa e intuitiva, cuya pasión era expresarse a través del movimiento y el arte.

Como todos los niños, una de sus mayores necesidades era sentirse reconocida y querida por sus padres tal como era. Necesitaba saber que se alegraban de tenerla y que bastaba con que fuera ella misma.

—Es profundamente perturbador para un adolescente sentir que aquellos a quienes más ama están decepcionados con él —le dije—. Es como si le dijeran que hay algo incorrecto en que calce un cuarenta porque sus pies no cabrán en los zapatos del número treinta y siete que le han dicho que deberá llevar. Esta herida, este anhelo de ser libre de expresar tus intereses y cualidades únicos, puede estar alimentando parte de la frustración que sientes ahora con tus hijos, desde el momento en que tienes que renunciar a tus intereses para cuidar de ellos todos los días. Para mí tiene mucho sentido que experimentes resentimiento; de hecho, constituye una gran pérdida soltar aquello que te aportaba un sentimiento de alegría y vitalidad para pasar a asumir las tareas mundanas correspondientes a la maternidad.

En las sesiones con Sylvie de las siguientes semanas me centré en ayudarla a bucear más en sus sentimientos no resueltos relativos a haberse visto obligada a ser quien no era en sus primeros años de vida. La animé a reconocer esos sentimientos y dejarles espacio, a que estuviese presente con las sensaciones de su cuerpo asociadas con ellos (pesadez, constricción, temblores) sin juzgarlas o sin explicarse mentalmente lo que estaba experimentando.

A medida que permanecía calmada y presente con lo que sentía cuando visitaba su tristeza, las emociones dolorosas empezaron a perder intensidad. Se sorprendió de que por el hecho de permitirse experimentar los sentimientos enterrados bajo su resistencia y su resentimiento pudiese empezar a entrar en un espacio muy agradable y amoroso, tanto para sí misma como para sus hijos. A medida que esta transformación tuvo lugar, Sylvie se suavizó; en realidad, todo su porte parecía más relajado. Unas cuantas semanas después de que empezásemos, compartió esto conmigo:

—No sé muy bien cómo ocurrió, pero encuentro que tengo mucha más paciencia con mis hijos; disfruto más los pequeños momentos. Estoy menos interesada en activar el teléfono para ver qué está ocurriendo en el «mundo real» y más comprometida con lo que está teniendo lugar con mis hijos. ¡Resulta asombroso que el hecho de no huir de mis resistencias me esté liberando de ellas!

CUANDO LA IRA SANA LA IRA

A veces yo misma me sorprendo al ver con qué rapidez los sentimientos no resueltos, largamente reprimidos, de un paciente asoman a la superficie cuando está listo para afrontarlos.

Cecilia era la madre de una niña de cinco años y de un niño de dieciocho meses. Se describió a sí misma como de naturaleza amable, pero programó una sesión telefónica conmigo porque se enfureció cuando su hija expresó ira.

—Cuando era niña, no se me permitía enojarme. Quiero que mi hija sepa que puede expresar su malestar, pero cuando lo hace me enfurezco.

Le pregunté si una parte de ella sentía que su hija estaba quebrantando una norma (*los niños no deben enfadarse*) cuando perdía el control. Admitió que, efectivamente, lo sentía así. Le sugerí que podían estar aflorando en ella sentimientos relacionados con el hecho de que mientras que ella tuvo que enterrar sus malestares de niña, a su hija en cambio le estaba permitido expresarlos. Estuvo de acuerdo. No era fácil conciliar la dicotomía a la que se enfrentaba, la de querer que estuviera bien que su hija abrazara las emociones desagradables que ella misma había tenido que reprimir.

La invité a que, sencillamente, permaneciera con su ira, permitiéndole estar ahí sin juzgarla ni analizarla.

—¿En qué partes del cuerpo la sientes? Descríbeme las sensaciones.

—Es como una sensación de pánico. La siento en el estómago y parece como si mis pies se quisieran mover; es como si deseara que las cosas fuesen más rápido. Como si quisiera huir de algo.

Dijo que también sentía la cara tensa, como si se estuviera concentrando intensamente, intentando hacer que algo ocurriera.

—No te quedes atrapada en el análisis de esta sensación. Tan solo permanece con lo que está ocurriendo y mira si hay algún otro sentimiento ahí, como tristeza, miedo o nostalgia.

Tan pronto como hube dicho esto, afirmó:

—Sí, tristeza. Y un anhelo...

Empezó a sollozar y pude sentir la profundidad de su dolor que había en relación con lo que fuera que se había despertado.

Permanecí callada; tan solo le hice saber que estaba presente pronunciando algunas palabras de vez en cuando. Intenté no interferir en su proceso. Describió su anhelo como un agujero negro:

—Puedo sentir que está ahí, pero es tan grande que soy incapaz de llegar hasta él, porque sé que no puedo... tener lo que quiere.

Me explicó que, de niña, no le estaba permitido llorar o querer cosas. A pesar de que sus padres y hermanos manifestaban su enojo habitualmente, a ella le estaba prohibido hacerlo:

—Me daban un azote y me decían que me fuera a mi habitación hasta que pudiese volver a ser una chica «buena». Me quedaba allí todo el tiempo que podía, llena de cólera pero tratando de adormecerla. Yo era una niña y se esperaba que las niñas fuesen tranquilas y buenas, que no diesen problemas.

—Cecilia, has demostrado mucho valor al estar ahí con este sufrimiento y dejarle espacio. Gracias por ser tan valiente.

Cuando dejó de sollozar, me dijo que casi nunca lloraba. Creo que se sorprendió al ver con qué rapidez afloraron a la superficie esos viejos sentimientos cuando se lo permitió. En la conversación que mantuvimos a continuación, le expliqué que no era la única que se beneficiaría de permitirse experimentar esas emociones; su hija también lo haría:

—La ira no es más que la manifestación externa de nuestras heridas. Es de esperar que te enojes menos con tu hija a medida que permitas que tu tristeza diga lo que tiene que decir.

También la informé de que al hacer este trabajo sería más capaz de ayudar a su hija a entrar en su propio dolor cuando experimentase alguna frustración en vez de arremeter con rabia. A la siguiente ocasión en que nos vimos, Cecilia me contó que un nuevo mundo se había abierto para ella como resultado de esta exploración. Me dijo que no tenía ni idea de que podía mostrarse menos reactiva:

—Incluso mi marido ha notado como una tranquilidad en mi voz.

Pero aún le era difícil decirle que no a su hija, y todavía se disgustaba cuando esta se mostraba desafiante. Hablamos acerca del origen de este terror que sentía a la hora de mantener su posición. Le pedí que dijera *no* en voz alta unas cuantas veces; no en plan súplica, sino en plan afirmación.

—Puedo sentirlo como una gran presión o energía en el vientre, pero no puedo sacarlo. Es como que me ahogo en ese sentimiento.

Dejé que se tomase su tiempo y se puso a llorar. Entonces oí su «¡no!». Fue solo un primer intento pero sonó potente, y le siguió un torrente de lágrimas. Lloró y lloró, hasta que se sintió un poco más fuerte.

Al final de la sesión se sentía mucho más liviana. Nos reímos de lo perfecto que era que tuviera una hija tan luchadora, de un carácter tan fuerte. Le dije:

—¿No es maravilloso, Cecilia, cómo funciona el universo? No te envió una niña floja y mansa sino alguien fuerte, que te pudiera decir: «¡Esto es tener uno su propia posición, mami!», de tal manera que pudieras limpiar esos viejos sentimientos en torno a tener necesidades, sabiendo que está bien expresarlas.

Como hemos visto, nuestros hijos a menudo catalizan una gran sanación en nosotros, si convertimos las experiencias difíciles que tenemos con ellos en oportunidades para que nuestros viejos sentimientos tengan espacio para respirar. Este fue el caso de Cecilia. La valentía que mostró al estar dispuesta a sanar dolorosas heridas del pasado constituyó una inspiración para mí.

> Nuestros hijos a menudo catalizan una gran sanación en nosotros, si convertimos las experiencias difíciles que tenemos con ellos en oportunidades para que nuestros viejos sentimientos tengan espacio para respirar.

En los dos ejemplos anteriores, la resistencia de ambas mujeres a aceptar las realidades de su nueva vida como madres se había visto fuertemente influida por temas de su infancia que permanecían sin resolver. Quiero señalar que si bien es siempre bueno indagar en el pasado a la búsqueda de claves si estamos experimentando una resistencia emocional significativa a nuestras vidas actuales, no estoy abogando por que culpemos a nuestros padres de todos nuestros males o que dejemos de lado la influencia de los factores que nos estén provocando estrés en la actualidad. Las tensiones matrimoniales, los problemas laborales, los retos económicos e incluso los desequilibrios hormonales pueden contribuir también a las resistencias que podemos experimentar con nuestros hijos o con nuestras vidas.

CUANDO DEPENDEMOS DE QUE NUESTROS HIJOS NOS HAGAN SENTIR BIEN

La resistencia a *lo que es* en relación con nuestros hijos también se manifiesta cuando los vemos como servidores de nuestra autoestima, cuando los concebimos como medios o instrumentos para sentirnos mejor con nosotros mismos. Podemos elogiar a nuestro hijo cuando anota el tanto del triunfo porque las miradas de admiración de los otros padres sentados en las gradas nos llenan de orgullo; o podemos prodigar atención a nuestra hija cuando se muestra cortés con los invitados a la fiesta, en cuyo caso nuestro ego se inflará aún más cuando estos comenten que tenemos una hija muy educada. No hay nada de malo en sentir placer cuando los talentos o la naturaleza amable de nuestros hijos son reconocidos por los demás. Pero los niños se hallan exquisitamente sintonizados con nuestros sentimientos; quieren nuestra aprobación y saben cuáles son las reglas del juego para ganársela. Cuando necesitamos que sean de una determinada manera para poder sentirnos bien, les producimos una herida, porque les estamos poniendo condiciones para quererlos y aceptarlos.

> Aceptar la realidad de nuestros hijos nos permite reconocerlos como individuos separados que tienen sus propios puntos fuertes y sus desafíos específicos. Esta aceptación no les pide que compensen nuestras inseguridades. No los hace responsables de nuestros sentimientos.

Aceptar la realidad de nuestros hijos nos permite reconocerlos como individuos separados que tienen sus propios puntos fuertes y sus desafíos específicos. Esta aceptación no les pide que compensen nuestras inseguridades. No los hace responsables de nuestros sentimientos. Nos permite aceptar sus defectos sin temer que perderemos valor a ojos de quienes creemos que nos están juzgando a partir de los logros de nuestros hijos. Todo esto nos libera de vernos impulsados por el ego y nos deja ejercer una paternidad en la que cuidamos de nuestros hijos tal como son, conscientemente.

LA ACEPTACIÓN DISFUNCIONAL COMO UNA FORMA DE RESISTENCIA

La aceptación también nos permite afrontar cualquier desafío con el que nuestros hijos puedan estar luchando, en vez de escondernos de él. Lisa era la madre de Luke, un adolescente de quince años. Sabía que las notas de su hijo habían ido empeorando, pero ella lo atribuyó a que el primer año de secundaria era mucho más duro que primaria.

Cuando Luke llegó borracho de una fiesta, le regañó, pero optó por creer su promesa de que era su primera y única vez.

—Odio la bebida, mamá —le aseguró.

Cuando sus amigos se presentaron en su casa furtivamente y se dirigieron a la habitación de Luke sin tan siquiera mirarla, lo atribuyó a un comportamiento adolescente burdo. Cuando se enfrentó a su hijo por el olor a marihuana presente en su habitación, le creyó cuando él le dijo que no la fumaba y que el olor probablemente se debía al extraño incienso que había puesto. Dos de los profesores de Luke le escribieron un correo electrónico a Lisa para decirle que iba camino de no aprobar sus asignaturas en el primer semestre. Ella lo sermoneó y le pidió que se esforzara más, pero nada cambió. Luke empezó a dormir hasta el mediodía los fines de semana; Lisa se dijo que a su edad era un comportamiento normal. En otras palabras, se resistía a ver las evidencias; se negaba a reconocer que su hijo podía estar cayendo en las garras de las drogas o en un estado depresivo, o que podía tener problemas académicos que requerían atención.

Lisa no era una mala madre o una madre negligente; se preocupaba mucho por su hijo y quería que tuviese una buena vida. Pero rehusaba asumir la realidad y elegía verlo como el niño inocente y despreocupado que había sido. Su resistencia a reconocer los hechos en relación con Luke se manifestaba en la forma de algo que he oído a Eckhart Tolle denominar *aceptación disfuncional*. No consideraba que los comportamientos de su hijo pudiesen estar apuntando a asuntos que necesitaban ser resueltos y aceptó a pies juntillas sus explicaciones acerca de que no le gustaba el alcohol

> Lo que parecía aceptación era de hecho una forma pasiva de resistencia; Lisa estaba huyendo de la realidad del comportamiento de su hijo. Estaba llevando a cabo una aceptación disfuncional de la realidad.

y no fumaba marihuana; también decidió creer que las malas notas y el hecho de dormir hasta después del mediodía eran normales en la adolescencia. Lo que parecía aceptación era de hecho una forma pasiva de resistencia; Lisa estaba huyendo de la realidad del comportamiento de su hijo. Estaba llevando a cabo una aceptación disfuncional de la realidad.

No fue hasta que Luke faltó a dos de sus clases cuando Lisa acudió a mí. Descubrimos que el muchacho estaba lidiando con una depresión que tenía que ver con problemas sociales, con sentimientos largamente enterrados que tenían que ver con el divorcio de sus padres y con lagunas importantes en su comprensión de las matemáticas que no le permitían sacarlas adelante. Luke había estado tratando de anestesiarse por medio de la marihuana, el alcohol y el sueño. Lisa se sorprendió al descubrir por cuántos problemas emocionales estaba atravesando su hijo; había optado por mirar hacia otro lado, por miedo de la culpa y el agobio a los que se tendría que enfrentar si su hijo se hallara realmente en problemas.

EXTENDERNOS MÁS ALLÁ DE NOSOTROS MISMOS

Mejorar nuestra posición para afrontar la vida tal como es nos obliga a movernos a través de nuestras resistencias de maneras que pueden parecernos incómodas o incluso imposibles. Todos los padres tienen historias relativas a las formas en que han debido espabilar para lidiar con las realidades de la paternidad. La mía comenzó el día en que me puse de parto.

Soy una persona fuerte y con recursos, pero tengo algunos puntos débiles. Por ejemplo, me cuesta mucho incentivarme a mí misma a la hora de hacer ejercicio. Si consigo superar mis excusas y dilaciones, puedo dar un paseo en bicicleta o subirme a la cinta de correr durante unos minutos. La verdad es que nunca se me ha dado muy bien perseverar a través de lo que creo que son mis límites físicos.

Así que muy poco después de ponerme de parto, tal vez tras la cuarta o quinta contracción, cambié de opinión acerca de tener un bebé. Por supuesto, me había sentido entusiasmada al respecto, pero cuando las cosas se pusieron serias, decidí que no estaba preparada, después de todo.

Veintisiete horas después, durante las cuales tuve que empujar tan fuerte que se me rompieron algunos vasos sanguíneos de los ojos, nació mi bebé, de dos kilos y cuarto de peso. Fui más allá de los límites de lo que me creí capaz de soportar y ahora era una orgullosa mamá leona que haría todo lo que fuese necesario para proteger a ese niño, que ya me había robado por completo el corazón.

> Esto es lo que tiene la paternidad: nos invita a ir más allá de nosotros mismos, a traspasar las resistencias y a explotar los recursos internos que no sabíamos que poseíamos.

Esto es lo que tiene la paternidad: nos invita a ir más allá de nosotros mismos, a traspasar las resistencias y a explotar los recursos internos que no sabíamos que poseíamos. Todos los padres han superado desafíos que no pensaron poder afrontar. A pesar de ello, se dicen a menudo a sí mismos que *no pueden* ser ese capitán que sabe cómo navegar en medio de las aguas tormentosas. Cuando las cosas se ponen feas, pierden la fe en su capacidad de lidiar con la rabia de su hijo debida a su divorcio o de manejar la magnitud de los problemas resultantes del descubrimiento de que su hijo adolescente tiene un problema serio con la bebida. Así que miran hacia otro lado.

Pero es en los momentos difíciles cuando logramos traspasar nuestras resistencias y fortalecer nuestro compromiso con la paternidad consciente. Recuerda que el desarrollo del músculo no puede tener lugar sin que se destruyan las fibras musculares; esto se llama hipertrofia. Estos microdesgarros son lo que se necesita para construir masa muscular. Crecemos internamente cada vez que escuchamos a nuestro niño sin reaccionar cuando comparte algo que nos llena de pavor y le enseñamos que no tiene que ocultarnos la verdad. Descubrimos que *podemos* responder de manera sensata cuando lo está pasando mal en vez de derrumbarnos víctimas de nuestra propia angustia.

Estos son los momentos que nos transforman, no solo como padres sino también como personas. Al tirar la «foto» idílica y afrontar la realidad con valentía, al sentir nuestros sentimientos y al retar a las historias que sugieren que la hierba es más verde —o nuestro hijo más fácil— en un mundo distinto de este, imaginario, podemos sumergirnos plenamente en la vida tal como es, con plena aceptación de los hijos que se nos han dado.

ES TU TURNO

Aquiétate por unos momentos y enfócate en las emociones que experimentas cuando tu hijo se comporta de una manera que te disgusta. Tal vez tu hija es descarada o se muestra muy poco agradecida por lo mucho que haces, por lo cual te resulta difícil responder con la cabeza en vez de reaccionar con ira.

Siéntate con tu enojo, respirando profundamente y de manera constante. No trates de analizarlo o explicártelo, ni de maximizarlo o minimizarlo. Tan solo permite tus emociones, sin juzgarlas como buenas o malas.

Puedes encontrarte con que mientras permaneces quieto con tu enojo surjan otros sentimientos, como tristeza, decepción, soledad, daño o la sensación de ser invisible o no importante. Si adviertes emociones como estas, atestígualas suavemente, de una manera análoga a como una madre amorosa podría ofrecer consuelo a un niño herido. Tómate tu tiempo.

Permanece presente con todos y cada uno de los sentimientos que surjan; dales espacio. La furia que asociaste al principio con el perturbador comportamiento de tu hijo puede transformarse en algo más próximo al dolor o la tristeza. Puede ser que te acuerdes del dolor que experimentaste en tu infancia y que te des cuenta de que el enojo que sientes hacia tu hijo se está viendo alimentado por esas heridas no resueltas. Permítete sentir lo que surja y trata cada emoción con ternura y respeto.

Cuando sientas que estás listo, tómate unos momentos para volver a tomar conciencia del espacio en el que te hallas y ponte la mano sobre el corazón en agradecimiento por el valor que has tenido y el esfuerzo que has realizado para experimentar sentimientos difíciles. Si este ejercicio te ha causado una angustia notable, considera la posibilidad de acudir a un profesional para que te asesore y apoye.

EN LA PRÁCTICA: SER UNOS PADRES CONSCIENTES EN LA VIDA REAL

¿Cómo puedo aceptar mi vida tal como es?

PREGUNTA: Mi matrimonio está tocando a su fin y estoy pasándolo mal incluso a la hora de lidiar con problemas ordinarios con mis hijos, como sus protestas a la hora de hacer los deberes o de tener que lavarse los dientes. Es casi imposible para mí aceptar cómo es mi vida justo en estos momentos. Intento dejar mis necesidades de lado para poder estar ahí para mis hijos —que también están pasándolo mal—, pero me siento perdida sin los símbolos de esa vida que siempre creí tan segura. Por las tardes me tomo un vaso extra de vino para poder aguantar todo el día sin sentirme tan deprimida.

CONSEJO: Es muy triste decir adiós a una vida que aún desearías tener y afrontar la incertidumbre de lo que está por venir. Te recomiendo muy encarecidamente que busques tiempo para hacer lo que sea que eleve tu espíritu y conforte tu alma. Por lo menos, cuando enseñes a tus hijos a cuidar de sí mismos, recálcales la importancia de hacer frente a los desafíos de la vida en vez de anestesiarse ante ellos.

Una buena terapia puede ser de importancia crítica cuando las cosas se han puesto difíciles, como lo es el consuelo amoroso de un grupo de amigos fieles. Conectarse a un sentimiento de paz interior puede ser de gran ayuda; quizá te apetezca hacer yoga, meditar o practicar la atención plena. Y, por supuesto, llevar una dieta correcta, dormir lo suficiente, hacer ejercicio y cuidar de ti misma te resultará vital para que puedas pasar, aunque sea cojeando, a través de esta dura etapa.

Aunque podamos intentar hacer todo lo posible para evitar que la vida cambie, a veces nos vemos forzados a aceptar una nueva normalidad. Creo firmemente que venimos equipados con los recursos que nos permiten lidiar con cualquier obstáculo que se presente en nuestro camino, pero tenemos que encontrarlos y después usarlos. Si eres sincera con el dolor que estás experimentando, puedes hacerle frente; enterrarlo solo hará que aflore en forma de comportamientos insanos. Ser madre no significa que tengas que ser una mártir, que tengas que negar tus propias necesidades o reprimir tus emociones. Obtén el apoyo que necesitas para pasar a través de tu dolor, y, a pesar de lo que puedas pensar hoy, tú y tus hijos emergeréis intactos al otro lado de esta pérdida.

También te puede ser de ayuda identificar los pensamientos que te inducen a valorar tu situación actual como terrible. El dolor a menudo es fruto de nuestras ideas y creencias en relación con una circunstancia más que una consecuencia de la situación misma. Cuando tu mente te proyecta hacia el futuro —de modo que te imaginas en medio del miedo y la soledad— o hacia el pasado —de modo que o bien anhelas dicho pasado o bien te produce enojo—, es probable que sufras. Sin embargo, si te traes a ti misma totalmente al momento presente y percibes cómo tu respiración entra y sale, y prestas atención a la sensación del aire en tu piel, puedes descubrir que en este momento estás bien.

Identifica los pensamientos que te hacen sufrir y comprende que no estás obligada a creértelos.

Si estás afrontando un problema justo en este momento, hazlo con atención e intención. Pero procura no caer en un patrón de abandonar el momento presente y verte arrastrada hacia el pasado o el futuro con pensamientos estresantes. El objetivo de esto no es minimizar la pérdida a la que te enfrentas, sino solo ayudarte a aliviar la carga adicional de la infelicidad que tu mente pueda estar generando.

¿Cómo puedo poner fin a la dinámica de negociaciones que tienen lugar entre mi nieto y yo?

PREGUNTA: Mi marido y yo hemos estado al cargo de nuestro nieto durante el último año y medio. He intentado aceptar su naturaleza desafiante, pero estoy completamente agotada. *Todo* es una negociación: su deseo de jugar más rato a los videojuegos, su insistencia en que hará los deberes «más tarde» o su negativa a ducharse porque está de pronto demasiado cansado. Entiendo que es mejor dejar de desear que sea un niño más fácil de llevar, ¡pero quiero que cesen las batallas y discusiones!

CONSEJO: Dediqué mi anterior libro a tratar el tema de las luchas de poder, así que ahora tan solo me referiré a unos cuantos puntos. El primero es este: cuando necesitamos algo de nuestros hijos, tendemos a reclamárselo en vez de sintonizar con ellos, lo cual activa su actitud desafiante. Los niños huelen la desesperación y comprenden, sabiamente, que no se supone que tengan que ser responsables de nuestra felicidad. Si no existe un vínculo estrecho y amoroso entre ellos y nosotros —la base de la verdadera autoridad a ojos de nuestros hijos—, es probable que se nos opongan cuando nuestras interacciones con ellos tengan el aroma de la necesidad. Así es la naturaleza humana. Una vez escuché a alguien decir algo muy sabio: «Aquel que está más apegado a un resultado en particular es quien tiene menos poder».

Reconoce con compasión el anhelo de tu nieto de posponer sus deberes o eludir la ducha sin querer ganar el pulso con él a toda costa: «Sé que es mil veces más divertido jugar a este juego que ducharte. Y debe de ser aún peor que ahora aparezca yo y te pida que lo dejes cuando estás casi a punto de pasar al siguiente nivel». Por más simple que pueda parecer, reconocer sus sentimientos resultará de ayuda.

A veces digo que las relaciones tienen un determinado pH. En ciencia, si una solución es demasiado ácida, no la devolvemos a una condición neutra por medio de quitarle ácido; añadimos sustancias alcalinas para restablecer el equilibrio del pH. De la misma manera, cuando nuestras relaciones con los demás (cónyuges, hijos, nietos) son demasiado ácidas, restauraremos el equilibrio añadiéndoles componentes alcalinos, lo que en mi modelo significa incluir más interacciones que refuercen el vínculo.

El hecho de que tu nieto no esté siendo criado por ninguno de sus progenitores también sugiere que debe de tener temas profundos por resolver (ira, dolor, tristeza) que alientan su resistencia crónica. Un joven que se haya visto sometido a un desbarajuste significativo estará familiarizado con sentimientos de impotencia, que lo habrán impulsado a hacer esfuerzos adicionales para ejercer el control en las situaciones en las que pueda hacerlo. Confío en que tu nieto y tú habéis recibido asesoramiento y apoyo para ayudarle a ajustarse al cambio de las circunstancias de su vida, independientemente de lo mucho mejor que es para él estar bajo el cuidado amoroso de sus abuelos en este caso.

Asegúrate de que tu nieto cuenta con ayuda para liberar sus sentimientos reprimidos de frustración y pérdida. Y trabaja en fortalecer el vínculo, en cambiar el «pH» de la relación para que esté menos inclinado a atrincherarse cada vez que le pides algo. Para más información sobre el vínculo, consulta por favor el capítulo 9, o mi libro *Parenting Without Power Struggles*.

Dice Sun Tzu en *El arte de la guerra*: «La excelencia suprema consiste en romper la resistencia del enemigo sin luchar». Evita implicarte en luchas de poder y discusiones con tu nieto. En vez de eso, céntrate en construir una conexión que le haga ser más consciente de que aunque puedas preferir que tenga un carácter más llevadero te gusta tal como es.

¿Es correcto que no siempre me gusten mis hijos?

PREGUNTA: Siento mucha vergüenza al decir esto, pero tengo un pequeño secreto que para mí es horrible: a veces no me gustan mis hijos. Los amo, pero hay ocasiones en que quiero estar sola. Tuve que hacer de madre de mi madre en muchos sentidos y experimento resentimiento por el hecho de tener que estar siempre disponible para mis dos hijos, lo que no quita que los ame profundamente. He meditado durante la mayor parte de mi vida y ahora me es muy difícil estar a solas aunque sea solo durante diez minutos. Hay ocasiones en que mis hijos aporrean la puerta de mi habitación mientras estoy intentando sentarme a meditar. No estoy siendo muy «espiritual»; ¡ellos solo quieren estar conmigo y yo estoy intentando alejarlos!

CONSEJO: A menos que miremos a la verdad directamente a los ojos no podemos cambiar de maneras que en última instancia nos resulten útiles. Sea lo que sea lo que estemos experimentando (culpa, vergüenza, agotamiento, asombro, agradecimiento, alegría), necesita que lo reconozcamos para que podamos habitar completamente la compleja persona que somos. Si te asustas de los momentos en los que no estás encantada de ser madre, tan solo soterrarás tu resentimiento, que aflorará en forma de impaciencia, sarcasmo o ganas de huir.

Siente lo que sientas. Tiene perfecto sentido que añores la vida menos comprometida que llevabas antes de tener hijos. También en mi caso recuerdo momentos en que deseaba estar sola y meditar durante un rato y lo que ocurría era que escuchaba esos golpes en mi puerta, acompañados por un «¡mamá!, ¡te *necesito*!». Y recuerdo haberme escondido en el baño con una lectura adictiva con la esperanza de poder perderme en la historia de la misma manera en que podía hacerlo antes de ser madre. Es solo cuando nos permitimos ser conscientes de lo que está sucediendo cuando podemos dejar que los sentimientos fluyan sin problemas.

Somos humanos, qué se le va a hacer. Cada uno vierte en la crianza las pruebas y tribulaciones de su propia infancia, junto con su temperamento y naturaleza únicos. Algunos padres se pierden en la alegría y la magia de la crianza de los hijos y nunca lanzan ni una sola mirada hacia atrás, a la vida que llevaban antes de ser padres. Sin embargo, otros caminan por las exigencias de la paternidad a trancas y barrancas, haciendo todo lo que pueden para abrazar su nuevo papel, pero presas de una continua incertidumbre en cuanto a si están hechos para ello.

Dentro de nosotros vive el niño pequeño que tan solo quiere recibir amor, ternura y apoyo. Cuando lo incluimos en el cuidado y la presencia que les ofrecemos a nuestros hijos, podemos generar una profunda sanación para las partes de nosotros mismos que se han visto heridas.

Mi consejo es que seas infinitamente paciente contigo misma, que permitas que todo lo que sientes emerja y puedas así conocerlo. Puede ser que encuentres útil trabajar con un terapeuta para pasar a través de algunos de los viejos sentimientos de resentimiento que te están agobiando. Y cuando la vida familiar se vuelva demasiado caótica, ¡tómate un respiro! Es mucho mejor que le pidas a un amigo o a un miembro de la familia que te ayude de manera que puedas estar algún tiempo a solas que no que airees tus frustraciones de maneras que sean hirientes para ti o para tus hijos. Algunas madres crean redes de apoyo que les permiten gozar de un día libre una vez cada pocos meses; así disponen de veinticuatro horas para recargarse y hacer lo que les apetezca. El solo hecho de disponer de un día en el que no tengas que estar ocupándote de las necesidades de los demás puede ser muy regenerador.

Capítulo 4

NO ESTAMOS CRIANDO NIÑOS, SINO ADULTOS

Si tenemos que enseñar la verdadera paz en este mundo,
si tenemos que llevar a cabo una auténtica guerra contra
la guerra, tendremos que empezar por los niños.

Mahatma Gandhi

Estoy sentada en el coche de mi hijo con él, discutiendo a fondo por un malentendido. En un par de días obtendrá la licenciatura. He observado que estos hitos importantes de su vida a menudo desencadenan algún tipo de discusión entre nosotros, que probablemente forman parte del proceso inconsciente de dejar que vaya haciendo cada vez más su vida.

En esa escena, estoy intentando explicar por qué algo que ha dicho me ha hecho saltar y a él le cuesta entender que eso en particular sea algo problemático. Finalmente digo:

—No puedes entender por qué esto me hace saltar porque nunca has visitado el planeta donde crecí.

Por fin lo capta. Su rostro se suaviza, su postura se relaja y suelta un mero «¡guau!».

> El elemento fundamental de la compasión es reconocer que incluso si no entendemos por qué alguien reacciona de la manera en que lo hace, su historia y su verdad son tan reales para esa persona como lo son las nuestras para nosotros.

En ese momento comprendo cuál es el elemento fundamental de la compasión: reconocer que incluso si no entendemos por qué alguien reacciona de la manera en que lo hace, su historia y su verdad son tan reales para esa persona como lo son las nuestras para nosotros.

Con su metro noventa y ocho de estatura, mi hijo, Ari, puede parecer imponente, pero después de cualquier interacción está claro que tu corazón está seguro en su presencia. Cuando pienso en cómo se forjó su carácter, sé que parte de ese carácter es innato. Creo que los niños nacen con ciertos temperamentos y que Ari llegó a este mundo con un espíritu afable. También creo que muchos, si no la mayoría de los niños, llegan a este mundo con un temperamento suave y sin defensas, y que tenemos la oportunidad de ayudarles a seguir su camino con una fuerza que no los abrume, una compasión que los calme y una gentileza que los reconforte.

Hice todo lo que pude para ayudar a mi hijo a comprender que había nacido siendo muy privilegiado, sencillamente por el hecho de que nunca tuvimos que preocuparnos por tener un hogar donde vivir o comida en la mesa. Viajamos a partes del mundo donde conocimos a gente en entornos desfavorecidos cuya felicidad no se basaba en la riqueza o las posesiones. Hicimos de voluntarios en nuestra comunidad para que pudiera interactuar con personas que le miraran a los ojos y le hicieran saber que el más pequeño esfuerzo por su parte para hacer sus vidas mejores significaba algo para ellas. Intenté hacer, para nuestros vecinos y amigos, aquellas cosas que hacen los seres humanos como miembros de la misma tribu o pasajeros del mismo barco, convencida de que aparentar ser una buena persona o tender un cheque a una organización caritativa no es lo mismo que ponerse personalmente a servir.

Convertí en una práctica saborear los pequeños placeres de la vida: el sabor de un helado de lavanda. Escuchar un buen chiste. Tumbarme en la hierba por la noche, mirando las estrellas. Ari me señalaba cosas:

—Mira la luz en la cima de esa montaña, mami. Es precioso, ¿verdad?

—Claro que lo es, cariño. ¡Gracias por asegurarte de que no me lo pierda!

Intenté vivir de una manera que le ayudase a comprender que, para mí, encontrar tiempo para reflexionar, meditar y mirar en silencio por la ventana era fundamental para que pudiese seguir siendo auténtica y fiel a mí misma.

Sin embargo, ¡con cuánta frecuencia no doy la talla a la hora de ser la persona que quiero ser! Muchos días he estado nerviosa, impaciente o perdida en mi pequeño mundo. No he sido, de ninguna de las maneras, una madre ejemplar, pues he caído en la modalidad del abogado o del dictador más a menudo de lo que he admitido. Pero pienso que he sido *lo suficientemente buena*. Esta idea nos libera de intentar lograr la perfección; nos permite hacer lo mejor que podemos cada día para inspirar a nuestros hijos a tener esta misma actitud. A partir de las muchas conversaciones nocturnas que he tenido con Ari desde que ha entrado más en la adultez, he descubierto que mis imperfecciones —junto con mis reconocimientos y el hecho de que él sigue viendo que crezco por medio de mis desafíos— le han ayudado a desarrollar una mayor capacidad de aceptarse y perdonarse a sí mismo, y de ser imperfecto.

Siguen a continuación algunos pensamientos sobre lo que podemos hacer para ayudar a nuestros hijos a encaminarse hacia la edad adulta con ventaja a la hora de ser personas conscientes, presentes y felices —teniendo en mente, por supuesto, que tendrán que desarrollar sus propios recursos a partir de los retos y caídas que les depare la vida.

IMAGINAR A NUESTROS HIJOS COMO ADULTOS

Cuando estaba trabajando en este libro, me senté a escribir en una terraza al aire libre donde había unas sillas y sofás junto a unas tiendas. Vi un cómodo sofá, pero cuando me senté, comprobé que estaba cubierto de migas. La mesa de al lado estaba llena de tazas de café usadas y servilletas arrugadas. ¡Qué mal! Pensé en las personas que habían dejado ahí eso. ¿Les habían enseñado sus padres, por medio de sus acciones, que era correcto que no recogiesen sus desperdicios, de tal manera que quienes llegasen después tuviesen que ocuparse de ellos?

Hay que tener en cuenta muchos ingredientes a la hora de educar a los niños para que sean adultos conscientes, resilientes y compasivos; entre ellos la honestidad, la gratitud y la responsabilidad —y la lista sigue—. Pero no podemos enseñar estas cualidades solamente empleando las palabras. Sermonear a nuestros hijos acerca de la importancia de recoger tras de sí o ser amables con los demás no significa nada si observan que no recogemos nuestras tazas o servilletas o si nos oyen insultar al camarero si se ha equivocado a la hora de apuntar lo que hemos pedido. Hacer que nuestros hijos lleguen a ser personas que nos gusten y a quienes admiremos requiere que al menos intentemos vivir las cualidades que queremos que encarnen.

Como mencioné anteriormente, cuando empiezo una sesión de asesoramiento telefónico con un cliente, normalmente empiezo haciéndole esta pregunta:

> Hacer que nuestros hijos lleguen a ser personas que nos gusten y a quienes admiremos requiere que al menos intentemos vivir las cualidades que queremos que encarnen.

—Si te sientes mejor al final de esta llamada, ¿qué habrá ocurrido? ¿Qué comprensión, estrategia o conflicto pendiente habremos resuelto? Imagínate experimentando alivio o agradecimiento cuando nuestro tiempo juntos haya concluido, y hablemos sobre tu tema mientras tienes ya en mente el resultado esperado.

He visto que esta es una manera eficaz de permanecer enfocados en lo que necesitamos que ocurra durante nuestra sesión. Con este espíritu, te invito a que participes en un ejercicio que te ayudará a insuflar mayor intencionalidad y conciencia a tus interacciones diarias con tus hijos.

Piensa en la persona que quieres que sea tu hijo cuando sea un adulto hecho y derecho. Imagínatelo a los veinticinco años, a los cuarenta y cinco o a los sesenta y cinco. Imagínatelo rodeado por un grupo amoroso de amigos, desarrollando una carrera con pasión, deleitándose en actividades creativas y disfrutando de su papel como socio, cónyuge o padre.

Piensa en las cualidades que posee tu hijo que hacen que esta vida rica y satisfactoria como adulto esté a su alcance. ¿Qué atributos esperas inspirarle que asegurarán que se levante cada mañana emocionado por darle la bienvenida a un nuevo día, equipado con la resiliencia que necesitará para sobrevivir a las decepciones de la vida?

Si te faltan ideas, evoca mentalmente a alguien a quien admires mucho. Puede tratarse de alguien a quien conozcas personalmente, o bien un personaje famoso cuya vida ejemplifique las características que más valoras. No importa si esta persona está viva o muerta; puede tratarse incluso de un personaje de ficción.

Haz una lista con las cualidades que encarna. Tal vez te toca el hecho de que trata a todos con quienes se encuentra con respeto y consideración, independientemente de su estatus. O acaso te inspire su tenacidad y voluntad a la hora de pasar a través de los obstáculos. Quizá adoras su energía, porque aporta cierta alegría de vivir y ligereza de espíritu a todo lo que hace. O, tal vez, después de interactuar con esta persona te sientes siempre mejor contigo mismo o con la vida en general. Usa estas ideas para ayudarte a formular una lista de aquellos rasgos que quieras potenciar que ayudarán a tu hijo a llevar una vida maravillosa, mucho después de que haya volado del nido.

ELEMENTOS ESENCIALES A LA HORA DE EDUCAR
A UN HIJO ATENTO Y SEGURO DE SÍ

La manera en que acabe siendo nuestro hijo depende de un gran número de variables: su temperamento, la genética, la crianza de que ha sido objeto, su salud física, emocional y psicológica, las oportunidades de las que haya gozado en cuanto a la educación, sus relaciones con sus hermanos, la red de apoyo con la que cuente... En otras palabras, no existen fórmulas que garanticen que acabe convirtiéndose en un adulto consciente, atento y seguro de sí mismo. Hay muchos factores que están fuera de nuestro control. Lo que sigue son algunas de las maneras en que *podemos* influir en nuestros hijos para que lleguen a ser adultos plenos y felices.

Ten en cuenta que incluso las personas más evolucionadas espiritualmente han tenido problemas significativos a la hora de ejercer la paternidad, incluso aunque aconsejen a sus seguidores cómo ser más conscientes y compasivos. No hay ningún certificado o credencial que asegure que nos comportaremos de manera óptima cada día o que nuestros hijos no tendrán problemas. Hay que cuidar el ejercicio de la paternidad día a día, hora a hora, minuto a minuto.

Todos traemos con nosotros la influencia de nuestra propia educación y de las estrategias a menudo insanas que hemos desarrollado para proteger nuestros tiernos corazones. Todos tenemos puntos débiles, sea cual sea la cantidad de trabajo personal que hayamos llevado a cabo. Pero

> Todos traemos con nosotros la influencia de nuestra propia educación y de las estrategias a menudo insanas que hemos desarrollado para proteger nuestros tiernos corazones.

nunca es demasiado tarde para crecer y cambiar. Y, por lo que he visto, nada impele tanto nuestra evolución como la paternidad.

Cuando pensamos en las características que es importante que inspiremos a nuestros hijos, podríamos decir que queremos que sean personas seguras de sí mismas y respetuosas, con recursos, bondadosas, resilientes y responsables. La lista es larga y hablaremos de algunos de estos rasgos en las páginas que siguen. Pero cuando se pregunta a los padres acerca de qué es lo que más desean para sus hijos de cara a que estén preparados para afrontar la adultez, la mayoría empieza diciendo: «Tan solo quiero que sean felices». Y aquí es donde las cosas se ponen interesantes. Si bien hay muchas cualidades que podemos y que deberíamos promover en nuestros hijos, existe una sin la cual todos los demás atributos pasan a ser significativamente menos importantes: *tenemos que educarlos de tal manera que sepan que son inherentemente merecedores de amor y felicidad. Así podrán absorber todo lo bueno que aparezca en su camino.*

> Tenemos que educarlos de tal manera que sepan que son inherentemente merecedores de amor y felicidad. Así podrán absorber todo lo bueno que aparezca en su camino.

Vivimos en unos tiempos en los que contamos con opciones sin precedentes a la hora de disfrutar y divertirnos: películas, música, videojuegos, centros comerciales y, por supuesto, diversiones como Facebook y otros mundos *online*. La suma de posibilidades a la hora de «pasarlo bien» solo están limitadas por el alcance de nuestra imaginación.

Aun así, mueren más jóvenes y adolescentes por suicidio que por cáncer, problemas cardíacos, sida, defectos de nacimiento, ictus, neumonía, gripe y enfermedades pulmonares crónicas, todo junto. Cada día, más de cinco mil cuatrocientos intentos de suicidio son llevados a cabo por parte de niños de entre siete y doce años en Estados Unidos. Y la tasa de suicidios ha subido de forma pronunciada en el caso de los ciudadanos de mediana edad. Según los Centros para el Control de la Enfermedad, la cantidad de estadounidenses con edades comprendidas entre los treinta y cinco y los sesenta y cuatro años que se suicidaron se incrementó cerca de un treinta por ciento entre 1999 y 2010.

Está claro que hay algo que no cuadra: si tenemos más acceso que nunca a la diversión, ¿por qué no hay más personas que se estén sintiendo bien? A menos que un individuo haya creado un espacio interior para experimentar el amor y la alegría cada día, irá por la vida enfundado en un traje de teflón, incapaz de verse tocado por los regalos que intentarán aparecer en su camino. Es como tener un helicóptero pero no disponer de una pista de aterrizaje. Tenemos que ayudar a nuestros hijos a desarrollar la capacidad de sentir que son merecedores de amor y felicidad para que sean capaces de recibir ambos, en todas sus formas, a medida que crecen. Ayudarles a que se acostumbren a ser amados y a disfrutar de la dulzura de la vida es la mayor contribución que podemos hacer a su felicidad futura.

No se trata de una pequeña empresa. Hacer espacio en nuestro interior para

> Hacer espacio en nuestro interior para que podamos recibir todo lo bueno constituye un viaje de por vida.

que podamos recibir todo lo bueno constituye un viaje de por vida. En su hermoso libro *Perfect Love, Imperfect Relationships* («Amor perfecto, relaciones imperfectas»), John Welwood habla sobre la herida central que todos llevamos en nuestros corazones: nuestra falta de fe en que somos inherentemente dignos de amor, o, lo que es lo mismo, nuestra falta de fe en nuestro derecho a ser vistos y queridos tal como somos. Escribe Welwood:

> El hecho de que no sepamos, desde nuestras entrañas, que somos verdaderamente amados o dignos de amor mina nuestra capacidad de dar y recibir amor libremente. Esta es la herida central que genera los conflictos interpersonales y toda una serie de enredos en las relaciones familiares. La dificultad a la hora de confiar, el miedo a que se aprovechen de nosotros o nos rechacen, albergar celos y después afán de venganza, crear muros defensivos, tener que argumentar y demostrar que tenemos razón, sentirnos fácilmente heridos u ofendidos y culpar a los otros por el dolor que sentimos... Estas son solo algunas de las formas en que se manifiesta la inseguridad en relación con ser amados o dignos de amor.

> Tenemos el reto y la oportunidad de fomentar en nuestros hijos el conocimiento vivo de que merecen ser amados.

Así pues, tenemos el reto y la oportunidad de fomentar en nuestros hijos el conocimiento vivo de que merecen ser amados.

Ningún padre permanece constantemente en sintonía con su hijo. No siempre podemos saber lo que necesita o reunir la energía necesaria para responder de una manera satisfactoria. A veces estamos cansados y nos mostramos impacientes. O bien estamos distraídos, estresados o malhumorados. O acaso tenemos un hijo especialmente difícil que nos agota con sus exigencias desmesuradas. Somos, qué le vamos a hacer, meramente humanos y luchamos con nuestros propios desafíos, de modo que estamos destinados a fallar una y otra vez a la hora de satisfacer sus necesidades.

Francamente, ni tan siquiera sería bueno para nuestros hijos que estuviéramos perfectamente sintonizados con ellos. Imagina las expectativas que depositarían en sus amistades posteriores o en sus matrimonios si esperaran que todos sus deseos o necesidades se vieran satisfechos por los demás. Donald Winnicott, psicoanalista británico, habló de la importancia de ser solo «una madre lo suficientemente buena» tras darse cuenta de que los bebés y los niños se beneficiaban del hecho de que sus cuidadores fallasen periódicamente a la hora de satisfacer sus necesidades, puesto que esto les permitía desarrollar resiliencia.

Desde la más tierna infancia, los niños hacen todo lo que pueden para entender el mundo con el fin de sentirse seguros en él. Imaginan que las personas que los cuidan son infalibles, que pueden confiar en su capacidad de abastecerlos y protegerlos. Si un niño pequeño tiene como padre o madre a alguien que raramente responde amorosa y apropiadamente a sus necesidades físicas o emocionales, *no* pensará: «Mamá está probablemente estresada a causa de su larga jornada laboral. Sé que me quiere, pero está cansada o se muestra distante porque tiene temas emocionales por resolver». En vez de eso, el niño concluye que su madre no está respondiendo a sus necesidades porque él no se lo merece o porque hay algo inherentemente malo en él. Esto pone en marcha un patrón de anhelar ser «encontrado» por la madre (o el padre), que esté en sintonía con él. Cuando esto no ocurre, el niño maneja su decepción creando un marco conceptual en el que *no merece* que sus necesidades se vean atendidas. Es así como se encamina hacia la adultez autoprotegiéndose, menos confiado, desconectado de su corazón y por tanto menos dispuesto a recibir todo lo bueno que la vida puede ofrecerle.

Como el niño que tiene la nariz pegada al cristal de la tienda de caramelos, este tipo de persona puede anhelar todas las delicias que se hallan en el interior, si bien cree en lo profundo que se supone que tienen que ser disfrutadas por los demás, pero no por ella. Puede ser que culpe a su cónyuge, a su jefe o a lo injusta que es la vida por el hecho de que no le están dando lo que anhela tener, cuando en realidad todo aquello que soñó aterrizó en su regazo, si bien es incapaz de disfrutarlo.

> Nuestros hijos merecen saber que incluso si no podemos satisfacer siempre sus necesidades u ofrecerles la aprobación que anhelan, siguen siendo totalmente dignos de amor y brillan de una manera única tal como son.

Nuestros hijos merecen saber que incluso si no podemos satisfacer siempre sus necesidades u ofrecerles la aprobación que anhelan, siguen siendo totalmente dignos de amor y brillan de una manera única tal como son. Esto instala en ellos la conciencia de que *merecen* ser amados y felices, y los predispone a recibir las cosas maravillosas que la vida les tiene reservadas, en vez de alejarlas de sí mismos.

¿Qué podemos hacer? No es complicado. Cuando no somos capaces de estar ahí para nuestro hijo de la manera que quiere, podemos minimizar el daño por medio de reconocer su decepción: «Esperabas que pudiera estar un rato contigo, y aquí estoy con el bebé otra vez»: «Lamento haberme enfadado; tuve un día duro en el trabajo y estaba muy cansado. No fue culpa tuya»; «¡Es una pena tener que acostarse cuando lo estábamos pasando tan bien!». Esto ayuda a evitar la posibilidad dc que su decepción derive en la creencia de que no es merecedor de atención a causa de algún defecto suyo inherentc.

Cuando nos relacionamos con nuestros hijos *con presencia* como *padres lo suficientemente buenos*, saben que son dignos de amor y bondad, así como de las infinitas bendiciones de la vida. No se trata de decirles lo fantásticos que son, ni de que nos convirtamos en un dechado de virtudes parentales, en una especie de padres robóticos que jamás pierden los estribos o que nunca desean poder escapar del caos y la locura de la vida familiar. Es más bien a través de la calidad general de nuestra relación con nuestros hijos como llegan a comprender lo valiosos que son. De esta manera acaban desarrollando lo que Thupten Jinpa, el veterano traductor al inglés de Su Santidad el Dalai Lama, describe como «el sentimiento de gustarse, o una paz tranquila».

Los siguientes capítulos ofrecen sugerencias en cuanto a maneras en que podemos apoyar el éxito de nuestros hijos en la vida, en todos los sentidos.

ES TU TURNO

Piensa en las cualidades que quieres estimular en tu hijo (respeto, honestidad, responsabilidad, etcétera).

¿Cuáles de esas cualidades dirías que ejemplificas? Es decir, ¿qué características están presentes en la manera en que manejas tu vida?

¿Cuáles de estas cualidades te gustaría desarrollar en ti a la vez que las fomentas en tus hijos? En otras palabras, ¿cuáles de esos atributos aspiras a tener en tu vida, incluso si aún no acuden a ti de manera natural?

Capítulo 5

CÓMO MODELAR LA AUTOESTIMA Y LA CONCIENCIA

Sé amable siempre que sea posible. Siempre es posible.

Tenzin Gyatso, el XIV Dalai Lama

Cuando les pregunto a los padres qué rasgo quieren cultivar más en sus hijos, una de las respuestas que escucho más a menudo es «el respeto». Sabemos que tratar a los demás con respeto es esencial para ir por la vida. Pero a veces olvidamos que con el fin de respetar verdaderamente a otra persona debemos respetarnos antes a nosotros mismos. Puede sonar obvio y tal vez un poco tópico, pero creo que el auténtico respeto no es fácil de desarrollar. Estoy hablando de un respeto que es el opuesto a la exigencia egoica y avasalladora del «¡quiero que se me escuche!». Este respeto empieza por que disfrutemos de nuestra propia compañía e incluye que cuidemos de nosotros mismos con afabilidad, que confiemos en nuestros instintos y que vayamos tras aquello que da sentido a nuestras vidas. Solo entonces somos capaces de respetar verdaderamente a los demás a la hora de comunicarnos, empatizar, manejar los desacuerdos y respetar los acuerdos.

VIVIR EN EL MUNDO DE TRES DIMENSIONES

En una serie de experimentos dirigidos en 2014 por Timothy Wilson, de la Universidad de Virginia, se invitó a estudiantes universitarios a sentarse en una habitación a solas con sus propios pensamientos, sin ninguna distracción. Tan solo se les pidió que permanecieran ahí sentados entre seis y quince minutos sin dormirse. En uno de los experimentos, los participantes recibieron una pequeña descarga eléctrica (una ligera sacudida producida por la electricidad estática) antes de entrar en la habitación donde se sentarían en silencio. Tras recibir la descarga, casi todos los sujetos declararon que había sido tan desagradable que aceptarían pagar cinco dólares para evitar recibirla de nuevo.

Sin embargo, tras haber recibido la sacudida y haber permanecido en la habitación del experimento, el sesenta y siete por ciento de los hombres y el veinticinco por ciento de las mujeres pidieron recibir una segunda descarga si esto les podía evitar tener que llegar hasta el final de ese «período de pensamiento». Preferían la sensación desagradable de la descarga a la perspectiva de sentarse entre seis y quince minutos a solas consigo mismos. ¡Dios mío!

Hace unos años estaba llevando a la hija una amiga, que por entonces tenía tres años, a su casa en su coche familiar. Cuando el vehículo arrancó, el vídeo que había estado mirando reanudó la reproducción. Me sorprendí, pero no dije nada. En mis tiempos (al usar esta expresión puede parecer que soy mucho mayor de lo que soy) la idea de que mi hijo mirara una pantalla mientras conducíamos habría sido absurda. ¿Por qué querrías mirar una pantalla cuando hay tanto por ver por la ventanilla? Pero cuando el programa infantil que había estado viendo esa niña finalizó, enseguida se puso a llorar.

—¡Pon otro! ¡Quiero ver otro!

Le sugerí que se divirtiese mirando por la ventanilla los coches o la gente que pasaban. No lo aceptó. ¡Pobrecita!, solo con tres años ya había sido condicionada a necesitar algún tipo de estimulación electrónica para poder aguantar los viajes en coche.

La mayoría de padres los confiesan que si dejasen a sus hijos a sus anchas nunca apagarían sus dispositivos. La llegada de los *smartphones*, ordenadores, *tablets*, etc., ha dejado a los padres nadando en la incertidumbre en relación con la cantidad de tiempo que deberían pasar sus hijos con estos aparatos con el fin de que se mantengan al día en el mundo moderno sin cruzar la línea de la sobresaturación (de hecho, ¡los padres también se preguntan cuánto tiempo deberían estar con estos dispositivos ellos mismos!).

> Los niños necesitan jugar. Necesitan pintar con los dedos y sentirlos pegajosos en lugar de la experiencia higiénica de deslizarlos por una pantalla táctil para hacer que aparezcan unos colores por arte de magia. Tienen que escarbar en la tierra y ensuciarse. Tienen que chapotear en el agua y mojarse.

Los niños necesitan jugar. Necesitan pintar con los dedos y sentirlos pegajosos en lugar de la experiencia higiénica de deslizarlos por una pantalla táctil para hacer que aparezcan unos colores por arte de magia. Tienen que escarbar en la tierra y ensuciarse. Tienen que chapotear en el agua y mojarse. Necesitan hacer música y trepar a los árboles. Necesitan vagar sin rumbo de una habitación a la otra sin una actividad organizada que los mantenga ocupados.

Las escuelas de los bosques de Escandinavia se construyeron a partir de la premisa de que los niños aprenden mejor por medio de hacer y de estar fuera. Los alumnos de preescolar pasan todo el tiempo (dos horas y media) en el exterior. A menos que las temperaturas desciendan por debajo de los seis grados bajo cero, me han dicho que incluso los niños que van a la escuela del bosque que hay en el círculo polar ártico están fuera jugando y aprendiendo ¡con cascos de minero en sus cabezas para poder ver!

Un niño al que se enchufa a una niñera electrónica cada vez que se queja de que «no hay nada que hacer» se convierte en un adulto que es incapaz de estar a solas con sus pensamientos más de quince minutos. El doctor Daniel Siegel escribe en el libro *Cerebro y mindfulness*:

> Las vidas ocupadas que llevamos las personas en esta cultura dominada por la tecnología que consume nuestra atención a menudo producen un frenesí de actividad que deja a la gente constantemente haciendo, ocupada en multitud de tareas, sin tener espacio para respirar y solo ser. La adaptación a este estilo de vida a menudo acostumbra a los jóvenes a vincular altos niveles de atención a unos estímulos dados; es así como

revolotean de una actividad a otra y les queda poco tiempo para la autorreflexión o las conexiones interpersonales de tipo directo, cara a cara, que el cerebro necesita para desarrollarse de un modo adecuado. Hoy día, nuestras vidas agitadas nos ofrecen pocas oportunidades para que sintonicemos unos con otros.

Esto no significa que no deba permitirse que los niños vean la televisión o usen ordenadores. No estoy abogando por que eduquemos una generación de lúdicos. La era digital ha aportado innumerables beneficios a nuestras vidas. Pero dada la estimulación ilimitada que ofrecen los dispositivos electrónicos y la exposición potencial a cuestiones que son totalmente inadecuadas, es crucial que mantengamos conversaciones con nuestros hijos, desde el principio, sobre el uso de esos instrumentos, de modo que, cuando entren en la independencia de la adolescencia y estén menos bajo nuestra influencia, sean capaces de llevar a cabo elecciones inteligentes. Al igual que nosotros, tendrán que encontrar la manera de equilibrar su vida «electrónica» con su desempeño en la tercera dimensión. A continuación voy a compartir más sugerencias sobre cómo gestionar este difícil equilibrio.

PULSAR EL BOTÓN DE APAGADO

Un día, una madre y su hijo de doce años estaban teniendo una discusión acalorada en mi despacho sobre el tiempo que el niño dedicaba a estar con sus aparatos. Elena se quejaba de que su hijo se negaba a dejar el iPad a menos que ella le amenazara con quitárselo:

—Desatiende sus tareas, tarda en ponerse con los deberes y jamás se le ocurriría salir fuera a jugar.

Elena explicó que los momentos más difíciles eran cuando ella estaba haciendo la cena; Christopher solía ir de un aparato a otro mientras ella estaba ocupada en la cocina y, por tanto, era menos capaz de controlar los límites. Él sostenía que su madre era demasiado estricta:

—Es mucho peor que los padres de mis amigos. ¡Ellos están con el iPad durante horas! —Dejé que expresase sus quejas, para que después fuese receptivo a mis comentarios—. ¡No hay nada divertido por hacer en casa! Y hago los deberes. No veo por qué no puede dejarme jugar a mis juegos. ¡No molesto a nadie!

En vez de intentar forzar a Chris a que considerase las virtudes de maneras de jugar que estaban pasadas de moda o de querer convencerlo de que hasta fechas recientes los niños se las arreglaban para disfrutar bastante bien de la infancia sin la existencia de iPads u ordenadores, invité a los dos a que llevasen a cabo una visualización conmigo:

—Cerrad los ojos e imaginad que los tres estamos en el mismo lugar donde estamos sentados ahora, pero diez mil años atrás. No hay edificios ni muebles, ni coches ni electricidad. Chris, imagina a tu madre trabajando junto al fuego con las otras mujeres de la tribu, preparando la comida. Tal vez está moliendo semillas o echando al cocido algunas de las hierbas que antes has recogido con ella. Ahora, Christopher, quiero que te imagines en ese entorno, como un joven de la tribu. Imagina qué estás haciendo mientras esperas que llegue la hora de comer.

Los dejé un rato en silencio y después los invité a que abrieran los ojos.

—Así pues, Chris, ¿qué estabas haciendo en esos tiempos en que no había aparatos?

Dijo que se había imaginado corriendo por ahí junto con los otros muchachos, construyendo cosas y trepando a los árboles. Elena intervino y contó que se había imaginado que él ayudaba a los hombres —que no eran mucho mayores que él— a preparar las armas para la próxima cacería o a construir una cabana. Christopher sonrió mientras hablábamos sobre la vida en esos tiempos:

—¡Me gustaría vivir de esa manera ahora! ¡Era genial!

Le recordé lo complicados que son para los niños los tiempos actuales, ahora que las oportunidades de explorar los grandes espacios abiertos o pasar tiempo en la naturaleza son tan raras. A Elena la invité a ver la situación de su hijo desde el punto de vista de él:

—Ahora la vida es muy distinta. Es difícil resistir la tentación de encender un aparato cuando no puedes deambular por la naturaleza.

Elena asintió. Reconoció que había muchas restricciones en su vida cotidiana, incluido el hecho de vivir en una calle muy transitada de la ciudad en la que no era seguro alejarse demasiado.

—Chris, ¿querrías escribir una lista con al menos diez cosas divertidas que podrías hacer que no requieran electricidad?

Se sorprendió al ver la rapidez con que le venían las ideas. Su madre también ofreció algunas posibilidades, entusiasmada. Elena estuvo de acuerdo en ayudarle a hacer realidad algunas de las actividades de la lista, como obtener materiales para hacer jabón o construir un pequeño fuerte en el patio. Al final de la sesión, Chris y su madre se sentían más como aliados que como adversarios. Este ejercicio no puso fin a la historia de amor entre Christopher y su iPad y sus videojuegos, pero le ayudó a encontrar algo más que hacer cuando su madre le pedía que apagara sus dispositivos. Este tema seguramente seguirá dando problemas porque, como él dijo, la mayor parte de sus amigos tienen menos restricciones, y él quiere formar parte de su cultura *online*. Pero una vez que Elena lo tuvo claro y pasó a dedicar algo de tiempo a ofrecer algunas alternativas interesantes, las negociaciones fueron cada vez menos frecuentes.

LOS HIJOS DE STEVE JOBS Y EL IPAD

Muchos padres justifican el hecho de dar carta blanca a sus hijos en relación con los artilugios digitales con la creencia de que si no lo hacen, sus hijos estarán en desventaja en un mundo competitivo en el que la tecnología inteligente es predominante. En su artículo «Steve Jobs era un padre partidario de limitar el acceso a la tecnología a sus hijos», Nick Bilton empezaba con una pregunta que le hizo a Jobs cuando las primeras *tablets* empezaban a salir al mercado: «Sus hijos deben de amar el iPad, ¿verdad?». La respuesta de Jobs fue esta: «Aún no lo han usado. [...] En casa limitamos el uso de la tecnología por parte de los niños». Bilton habló con Walter Isaacson, autor de *Steve Jobs*, que pasó mucho tiempo en la casa del magnate de la informática, y dijo: «Cada noche Steve tenía como norma cenar con su familia en la larga mesa de su cocina, donde hablaban de libros, de aspectos de la historia y de otros muchos temas. Nadie acudía nunca a la mesa con un iPad o un ordenador».

Chris Anderson, exeditor de *Wired* y director de 3D Robotics, pone límites de tiempo, así como controles parentales, en cuanto al uso de los dispositivos electrónicos en el hogar: «Mis hijos me acusan, y acusan también a mi mujer, de ser unos fascistas y preocuparnos demasiado por la tecnología. Dicen que ninguno de sus amigos tiene las mismas normas —contó de sus cinco hijos, de edades comprendidas entre los seis y los diecisiete años—. Hacemos esto porque hemos comprobado los peligros de la tecnología en primera persona. Lo he vivido en mí mismo. No quiero ver cómo esto les ocurre también a mis hijos». ¿La regla número uno? «No hay pantallas en los dormitorios. Punto. Nunca».

Cuando nuestras directrices son claras, los niños se adaptan. Puede ser que insistan con el fin de tener más de lo que quieren, pero una vez que su dispositivo esté apagado van a encontrar algo divertido que hacer, como han hecho siempre los niños, desde tiempos inmemoriales.

Hace algunos años estuve en África occidental y tuve curiosidad por saber cómo usaba ahí la gente los medios sociales. Pregunté a varios jóvenes de edades comprendidas entre los dieciséis y los veinticuatro años si alguna vez consideraban la posibilidad de estar con sus ordenadores, tal vez en Facebook, mientras un amigo estaba en su habitación, visitándolos. La sola idea les arrancaba una carcajada:

—¡Esto sí que es divertido! ¿Por qué querría estar en el ordenador hablando con mi amigo si está ahí conmigo?

Pero en muchos hogares así es exactamente como los niños pasan el rato unos con otros: escriben mensajes de texto, chatean, toman fotos o se muestran unos a otros *posts* y vídeos en la pantalla en vez de disfrutar de su mutua compañía. El humorista Louis C. K. hizo una obra hilarante sobre nuestra creciente obsesión con nuestros dispositivos. Bromeaba sobre el hecho de que los padres ya no contemplan a sus hijos en sus recitales musicales sino que, en vez de ello, sostienen solemnemente sus teléfonos móviles delante de sus caras para filmar el espectáculo, para poder colgarlo en Facebook o en YouTube, donde, la verdad sea dicha, nadie acude a verlo.

Cuando no somos capaces de poner límites porque tenemos miedo de las rabietas de nuestros hijos o nos sentimos culpables por la forma en que nos hemos estado preocupando por nuestras obligaciones, echamos eficazmente a nuestros hijos en el agujero negro del mundo digital. Los niños tienen que vivir en el mundo tridimensional y es nuestra responsabilidad asegurarnos de que lo hacen.

No existen recetas fáciles y rápidas en relación con el empleo de las nuevas tecnologías por parte de nuestros hijos. Puede haber días en que estés indispuesto y aprovechen para ver una y otra vez capítulos de *Bob Esponja*. O puede ser que les permitas jugar a «juegos educativos» en tu iPad mientras disfrutas de un baño relajante. Los problemas comienzan cuando abandonamos nuestros instintos y actuamos con nuestros hijos a partir del miedo o la culpa.

PREDICAR CON EL EJEMPLO

Hay otro tema que debemos abordar cuando hablamos de educar a niños que se sientan bien siendo ellos mismos. *Tenemos que mostrarles en qué consiste esto.* La mayoría de nosotros nos movemos a un ritmo frenético a lo largo del día; apenas paramos para sentarnos a comer, por no hablar de quedarnos un rato mirando por la ventana o soñando despiertos. Hemos desarrollado respuestas condicionadas a las alertas que nos ofrecen nuestros dispositivos por medio de todo tipo de pitidos, zumbidos, etc., de modo que a menudo dejamos de lado lo que estábamos haciendo —incluido, tal vez, dedicar a nuestro hijo unos minutos de nuestra atención— tan pronto como oímos una de estas alertas.

¿Cómo podemos pedirles a nuestros hijos que se impliquen más con el mundo de tres dimensiones o que observen el paso de las nubes si nosotros mismos no lo hacemos?

En *The Joy Diet* («La dieta de la felicidad»), Martha Beck habla de que detengamos nuestras actividades externas durante al menos quince minutos al día:

[El problema es que] estar permanentemente haciendo, sin tan siquiera sintonizarnos con el centro de nuestro ser, es el equivalente a proveer de combustible a un gran barco por medio de lanzar todo el equipo de navegación al horno. La voz de tu verdadero yo es tan pequeña y callada que prácticamente cualquier distracción puede sofocarla, sobre todo si estás en el proceso de empezar a escucharla. Sencillamente, no puedes desarrollar la habilidad de escucharla sin encontrar y defender vigorosamente lapsos de tiempo en los que te permitas no hacer nada.

> Si fallamos a la hora de ayudar a nuestros hijos a aprender cómo estar solos, siempre estarán solos.

En el capítulo 11 incluyo un ejercicio que implica «no hacer nada».

Disfrutar de nuestra propia compañía, desenganchados de los estímulos externos, es esencial para nuestra felicidad. Si fallamos a la hora de ayudar a nuestros hijos a aprender cómo estar solos, siempre estarán solos. Es únicamente cuando nos sentimos realmente cómodos en nuestra propia piel cuando podemos atraer y mantener relaciones saludables.

Muchas personas mantienen una relación romántica con un compañero que saben, en lo profundo de sus corazones, que no es una buena elección, simplemente porque se sienten muy incómodas al estar consigo mismas. Pero el solo hecho de estar con otra persona no acalla la soledad; muchos de mis pacientes expresan a menudo una gran desesperación por su sentimiento de soledad, incluso cuando tienen a su pareja a su lado en la cama cada noche. Buscar a alguien con el fin de que llene los espacios vacíos de nuestros corazones solamente da lugar a distintos tipos de problemas; no los resuelve.

Si quieres que tus hijos sean felices sin necesitar algo o a alguien que ahogue el ruido de su descontento, desconecta los artilugios electrónicos de vuestra casa y no hagáis nada, una y otra vez. Comprueba lo que sucede a medida que os familiarizáis a fondo con vosotros mismos y el uno con el otro; observa las maneras sencillas y satisfactorias en que los seres humanos disfrutaban de la vida mucho antes de que aterrizásemos en la era digital.

APRECIAR NUESTRO CUERPO, CON TODAS SUS IMPERFECCIONES

Le hablo mucho a mi cuerpo. A veces en voz alta.

No comparto a menudo este hecho con la gente —lo cual convierte en interesante que ahora lo esté poniendo en un libro que espero que sea muy leído—. Pero el hecho es que me dedico a menudo a tener conversaciones afectuosas con mi cuerpo y sus muchas partes milagrosas y he decidido que esta es una idea que vale la pena compartir: «Gracias, estómago, por digerir tan bien esa comida», «Gracias, ojos. ¡Qué gran trabajo estáis haciendo al dejarme ver hoy los colores de esas flores!», «Gracias, corazón, por latir de manera tan fiable y conservar mi circulación en marcha. ¡Eres asombroso!», «Gracias, piernas, por transportarme tan bien», «Gracias, orejas», «Gracias, hígado... huesos... rodillas... dientes...». Este festival de amor con mi propio cuerpo puede prolongarse durante un buen rato. Al final, casi siempre descubro que mi corazón se ha suavizado.

Casi todos damos nuestro cuerpo por sentado hasta que nos falla. Cuando esto ocurre, a menudo nos mostramos poco agradecidos con él; nos quejamos de que no puede hacer lo que queremos. Y luego están las características de él que detestamos: desearíamos que los labios estuviesen más llenos, la nariz fuese más fina... Si piensas en lo implacablemente críticos que somos con nuestro contenedor humano y en cómo a pesar de ello sigue adelante sin descanso, realmente es una maravilla que nuestros sistemas físicos funcionen aunque sea un poco. Si fuésemos el jefe y tratásemos a nuestros empleados con la clase de desdén que con tanta frecuencia mostramos hacia nuestro cuerpo, dejarían el trabajo. Pero aquí están nuestros cuerpos, cumpliendo con sus funciones lo mejor que pueden.

Hace unos años participé en un seminario en el que se nos proporcionó una bolsa de papel a la que se le habían practicado dos agujeros para los ojos. Se nos dio la instrucción de que la lleváramos a la habitación de nuestro hotel, nos quitáramos toda la ropa y permaneciéramos delante del espejo con la bolsa cubriéndonos la cabeza. Lo que teníamos que hacer era mirar a través de los agujeros cada centímetro de nuestro cuerpo y advertir los comentarios que surgían en nuestras cabezas a medida que nos mirábamos. Sonaba muy extraño.

Pero resultó ser una experiencia transformadora. Empecé enfocándome en todo aquello que *no* me gustaba: las partes que eran demasiado grandes o demasiado pequeñas, demasiado blandas o demasiado arrugadas. A medida que fui entrando en el ejercicio, sin embargo, desemboqué en un espacio que era casi sagrado. Pasé de percibir lo duramente que juzgaba cada parte de mi cuerpo a darme cuenta del regalo que había sido recibirlo y lo perfecto que era, exactamente tal como era.

Vi la protuberancia de mi vientre como una evidencia de la bendición de la maternidad. Recordé cómo mis rodillas ligeramente temblorosas se habían movido a través del malestar hasta llevarme a las cumbres de las montañas. Reflexioné sobre cómo mis brazos habían acogido a mis seres queridos. Cuando llegué a los pies, estaba imbuida de agradecimiento... y de remordimientos. ¡Esos pies! Me habían transportado incansablemente por la vida durante décadas sin haber recibido casi nunca ni una palabra de agradecimiento. Sentí oleadas de gratitud por el recipiente que me había sido dado, un regalo extraordinario al que había criticado sin cesar por no ser de alguna manera diferente, o mejor.

Nos reunimos después del ejercicio para escribirles cartas a nuestros cuerpos. Después escuchamos cómo los asistentes compartían expresiones de contrición, gratitud y vergüenza hacia los milagrosos contenedores de corazón y alma que a cada uno de nosotros se nos había permitido habitar. Todos escuchábamos a los demás en absoluto silencio. Entre sollozos, un hombre que estaba en una silla de ruedas describió las cosas horribles que le había dicho a su cuerpo durante años, enojado con todas las formas en que había creído que le había fallado. Una mujer con sobrepeso habló de los hábitos poco saludables a que había sometido a su cuerpo para mantener el amor y a los amantes alejados. La habitación se llenó de un murmullo silencioso de gratitud. Fue solo el ejercicio de un taller de fin de semana, pero despertó algo en mí que por suerte se mantuvo.

Agradece a las partes de tu cuerpo el hecho de que están a tu servicio y te permiten bailar, cantar, comer, ver, oler, tocar y trepar. Si tus hijos te ven reconociendo la maravilla de tu cuerpo en vez de quejándote de lo que no te gusta de él, será mucho más probable que miren sus propios cuerpos —con todas sus imperfecciones— con respeto, cuidado y agradecimiento.

> Si tus hijos te ven reconociendo la maravilla de tu cuerpo en vez de quejándote de lo que no te gusta de él, será mucho más probable que miren sus propios cuerpos —con todas sus imperfecciones— con respeto, cuidado y agradecimiento.

RECLUTANDO A TU TRIBU

De vez en cuando una madre fatigada se deja caer en el sofá de mi consulta, hecha un guiñapo. Pronto descubro que se ha quedado sin energía. Duerme cinco horas por las noches, si tiene suerte, y su descanso se ve habitualmente interrumpido por un pequeño visitante que se sube a su cama y se mueve por ella, lo que convierte la posibilidad de que pueda disfrutar de un sueño apacible en un sueño, valga el juego de palabras. Para alimentarse, mordisquea los restos de las comidas sin terminar de sus hijos mientras se apresura por la cocina, sin sentarse nunca a disfrutar de una comida adecuada. Cuando le pregunto cuál fue la última vez que leyó un libro, se echa a reír, y no puede recordar lo que se siente al participar en una conversación significativa entre adultos con alguien que no sea su pareja, con quien habla de... los niños.

Antes era conocida por «echar» a este tipo de pacientes tras haber permanecido tan solo unos minutos en mi consulta; le pedía que siguiera un conjunto de instrucciones al menos durante una semana, tras lo cual era libre de regresar para tener una sesión:

—Quiero que bebas agua en el mismo momento en que tengas sed, comas algo nutritivo en los minutos inmediatos a que empieces a sentir hambre (y te sientes para comerlo), acudas a orinar tan pronto como sientas la necesidad (muchas se han acostumbrado a contenerse hasta que no pueden más) y descanses con los pies hacia arriba y los ojos cerrados (aunque sea solo durante tres minutos) cuando te sientas cansada.

La paciente a menudo piensa que estoy bromeando y se ríe un poco nerviosa. Enseguida descubre que hablo en serio. Le digo:

—Mientras no empieces a cuidar de ti misma, cualquier trabajo que hagamos juntas en relación con tus hijos o tu familia será irrelevante.

En realidad, no hago esto muy a menudo; si bien la mayor parte de los padres con los que trabajo se quedan de alguna manera cortos a la hora de cuidar de sí mismos, lo que he descrito es extremo. Pero cuando tengo padres (y sí, normalmente son mujeres) que han abandonado totalmente cualquier forma de cuidado amoroso hacia sus cuerpos y espíritus, los mando a casa. De hecho, a veces les digo que vayan y descansen en su coche un rato, aprovechando que alguien está cuidando de sus hijos por lo menos durante el tiempo en que se suponía que tenían la sesión conmigo. Quiero que entiendan que si no cambian su actitud y comportamiento de modo que al menos atiendan sus propias necesidades más básicas, no estarán preparados para la tarea de ser el capitán del barco en su relación con sus hijos.

Es sencillamente imposible que una sola persona, o dos, ejerzan la paternidad y no se descuajaringuen, o que no acaben totalmente agotadas. No se supone que debamos criar a los niños nosotros solos; estamos destinados a hacerlo como parte de una tribu. Escribe Bunmi Laditan en su hermoso ensayo *I Miss the Village* («Echo de menos el pueblo»):

Cuando uno de nosotros estaba enfermo o necesitaba un descanso extra tras una larga noche sin dormir a causa de su hijo, acudíamos enseguida y atendíamos a los niños de esa familia como lo haríamos con los nuestros, durante el tiempo que era necesario; ni tan siquiera había necesidad de pedirlo. Así podías librarte a un sueño reparador con plena confianza. Queríamos que estuvieras bien porque sabíamos que éramos tan fuertes como lo era el miembro más débil del grupo. Y no solo eso, sino que te queríamos, no con el amor cursi de las tarjetas de felicitación, sino con un amor agradecido que era plenamente consciente de lo que tu idiosincrasia aportaba al conjunto. [...] Echo de menos ese pueblo de madres que nunca he tenido. Ese que hemos cambiado por hogares que, a pesar de estar a un tiro de piedra, se sienten a kilómetros de distancia el uno del otro. Ese que hemos sustituido por las puertas cerradas a cal y canto, los dispositivos parpadeantes y las tardes solitarias en que jugamos en el suelo con nuestros pequeños, privadamente.

Padres: construid comunidad, cread una tribu. No es esencial solamente para vuestra salud y cordura, sino que es también un elemento indispensable a la hora de educar adultos confiados, conscientes y bondadosos.

> Es prácticamente imposible que uno o dos padres puedan llevar a cabo la crianza de un niño solos. Necesitamos apoyo y tiempo para nosotros mismos.

Es prácticamente imposible que uno o dos padres puedan llevar a cabo la crianza de un niño solos. Necesitamos apoyo y tiempo para nosotros mismos. Y si tenemos niños difíciles, es vital que contemos con ayuda y apoyo extra y que, sencillamente, nos podamos tomar un respiro. Una mujer que conozco que tiene cáncer dijo: «Si estás ahí para mis hijos, estás ahí para mí». Por favor, extiende tu red.

Además del apoyo y la camaradería que nos puede proporcionar nuestra tribu como padres, también es importante que nuestros hijos desarrollen vínculos saludables con otros adultos de confianza. En una de las tribus que visitamos en Tanzania, los pequeños que querían un poco de consuelo o de mimos se agarraban a la pierna de la madre más cercana. La risa surgía fácil entre las mujeres, y era una risa relajada.

Los niños andaban todos por ahí, los mayores y los pequeños. En Nueva Zelanda pasé un tiempo en una pequeña escuela rural, donde los niños jugaban al fútbol felices y descalzos, mezclados los pequeños de cinco años con los de trece. El director me dijo:

—Tienen que llevarse bien. Tan solo se tienen los unos a los otros.

Los niños que sienten que forman parte de una comunidad crecen sintiéndose anclados. Te insto a que busques cerca de ti un grupo de padres con ideas afines, de buen corazón, que tengan hijos con edades similares a las de los tuyos. Planead maneras de pasar tiempo juntos, como amigos, y ayudaos en la crianza de los niños; ofreceos apoyo mutuo y obtened, así, la posibilidad de tomaros respiros y tiempo para recargaros.

APRECIARNOS A NOSOTROS MISMOS

No podemos hablar de autocuidado sin mirar las maneras en que nos hablamos a nosotros mismos en la intimidad de nuestros propios pensamientos. Como terapeuta, puedo asomarme al diálogo interno de las personas sin poner mi propio filtro, y puedo decirte que no es agradable: «¡No puedes hacer nada bien!», «¡Estás tan gorda!», «¿Por qué iba alguien a quererte?». A menudo les pregunto a mis pacientes cómo reaccionarían si un amigo les hablase de la manera en que a veces se hablan a sí mismos:

—¿Durante cuánto tiempo permitirías que esa persona permaneciese en tu vida si te dijese cosas como las que te dices a ti mismo?

Habitualmente, la respuesta es instantánea:

—¡Si otra persona me hablara así, no querría tener nada que ver con ella!

Sin embargo, somos despiadadamente crueles con nosotros mismos.

A menudo imparto clases por Internet, y en la primera sesión acostumbro a establecer el marco del trabajo que vamos a realizar juntos. Recuerdo a los padres que participan que al aprender nuevos enfoques pueden tener la tentación de autocriticarse si no logran implementar una nueva idea o si no consiguen evitar recurrir a los gritos o las amenazas. Les digo a los participantes: «No hay nada malo en que nos sintamos incómodos cuando decimos o hacemos cosas que no reflejan los padres que aspiramos a ser. Si pones la mano en una estufa caliente, cabe esperar que te duela. Así que tiene valor el hecho de que por un momento te sepa mal haber tenido ese comportamiento. Cuando nos metemos en problemas es cuando nos mortificamos a nosotros mismos, quizá replicando en nuestra cabeza la voz humillante de un padre o un maestro. Eso es de hecho bastante perjudicial, porque cuando sentimos vergüenza nos ponemos a la defensiva y a menudo arremetemos aún más contra nuestros hijos, repitiendo un círculo vicioso».

Recibí este correo electrónico en mitad de un seminario por Internet que impartí en tres partes para la comunidad Momastery de Glennon Melton:

El día después de ver la segunda parte del seminario online, mi marido y yo recibimos una carta en la bandeja de correo electrónico enviada desde el ayuntamiento que decía que las hierbas de nuestro jardín estaban demasiado altas y teníamos que cortarlas. Compramos la casa hace unos pocos años con la esperanza de arreglar el jardín, pero yo estaba embarazada de siete meses y teníamos un niño de dos años cuando nos mudamos. De todos modos, el estado del jardín siempre me ha incomodado. Vivimos en un vecindario en el que los jardines están perfectos y a lo largo de mi vida mi padre ha puesto siempre el acento en el aspecto de las cosas, sobre todo las casas. Siempre he tenido su voz en mi cabeza diciéndome qué horrible estaba mi jardín, y a veces su voz real también me ha dicho lo mismo.

Después de abrir la carta me entró el pánico. Acabé en el suelo de la cocina con la cabeza entre las rodillas, a punto de romper a llorar. Pero acudí a lo que habíamos estado aprendiendo en el seminario y procuré aplicarlo.

Empecé por pronunciar en voz alta las historias que estaba narrando en mi cabeza: «Los vecinos deben de odiarme», «Sé que nos estaban evitando; deben de haberse quejado», «Deben de pensar que soy muy perezosa... Bueno, es que soy muy perezosa. Basta con ver el jardín», «Si mi padre se enterase me diría: "Ya te lo dije"».

Tras escuchar las historias que me estaba contando a mí misma, decidí decir la verdad en voz alta: «Soy la mamá de dos niños pequeños y estoy muy ocupada», «Tanto mi marido como yo trabajamos a jornada completa», «Mis hijos son la máxima prioridad ahora mismo y no tengo tiempo para estas otras cosas». Después me di una palmadita en el hombro y rompí a llorar.

¡Explico todo esto para darte las gracias! Antes no entendía el poder que tienen esas voces que hay en mi cabeza. Me estaba destrozando a mí misma, como persona y como madre.

Hasta donde alcanzan mis recuerdos me ha faltado amor propio y confianza en mí misma, porque la voz de mi cabeza ha estado expresando su negatividad de un modo muy claro. Ahora estoy muy emocionada por disponer de las herramientas para cambiar esto.

Cuando ayer acosté a mi hija de cuatro años, me dio un aluvión de besos cuando le expliqué todos los motivos por los que la quería, motivos que no estaban basados en sus acciones o en sus logros. Me di cuenta de lo mucho que ha cambiado su momento de acostarse. Gracias a las dos por enseñarme a abrazar mi «vida caótica a la par que hermosa».

Leí el correo electrónico de esta mujer y me senté en silencio durante un buen rato, conmovida e inspirada. Su historia era mi historia, y tu historia, y la historia de todos quienes están recorriendo un camino de sanación. Estoy sencillamente maravillada ante la belleza del espíritu humano.

Entrevisté no hace mucho a Thupten Jinpa, el traductor principal del Dalai Lama. Le pregunté a Jinpa si Su Santidad hablaba alguna vez sobre la paternidad. Su respuesta me dejó perpleja:

> Si el Dalai Lama no está seguro de tener la paciencia necesaria para ser padre, sin duda todos podemos relajarnos un poco con respecto a nuestras carencias.

—Su Santidad es una de las personas más compasivas que he conocido nunca. Dijo: «Cuando observo la experiencia de la paternidad, a veces me pregunto: "Si yo fuera padre, ¿tendría esta clase de paciencia?"».

¡Vaya! Si el Dalai Lama no está seguro de tener la paciencia necesaria para ser padre, sin duda todos podemos relajarnos un poco con respecto a nuestras carencias. Es solamente cuando nos aceptamos a nosotros mismos con compasión, con todas nuestras imperfecciones, cuando podemos crecer a través de los tropiezos y vicisitudes de la crianza.

Creo que uno de los mayores cambios que he llevado a cabo, como madre y como persona que hace todo lo que puede para seguir creciendo, ha sido hacer las paces con mis imperfecciones. Mientras no aceptemos, valoremos y amemos todo lo que somos, en los niveles del cuerpo, la mente y el espíritu, sencillamente no podremos pedir a los demás que nos traten bien. Si queremos que nuestros hijos entren en la adultez con confianza y autoestima, tenemos que mostrarles en qué consisten ambas.

He hablado de algunas de las maneras en que podemos ayudar a nuestros hijos a que sepan que son merecedores de amor y respeto. La recomendación final es la de estimularlos a que elijan a sus amigos con prudencia, de modo que se alejen de aquellos compañeros que los tratan de modo poco amable o irrespetuoso.

CONSERVAR LÍMITES SALUDABLES EN LAS RELACIONES

Una mañana abrí el grifo para poner un poco de agua caliente en el lavabo del baño. Cuando pensé que había pasado el tiempo suficiente para que el agua estuviese agradable y caliente, la toqué. Estaba tibia. Dejé correr un poco más de agua y volví a tocarla. Aún no estaba caliente. La dejé correr aún durante más tiempo. ¿Cuál era el problema? Finalmente me di cuenta de que había abierto los dos grifos a la vez, el del agua fría y el del agua caliente. Mientras el agua caliente siguiese mezclada con la fría, no habría manera de obtener la temperatura deseada.

Esto me hizo pensar en mis relaciones y en lo difícil que había sido para mí aceptar la realidad de las personas que forman parte de mi vida de tal manera que pudiera ajustar mis expectativas en consecuencia. Así como el agua del lavabo nunca llegaría a estar caliente porque estaba mezclada con agua fría, algunas personas nunca serán capaces de mostrarse de las maneras que querríamos, por razones que acaso nunca llegaremos a comprender. Hay algo que interfiere; el grifo del agua fría está abierto.

Cuando amamos a alguien que no nos conviene, puede ser difícil aceptar que no seamos capaces de seguir con la relación. Tal vez esa persona es deshonesta. Acaso es abusiva. En algunos casos podemos sentir un amor tremendo por alguien que es tóxico para nosotros, sea intencionadamente o a causa de sus propias heridas.

Muchas veces he visto a niños ir detrás de amigos que les lanzan una migaja de vez en cuando, pero que por lo general los tratan de un modo horrible. En su libro *Odd Girl Out* («Chicas raras»), Rachel Simmons habla sobre el impacto duradero que tiene la crueldad sufrida en la infancia en las mujeres que tienen cuarenta y tantos años y más. En mi propia vida me he sentido angustiada en relación con personas a quienes he amado, hasta que finalmente tuve que aceptar que no podían permanecer en mi vida. Si queremos ayudar a nuestros hijos a que tengan relaciones amorosas y enriquecedoras en su adultez, es de vital importancia que les enseñemos que amar a alguien no debe doler y que pueden sobrevivir si sueltan a una persona que es perjudicial para sus espíritus.

También tenemos que ayudar a nuestros hijos a que comprendan que no pueden salvar a nadie. Si bien creo que tenemos la responsabilidad de intentar aliviar el sufrimiento de los demás *cuando podemos hacerlo*, los niños que tratan de rescatar a amigos en apuros se encuentran, a menudo, con resultados desastrosos. No se supone que nuestros hijos tengan que erigirse en los salvadores de nadie; no podemos esperar que se ocupen de sus amigos, padres o hermanos, por más que rescatar a alguien pueda hacernos sentir muy bien. Si les inculcamos la creencia de que tienen la responsabilidad de sanar a las personas que los rodean, sea cual sea el coste que eso tenga para ellos, los estamos poniendo en la senda dolorosa de tener que complacer a los demás, y puede ser que necesiten años para salirse de ahí. Hay una cita muy elocuente al respecto: «Si ves un hombre que se está ahogando, acude e intenta sacarlo. Pero si te agarra el brazo y está a punto de hacerte caer al agua, empújalo con todas tus fuerzas».

Ayuda a tus hijos a que establezcan límites saludables, unos límites que reflejen el respeto que sienten por sí mismos y su autoestima. Si tienen amigos nocivos, examina con ellos si lo que tiene de bueno la relación en general es superior al precio que pagan por ello. Si llegan a la conclusión de que merecen algo mejor, ayúdales a pasar por el duelo del fin de esa amistad —puesto que es una gran pérdida poner fin a una relación que ha tenido algún valor para nosotros— con el fin de que puedan seguir adelante de la mejor manera posible.

ESCUCHAR LA INTUICIÓN

En su libro *Protecting the Gift* («Proteger el don»), el especialista en seguridad Gavin de Becker comparte numerosos ejemplos de víctimas del crimen que han ignorado sus intuiciones a pesar de sentir que estaban en peligro. De Becker cree que es esencial que escuchemos los mensajes intuitivos que nos vienen en forma de vacilación, duda, pensamientos repetitivos y sensaciones persistentes. Explica que el último mensaje de la intuición es el más difícil de ignorar: el miedo. Escribe: «Pero las personas intentan silenciar incluso este: "Cálmate, cálmate; probablemente no es nada", se dicen algunos, en vez de prestar atención a esta señal que nos manda la naturaleza para que podamos salvaguardar nuestras vidas». Y sigue diciendo: «De hecho, la raíz de la palabra *intuición*, *tueri*, significa 'custodiar' y 'proteger'».

Si queremos educar niños seguros de sí mismos, tenemos que estimularlos a que escuchen su propia sabiduría interior y confíen en sus corazonadas. Nuestros cuerpos son instrumentos afinados que pueden ayudarnos a descifrar la fuente de un malestar, avisarnos cuando algo no está lo bastante bien o advertirnos de peligros potenciales. Las manos sudorosas, los nervios en el estómago, la tensión en la parte posterior del cuello o las palpitaciones pueden indicar que algo anda mal. Podemos sentirnos incómodos con la energía de alguien o sentir que, a pesar de las apariencias, algo no es seguro, aunque todo parezca «correcto». Por supuesto, lo contrario también es verdad: alguien puede parecer desaliñado o una situación puede ser diferente de lo que habíamos esperado, pero aun así estar todo perfectamente bien. La intuición nos ayuda a discernir si no hay ningún peligro o si corremos algún riesgo.

Comparte con tus hijos el hecho de que nuestras mentes subconscientes reúnen y filtran tremendas cantidades de información para ayudarnos a tomar decisiones y que, si bien no debemos ignorar los hechos y los datos, tenemos mucho ganado si aprendemos a leer las señales intuitivas y a confiar en nuestros instintos.

Si tu hija está preocupada por algo que atañe a una amiga, puedes sugerirle algo como esto: «Aquiétate por un momento, cariño, y trata de sintonizar con tu intuición. ¿Cuál sientes que es la mejor manera de manejar este problema con Elizabeth y Toni? ¿Sientes que es una relación sana? Después de estar con ellos, ¿te sientes bien cuando los dejas?». Puedes contribuir a este proceso ofreciéndole algunos de tus propios pensamientos; se trata de que la invites a que permanezca quieta y sintonizada con la manera como responde su cuerpo a medida que le presentas cada idea.

> Si respetamos el espacio de nuestros hijos, los límites en nuestra relación con ellos, les será mucho más fácil establecer correctamente los límites con sus compañeros. Enséñales que la palabra «no» constituye una oración completa.

Nuestros cuerpos nos dicen cuándo debemos estar abiertos y confiados o bien cuándo debemos protegernos. Si respetamos el espacio de nuestros hijos, los límites en nuestra relación con ellos, les será mucho más fácil establecer correctamente los límites con sus compañeros. Enséñales que la palabra «no» constituye una oración completa. Simula escenarios en los que practiquen el respeto a sus instintos cuando se encuentren en una situación dudosa, como cuando alguien les sugiere que prueben la cerveza cuando no se sienten preparados para ello o les pide que se impliquen sexualmente cuando no quieren.

En Bluffdale (Utah), tiene su sede el Instituto Impact Training, que cuenta con un programa fantástico para chicas adolescentes y mujeres que las ayuda a salirse de las restricciones de la socialización que las induce a ser agradables y serviciales y les da el valor para que sepan decir *no*. También disponen de programas para niños y niñas en edad escolar. Los recomiendo encarecidamente.

Una de las maneras en que enseño a los niños a sintonizar con los mensajes sutiles de sus emociones consiste en pedirles que las describan como colores: «Si el rojo está enojado, el negro está triste, el naranja está feliz, etcétera, ¿qué color estás sintiendo?». En su libro *Tranquilos y atentos como una rana*, Eline Snel les pide a los niños que se sintonicen con su estado emocional por medio de invitarlos a compartir su parte meteorológico personal: «¿Qué tiempo hace ahora en tu cuerpo? ¿Hace sol o hay tormenta?» (puedes leer más acerca de esta técnica en el capítulo 11).

Los niños deben comprender que es normal experimentar muchos sentimientos distintos, incluida la ira. Ten un bate de plástico ligero o un saco de boxeo a mano para que tus hijos sepan que cuando sienten ira en sus cuerpos pueden expresarla de formas seguras y aceptables. Es bueno que nuestros hijos sean conscientes de las emociones que viven sus cuerpos en vez de encerrarlas, como muchos hicimos porque nuestros padres nos dijeron que no estuviéramos asustados, heridos o enojados.

Todos hemos nacido con una caja de herramientas interior que está llena de recursos a los que podemos acudir en el transcurso de nuestras vidas. Ayudar a los niños a que confíen en la brújula interna de su intuición contribuirá a que sean capaces de apartarse de los problemas y dirigirse hacia las buenas oportunidades.

VIVIR CON PASIÓN

A los dieciséis años trabajé en una guardería; iba allí al salir de la escuela. Un día llegó Ruby, una niña de cuatro años cuya familia se había mudado recientemente a Kansas City procedente de la India. Ruby no sabía ni una palabra en inglés.

Pensé que sería útil que sus padres me enseñaran algunas frases en hindi para que pudiera preguntarle a Ruby si tenía hambre o necesitaba ir al baño. Desde el momento en que comenzaron mis clases de hindi algo dentro de mí empezó dar saltos de alegría. Adoraba esa lengua. Prácticamente inhalaba esas lecciones; no quería que ese tiempo que pasábamos juntos acabase. Como adolescente que vivía en Kansas en la década de los setenta, no tenía muchas oportunidades de aprender esa lengua «exótica» si no aprovechaba la generosidad de los padres de Ruby, quienes me enseñaban cuando podían encontrar el tiempo para ello. Tenía tantas ganas de aprender que empecé a hacer llamadas telefónicas por todo el país, hasta que descubrí que la Universidad de Pensilvania tenía un departamento de hindi. Encargué su libro de texto y esperé con impaciencia hasta que llegó.

Tan pronto como recibí el libro me convertí en una devota estudiante de hindi. Al no contar con ningún profesor, me ponía a mí misma ejercicios como deberes y comprobaba mis respuestas en las páginas finales del libro. Devoré el material, y cuando me trasladé a Nueva York a los diecisiete años, busqué diccionarios y libros de ejercicios en librerías de ocasión. Cuando los hube completado, comencé a llamar a personas de la guía telefónica que se apellidasen Singh y les preguntaba (en hindi) si estarían dispuestas a charlar conmigo.

La mejor manera en la que puedo describir esta casi obsesión con aprender hindi era que adoraba cómo sabían las palabras en mi boca. Una felicidad enorme me imbuía siempre que estudiaba esa lengua, lo cual me hacía imposible dominar las ganas de aprender.

No tenía mucho sentido que una adolescente de Kansas estuviese apasionada con querer aprender la lengua de personas que vivían al otro lado del mundo. Sin embargo, aprender hindi me abrió puertas que, a día de hoy, siguen añadiendo algo muy especial a mi vida. Y, por supuesto, cuando he viajado a la India, las experiencias que he tenido gracias a hablar el idioma —aunque de manera imperfecta— han sido extraordinarias.

Piensa en cómo ven tus hijos que empleas tu tiempo. Si haces espacio para perseguir tus pasiones (leer, pintar, mirar las estrellas, cuidar del jardín...), tus hijos descubrirán que el hecho de aprender constituye una parte importante de la vida. Si no estás seguro de qué es lo que te aporta alegría, acércate a las pequeñas cosas que llaman tu atención: un enlace en una cuenta de Twitter, una entrevista en la radio, un titular en la portada de una revista... Sigue las migas de pan y te llevarán a donde tu corazón quiere que vayas.

ESTIMULAR LA CURIOSIDAD

Cada niño viene con sus pasiones incorporadas, «precargadas», que son únicas en cada caso. Algunos se ven consumidos por el deseo de bailar con todo el corazón. Unos cuantos no quieren hacer otra cosa que inventar delicias culinarias. Otros quieren contar historias, pasar tiempo con los animales o esbozar inventos. Si queremos que nuestros hijos descubran su pasión y su propósito, debemos permanecer abiertos a la dirección hacia la que se encaminan en lugar de empujarlos en direcciones que preferimos que sigan pero que no les llaman.

> Si queremos que nuestros hijos descubran su pasión y su propósito, debemos permanecer abiertos a la dirección hacia la que se encaminan en lugar de empujarlos en direcciones que preferimos que sigan pero que no les llaman.

Hacer esto requiere mucho tiempo no estructurado y la exposición a una gran variedad de personas y experiencias. Las infinitas actividades organizadas que les imponemos a nuestros hijos, acompañadas de kilos de deberes cada noche y del tirón constante de sus vidas digitales, a menudo les dejan poco tiempo para entrar en la calma en la que puedan escuchar la voz que los lleve a recorrer su camino de exploración. Si no hubiera dispuesto de tiempo libre en el instituto, nunca habría podido hacer realidad mi deseo de aprender hindi.

Encorsetar la jornada de los niños desde la mañana hasta la noche —y, hoy día, los fines de semana y los veranos— no les deja tiempo para maravillarse, soñar despiertos o explorar aquello que les hace sentirse vivos.

Educar a un niño para que sea quien está destinado a ser también requiere un compromiso con estimular su fascinación por la vida. Me encanta la frase que escribió Janell Burley Hofmann en el contrato que extendió a su hijo de trece años cuando le dio un iPhone: «Hazte preguntas, pero no navegues por Google». Hoy día, los niños raramente se asombran con las cosas; la respuesta a cualquier pregunta se halla a tan solo unos segundos, gracias a cualquier dispositivo que tengan a mano. Sin embargo, una de las mayores habilidades que podemos ayudar a desarrollar a nuestros hijos es la capacidad de resolver problemas. Esto requiere asentarse en el espacio de *no saber* que se abre entre la curiosidad y las respuestas.

Dales a tus hijos la oportunidad de salirse de las paredes de las aulas tradicionales y oler aquello que les interesa. Sus pasiones pueden no tener mucho sentido en esos momentos e incluso puede ser que no les duren mucho, pero se deriva una gran dicha de seguir los anhelos del corazón, por más misteriosos que puedan ser. Cuando lo hacemos, todo tipo de magia puede tener lugar.

> Por medio de imbuir tu vida de sentido y pasión por el aprendizaje, y de proporcionarles a tus hijos oportunidades de hacer lo mismo en la vida real, les ayudarás a vacunarse contra el aburrimiento, la apatía y el malestar. Habrás permitido que sus espíritus estén imbuidos de la alegría que proviene de buscar lo que agita sus almas.

Por medio de imbuir tu vida de sentido y pasión por el aprendizaje, y de proporcionarles a tus hijos oportunidades de hacer lo mismo en la vida real, les ayudarás a vacunarse contra el aburrimiento, la apatía y el malestar. Habrás permitido que sus espíritus estén imbuidos de la alegría que proviene de buscar lo que agita sus almas.

Es tu turno

Siéntate en silencio y reflexiona sobre las preguntas siguientes. Consigna tus pensamientos en tu cuaderno.

1. Cuando eras niño, ¿qué te encantaba hacer? ¿Jugar fuera? ¿Pintar? ¿Tocar música? ¿Escribir poesía? ¿Construir cosas? ¿Pasar el tiempo con amigos? ¿Resolver acertijos? ¿Leer?

2. ¿Qué te gusta hacer ahora? O ¿qué harías por mero placer, si tuvieras el tiempo y la libertad de perseguir tus pasiones?

3. En los últimos tres meses, ¿con qué frecuencia has llevado a cabo alguna actividad relacionada con alguna de tus pasiones? Si tu respuesta es: «No lo he hecho», ¿cuánto hace que no dedicas tiempo a algo por puro placer?

4. ¿Qué es lo que se interpone en tu camino a la hora de dedicar tiempo a tus aficiones, intereses o pasiones? Todos podemos decir: «No tengo tiempo», pero profundiza más en esta pregunta. ¿Es esto completamente cierto o hay parcelas de tiempo en las que podrías tocar un poco el piano o leer una novela en vez de encender el ordenador o mirar la televisión?

5. ¿En qué beneficiaría a tus hijos el hecho de que persiguieras uno de tus intereses o pasiones?

6. Escribe la cantidad de tiempo que te gustaría dedicar a cultivar una de tus pasiones y alimentar tu espíritu. Indica qué días podrían ser los más apropiados para añadir esta actividad a tu agenda semanal, de la

cual podrían ser testigos tus hijos, y cualquier otro detalle que te pueda ayudar a asegurarte de que este sueño se convierte en realidad.

EN LA PRÁCTICA: ESTAR PRESENTES EN LA VIDA REAL
Tengo que estar siempre conectado a causa del trabajo, así que ¿cómo puedo arreglármelas para desconectar?

PREGUNTA: Entiendo la importancia de limitar el tiempo en el que permanecemos ante la pantalla, pero tengo un jefe exigente que me manda correos electrónicos a todas horas del día —¡y de la noche!—. Y espera que le responda enseguida. Soy muy afortunada de haber conseguido trabajar en casa y no quiero perder mi empleo. Pero mis hijos me ven encendiendo el ordenador o respondiendo un mensaje de texto cuando creían que estábamos disfrutando de un tiempo juntos en familia. ¿Cómo puedo convencerlos de que es importante desconectar cuando ven que yo enciendo mi dispositivo tan a menudo?

CONSEJO: Los avances tecnológicos han hecho posible que muchos padres trabajen en casa, lo cual les permite estar ahí para sus hijos de maneras que antaño no eran posibles. Pero esto también significa que mientras que a ojos de tus hijos estáis todos presentes mientras sirves el desayuno o te acomodas para contar un cuento, en cualquier momento puedes verte interrumpida por tu jefe, lo que tal vez haga que tus hijos se sientan menos importantes que quien sea que está detrás de esos sonidos. Y, como mencionas, también puede parecer hipócrita que estés alentando a tus hijos a desconectarse de sus aparatos mientras tú caminas por ahí con tu *smartphone* pegado a la oreja.

Tu situación tiene tanto que ver con darles a tus hijos la oportunidad de desahogarse por tener que compartirte con tu jefe como con el uso que haces de la tecnología. En mis cursos por Internet y en mi libro anterior, *Parenting Without Power Struggles*, enseño algo llamado Acto I de la Paternidad, que es una forma de asegurarnos de que nuestros hijos se sientan escuchados antes de acudir a ellos con explicaciones o consejos.

Yo diría algo así como: «Me pregunto qué pensáis cuando veis a mamá respondiendo al teléfono mientras cenamos. ¿Alguna vez os sentís un poco enfadados por eso?». Sencillamente abre la conversación y manifiéstales a tus hijos que se trata de que expresen lo que sienten por el hecho de tener que compartirte. Una vez que se han desahogado, puedes decirles: «Lo entiendo. No parece justo que responda al teléfono en la cena, especialmente cuando soy tan estricta con vosotros en cuanto a que lo apaguéis todo para que podamos estar juntos como una familia. Puedo ver que no parece justo». Probablemente esperan que sigas con una explicación sobre la necesidad que tienes de conservar ese empleo, pero puede que no sea necesario si en otra ocasión ya les has hablado acerca de tu trabajo y sus exigencias. Lo más importante es que sepan que no implica ningún riesgo para ellos que te cuenten su verdad.

Tu situación no tiene fácil arreglo, a no ser que encuentres otro empleo. Mientras tanto, si reconoces las frustraciones que a veces desencadena en vez de hacer observaciones que induzcan culpa a tus hijos si se quejan («No querrás que mamá pierda su empleo, ¿verdad?»), reducirás el impacto que pueda producir el hecho de que estés atada a tus dispositivos. Tan solo asegúrate de que cuando no estás con el trabajo disfrutes de pasar tiempo con tus hijos de maneras que no requieran un enchufe.

¿Qué ocurre si no tengo tiempo de crear una comunidad solidaria?

Pregunta: Soy una madre soltera con tres niños de menos de ocho años. Mis padres viven en la otra punta del país y trabajo a jornada completa. Desde que me divorcié y nos mudamos a un nuevo vecindario no he tenido tiempo de conocer a los vecinos de al lado, no digamos ya de crear una comunidad de padres solidarios. Estoy muy aislada.

Consejo: Muchos padres están tan ocupados que a duras penas consiguen darse una ducha; imagínate hacer nuevos amigos. De todos modos, te animo a que busques aunque sea las oportunidades más pequeñas de conocer gente nueva. No tienes que alejarte demasiado de las rutinas de la vida cotidiana para encontrarte con otras personas, pero puede ser que debas salirte de tu zona de confort para empezar una conversación. Charla con algún otro padre o madre cuando salgas de casa por la mañana o establece el ritual semanal de llevar a tus hijos a un parque, donde tendrás ocasión de conocer a otros padres de tu vecindario. Algunas personas optan por pedirles a los profesores de la escuela que les presenten a los padres de los compañeros de clase que parecen gustarles a sus hijos. Otras participan en eventos de la escuela o asisten a actos que organiza la biblioteca local para los niños.

Construir comunidad requiere esfuerzo pero la compensación es enorme, tanto para ti como para tus hijos. No estamos hechos para hacerlo todo solos o para ejercer de padres en solitario. Tómatelo con calma; tal vez puedes proponerte conocer a alguien nuevo al mes. Con el tiempo, una persona te presentará a otra, y dentro de poco habrás creado tu propia red de apoyo.

¿Puedo alejar a mi exmarido?

PREGUNTA: Estoy de acuerdo con que es importante que alejemos de nuestras vidas a las personas que son perjudiciales para nosotros, pero ¿qué hay de mi exmarido? Es rudo, impredecible y desconsiderado. Desearía poder alejarlo de mi vida, pero a causa de nuestro acuerdo de custodia no puedo evitar tratar con él casi a diario.

CONSEJO: Como he mencionado, a veces tenemos unos hijos cuyo comportamiento nos hace saltar; reaccionamos a partir de viejos patrones o nos vemos frente al reto de trabajar con asuntos que tenemos pendientes de resolver en nuestro interior, lo que en última instancia nos ayuda a avanzar hacia una mejor versión de nosotros mismos. Ciertos adultos también parecen haber sido especialmente diseñados con el objetivo de sacarnos de nuestras casillas, a menudo en medio de circunstancias como la tuya, en las que sencillamente no podemos alejarlos.

La custodia compartida es una de las experiencias más duras por las que puede tener que pasar un padre. Has roto relaciones con alguien a quien una vez amaste que te ha herido o decepcionado tan profundamente que ya no puedes seguir tolerando vivir con esa persona. Es posible que sientas rabia, resentimiento, confusión y un profundo dolor. Naturalmente, sería menos doloroso sacar a esta persona de tu vida diaria. Pero ahora es cuando nos toca poner en práctica todas esas declaraciones del estilo: «Estaría dispuesta a recibir un balazo para proteger a mi hijo» o «Movería cielo y tierra para mantener a mis niñas a salvo».

De todos modos, cada vez que interactúas con tu exmarido tienes una elección. ¿Vas a centrarte en sus cualidades desagradables, haciendo así que tu estómago se contraiga cada vez que le pones al corriente de cuestiones esenciales en relación con vuestros hijos? ¿O vas a sacar la lupa para observar sus cualidades positivas? Entiendo que centrarte en sus atributos negativos puede hacer que sea más fácil llegar a un acuerdo en cuanto al divorcio. Pero vuestros hijos han sufrido una gran pérdida, incluso si la separación era lo mejor. Necesitan que se les ahorren toda la tensión y todos los conflictos posibles que tengan lugar entre sus padres.

Limita el contacto con él según sea necesario, pero opta por la respuesta más elevada. No te tomes su comportamiento de manera personal. Si puedes, experimenta compasión; reconoce que, en un nivel más profundo, debajo de sus defectos de personalidad o de las heridas de vuestro pasado en común, él es sencillamente un compañero de camino que anda a trompicones por la senda de la vida. Experimenta el duelo por lo que esperabas que podríais construir juntos o por el hombre que deseaste que fuera; así estarás en mejores condiciones de aceptar a tu exmarido tal como es, con sus molestas imperfecciones.

Mi amiga y colega Katherine Woodward Thomas, creadora de Conscious Uncoupling, nos recuerda que «podemos deshacer un matrimonio, pero nunca podemos deshacer una familia sin dejar a sus miembros emocionalmente desahuciados». Nos exhorta a que pongamos las necesidades de nuestros hijos por delante y a que reconozcamos con cuánta profundidad necesitan nuestro permiso y apoyo para amar a su otro progenitor y creer en él, independientemente de lo defectuosa que pueda ser esa persona. Aprender a acoger con tu propia decepción la compleja vulnerabilidad de tu hijo y decidir proteger el vínculo emocional que tiene con tu excónyuge, a pesar de tu dolor, es la esencia misma de lo que es ser una buena madre o un buen padre.

Capítulo 6

UNA COMUNICACIÓN SALUDABLE REFUERZA LA CONEXIÓN

Los niños nunca han sido muy buenos a la hora de escuchar
a sus mayores, pero jamás han dejado de imitarlos.

James A. Baldwin

Hace algunos años estaba participando en un safari en Tanzania. Habíamos estado conduciendo durante uno o dos días a la búsqueda de un rinoceronte, sin éxito. Nuestro guía aparcó el *jeep* en un área de descanso, con la idea de hacer una pausa y almorzar. Entusiasmada con la posibilidad de preguntar a otros viajeros que también estaban de safari por el Serengueti si habían tenido la suerte de divisar a este animal esquivo, le dije al conductor del siguiente *jeep*:

—¿Ha visto algún rinoceronte?

Murmuró algo, claramente molesto, y siguió su camino. Le pregunté a nuestro guía lo que había contestado el hombre y nunca he olvidado su respuesta:

—Dijo que no lo saludaste antes de hacerle la pregunta.

Encajé el golpe. Tenía toda la razón; irrumpí sin decir tan siquiera un «hola, ¿cómo estás?». Aprendí algo muy especial y estoy agradecida de que ese hombre tuviera la dignidad y la autoestima que le permitieron no complacerme en mi inconsciencia. Había olvidado mis modales.

Enseñar buenos modales es un ingrediente esencial a la hora de educar a niños que se conviertan en adultos seguros de sí mismos y que vayan a tener éxito en la vida. No estoy hablando de rituales formales y complejos, sino sencillamente de los comportamientos que hacen que la gente se sienta cómoda. Algunos nos hemos aferrado a la idea de que enseñar buenos modales a los niños está pasado de moda o solo es relevante para los que viven entre la realeza —lo cual es bastante improbable en el caso de la mayoría de nosotros—. Pero creo que la capacidad de hacer que la gente se sienta a gusto es tan vital como tener un diploma de una universidad prestigiosa. Puede que no sepamos que nuestro compañero de trabajo se graduó en Yale o en Oxford, pero podemos decir inmediatamente si nos sentimos relajados y cómodos en su presencia.

ENSEÑAR BUENOS MODALES

«¡Yo primero!», «¡quiero más!», «¡esto es mío!» son, todas ellas, las expresiones normales de un niño que aún no ha desarrollado la empatía o la diplomacia. Los niños son naturalmente egocéntricos. Si solo queda un trozo de pastel, lo agarrarán. Si tu hija se está divirtiendo en el columpio, va a sentirse resentida al tener que cederlo a otro niño que está esperando su turno. Eso no quiere decir que sea egoísta; solo significa que se está comportando como una niña. Una orientación acrítica por parte de los padres ayuda a sus hijos a aprender los conceptos básicos en cuanto a mostrar preocupación por los deseos y necesidades de los demás.

No hay mejor manera de enseñar buenos modales que demostrarlos día sí día también en presencia de nuestros hijos. Por ejemplo, a la hora de las comidas, asegúrate de que nadie empieza a comer hasta que todo el mundo se ha sentado y servido. Si tus hijos se olvidan, hazles saber que entiendes que tengan hambre, pero enséñales a tener paciencia si empiezan a comer antes de que hayas agarrado tu tenedor.

> No hay mejor manera de enseñar buenos modales que demostrarlos día sí día también en presencia de nuestros hijos.

Ayuda a tus hijos a aprender a compartir y a esperar su turno cuando un amigo suyo ha venido a jugar. Explícales que sabes que es difícil aguardar el propio turno a la hora de tocar el piano o dejar el trozo más grande del pastel para otra persona, pero que en vuestra casa los invitados son tratados con cortesía.

Enseña a tus hijos a presentar a las personas: «Señora Norris, quiero presentarle a mi primo Joey», o «Abuelo, esta es mi amiga Elisa». Haz que los rituales de bienvenida formen parte de la manera en que acoges a los invitados en tu casa. Guíalos a establecer contacto visual en el momento de estrechar la mano del visitante o a dar un abrazo al recién llegado, si es adecuado y cómodo para ellos.

> Si les muestras a tus hijos lo que es asumir la responsabilidad por un descuido o un comentario desconsiderado, seguirán tu ejemplo.

Algo que forma parte de los buenos modales es reconocer los sentimientos de la otra persona. Si muestras a tus hijos lo que es asumir la responsabilidad por un descuido o un comentario desconsiderado, seguirán tu ejemplo. Si ofendes a alguien, permite que tus hijos oigan cómo te disculpas, sin justificar tu comportamiento. Por último, asegúrate de que saben cómo recibir un cumplido. «Gracias (por esto)» es una forma sencilla y cortés de asumir las palabras amables de alguien y es mucho más saludable que cambiar de tema.

> Los niños desarrollan civismo, consideración y una naturaleza atenta cuando crecen en medio de comportamientos atentos y respetuosos.

Y no reserves los buenos modales para cuando haya alguien más o para aquellas ocasiones en que estás entre otras personas. Los niños huelen la hipocresía a un kilómetro de distancia. Utiliza las palabras mágicas *por favor* y *gracias* con sinceridad cuando hablas con tus seres queridos. Peggy O'Mara, fundadora de la revista *Mothering*, dijo: «Ve con cuidado con cómo les hablas a tus hijos. Un día, eso se convertirá en su voz interior».

Los niños desarrollan civismo, consideración y una naturaleza atenta cuando crecen en medio de comportamientos atentos y respetuosos. Reconoce cuándo tus hijos presentan buenos modales y corrígelos suavemente cuando los olvidan. No esperes que se comporten a la perfección y asegúrate de tener en cuenta en qué etapa de su desarrollo se hallan antes de forjarte expectativas en cuanto a su comportamiento.

Si tienes un hijo con un problema psicológico o de desarrollo, no sucumbas a la culpa y la vergüenza que a menudo aparecen cuando te imaginas que los demás te están juzgando por su torpeza o sus carencias. Obtén el apoyo amoroso que necesites con el fin de saber que si estás dando lo mejor de ti mismo, está más que bien, independientemente de cómo se comporten tus hijos.

Evita entrar en luchas de poder en relación con los modales, sobre todo si tus hijos son adolescentes. Intentar obligar a un niño a disculparse o a ser educado no será sino contraproducente. Con paciencia y una guía amorosa, tus hijos llegarán a ser la clase de personas que hacen que los demás se sientan a gusto. Al fin y al cabo, este es el único objetivo de los buenos modales.

TRATAR CON LA IRA

A menudo los padres me traen a sus hijos a causa de sus problemas con la ira. A veces el niño tiene dificultades para manejar sus arrebatos porque su capacidad a la hora de gestionar los grandes sentimientos está subdesarrollada debido a su inmadurez o a sus tendencias impulsivas. Pero con frecuencia descubro que la madre o el padre también son muy temperamentales.

Todos nosotros, tanto los niños como los adultos, estamos sujetos a fuertes emociones que no siempre podemos controlar. Algunas personas son más relajadas y apenas se alteran cuando la vida no va de acuerdo con sus expectativas. Pero otras luchan para evitar que la frustración y la decepción les causen estragos emocionales. Si no abordamos la causa de la ira, a veces terminamos haciendo o diciendo cosas que después lamentamos. Si recurrimos a las amenazas o castigos para disuadir a nuestros hijos de que manifiesten su enojo, esto puede conducirlos a enterrar sus emociones, que posiblemente se manifiesten como trastornos de la alimentación, adicciones o depresión. También puede significar que vayan acumulando «combustible» para estallar más tarde en una explosión de rabia aún mayor.

En vez de avergonzarnos por haber perdido los nervios, tenemos que dar un paso atrás, determinar qué estamos pensando o sintiendo e identificar la fuente subyacente de nuestra rabia. La ira puede ser la manifestación exterior de un dolor, tristeza, frustración, estrés, desequilibrio hormonal, ansiedad o fatiga que estén sin resolver. Mientras no comprendamos que es el síntoma de algo que necesita ser arreglado y no un comportamiento voluntario, no seremos capaces de reducir su impacto en nuestras vidas.

> Mientras no comprendamos que es el síntoma de algo que necesita ser arreglado y no un comportamiento voluntario, no seremos capaces de reducir su impacto en nuestras vidas.

Cuando trabajo con una familia en la que las explosiones de ira son habituales, me parece útil facilitar las conversaciones entre la persona airada y el blanco de la ira de una manera tal que ambos se sientan seguros al expresarse. Cuando ambas partes pueden deponer sus defensas y meterse en los zapatos del otro por unos momentos, pasan a estar más dispuestas a trabajar en la resolución de cualquier emoción que esté alimentando sus arrebatos. También les cuento esta historia, cuya autoría desconozco:

Había un muchacho que tenía muy mal genio; a menudo arremetía con furia contra quienes le rodeaban. Un día su padre le dio una bolsa de clavos y le dijo que cada vez que perdiera la paciencia fuera a clavar un clavo en la cerca.

Los primeros días, el chico tuvo que clavar muchos clavos. Pero a medida que fue pasando el tiempo se fue dando cuenta de que podía contenerse antes de perder los estribos. El hecho de saber que tendría que encontrar un clavo y llevarlo al patio para clavarlo en la cerca le ayudó a controlar sus ataques de ira.

Finalmente, llegó el momento en que el chico fue capaz de contarle a su padre que había aprendido la manera de evitar perder los estribos. El hombre le dijo que cada vez que fuera capaz de estar todo un día sin herir a los demás con su enojo podía quitar un clavo de la cerca.

Llegó el día en que el muchacho acudió a su padre para decirle que había quitado todos los clavos.

El padre condujo a su hijo hasta la cerca y le indicó:

—Hijo, has aprendido algo muy importante. Pero quiero que mires los agujeros que han quedado en la madera. Esta cerca nunca será la misma que era antes de que se le clavasen los clavos. De la misma manera, cuando dices algo preso de la ira, tus palabras y acciones dejan marcas, que son como estos agujeros de la cerca.

Tenemos que ayudar a nuestros hijos a que aprendan a alargar el momento que hay entre el impulso de decir o hacer algo y la acción a partir de este impulso. Equivocarse es humano y perdonar es divino. Pero a medida que los niños entienden cada vez más que, como los clavos de la cerca, nuestras acciones tienen consecuencias irreversibles y pueden dañar relaciones importantes, podemos ayudarles a que den pasos hacia la tranquilidad cuando están disgustados y a que asuman la responsabilidad de sus acciones y hagan las paces cuando sea necesario.

El daño que producen las palabras crueles y los comportamientos hirientes no puede ser deshecho. Siempre que discutimos con los demás tenemos que detenernos y considerar los efectos que pueden tener en ellos nuestras palabras.

DECIR LA VERDAD

Hay algunas grandes escenas en la serie *The Newsroom* en las que Jim, un joven gentil, ha estado saliendo con Lisa debido a la insistencia de Maggie, a pesar de no verlo claro. Como Jim es tan educado, continúa saliendo con Lisa a pesar de sentir que tiene poco en común con ella. De hecho, está mucho más interesado en Maggie. La relación de Jim y Lisa se prolonga durante meses. Maggie incluso compra regalos y una tarjeta romántica para que Jim se los dé a Lisa el día de San Valentín, lo cual refuerza los sentimientos de Lisa hacia Jim. Esta finalmente le dice que lo ama, y él, como es tan educado, le dice a ella que también la ama. La relación se vuelve más formal, mientras Jim sufre en silencio. Sabe que debería decirle la verdad a Lisa, pero no puede soportar la idea de herir sus sentimientos.

Hasta que ocurre que Lisa escucha, por casualidad, la verdad de los sentimientos de Jim para con ella e incluso que siente afecto por Maggie, y lo confronta. Aun cuando se le está dando la oportunidad de confesar, Jim niega lo que Lisa ha oído. Ella, sabiamente, le dice:

—Jim, admítelo. Podríamos estar buscando escuela para nuestros hijos antes de que reunieses el valor de decirme qué sientes realmente.

Lo convence de que prefiere saber la verdad a que él finja estar enamorado, y Jim finalmente se suelta.

No es fácil mantener conversaciones difíciles, especialmente si están relacionadas con materias sensibles, pero si queremos que nuestros hijos tengan unas relaciones saludables como adultos, es fundamental enseñarles el arte de expresar su verdad. Resulta útil que oigan habitualmente cómo abrimos el diálogo para aclarar los problemas que surgen con nuestros seres queridos por medio de expresiones como «me ha molestado que...», «no estoy seguro de a lo que te referías cuando dijiste...», «he estado teniendo dificultades con...», «no me gusta nada cuando...».

La mayoría hemos leído suficientes libros de autoayuda para saber que una de las claves para mantener una estupenda relación es una buena comunicación. Pero ¿en qué consiste? Como mencioné anteriormente, mi estrategia Acto I de la Paternidad ayuda a los padres a sintonizar con sus hijos en vez de sencillamente abordarlos, lo que hará que estos estén receptivos a recibir sus orientaciones y no a resistirse. Este enfoque implica la validación de la experiencia del niño en lugar de tratar de disuadirlo de sus sentimientos. Lo mismo es válido para cualquiera con quien nos estemos comunicando: cuando nos mostramos contundentes a la hora de transmitir nuestro punto de vista, generamos resistencia en la otra persona.

La buena comunicación exige que reconozcamos la posición de la otra persona; debemos asumir que tiene tanto derecho a tener sus sentimientos como nosotros, en vez de trivializar sus opiniones o argumentar contra sus sentimientos. La buena comunicación exige que asumamos la responsabilidad de cómo nos comunicamos, que expresemos nuestras preocupaciones de tal manera que no le echemos la culpa a nuestro interlocutor o le sugiramos que está equivocado.

La buena comunicación da espacio para que las heridas o agravios sean aireados y las verdades sean dichas. Fomenta la intimidad, incluso si llegar ahí es incómodo a medida que los sentimientos difíciles salen a la luz. Ofrece una vía para que las necesidades sean resueltas, o al menos negociadas. Nos ayuda a llegar a conocer a los demás —y a conocernos a nosotros mismos—. Y nos permite recibir una retroalimentación importante por parte de aquellas personas que son importantes para nosotros —si podemos salirnos de nuestro ego para recibirla—. Todas estas son cualidades que queremos que nuestros hijos posean cuando crezcan.

> La buena comunicación da espacio para que las heridas o agravios sean aireados y las verdades sean dichas. Fomenta la intimidad, incluso si llegar ahí es incómodo a medida que los sentimientos difíciles salen a la luz.

ESCUCHAR CON RESPETO

Podemos enseñarles a nuestros hijos a que expresen sus deseos sin agresividad y a que escuchen con respeto a los demás. Pero como he dicho repetidamente, tenemos que mostrarles cómo se hace esto para que lo capten. Decirle a tu hijo que no interrumpa o que no gire los ojos hacia arriba no significará nada si tú y tu pareja os interrumpís y giráis los ojos hacia arriba.

Una vez leí que deberías preguntarte tres cosas antes de hablar:

1. ¿Es verdad?
2. ¿Es necesario?
3. ¿Es bueno?

> Decirle a tu hijo que no interrumpa o que no gire los ojos hacia arriba no significará nada si tú y tu pareja os interrumpís y giráis los ojos hacia arriba.

Si infundes cuidado y consciencia a tu manera de comunicarte, no puedes sino educar a niños que sean más conscientes del impacto de sus palabras; facilitarás que suene en ellos un «timbre interior» cuando ellos mismos u otra persona hablen de manera hiriente.

En mi práctica profesional, a menudo facilito prácticas de escucha entre un padre o madre y su hijo. Para ello elijo un tema que normalmente genere conflicto. Las reglas del juego son sencillas: uno de ellos habla dos o tres minutos, durante los cuales comparte sus pensamientos y sentimientos sobre el tema en cuestión. El que escucha permanece delante del que habla denotando apertura por medio de un lenguaje corporal abierto; no puede interrumpir, hacer muecas, mostrar desacuerdo o menospreciar de ninguna manera lo que el otro está expresando.

Cuando el que hablaba ha terminado, el oyente tiene que hacer preguntas o comentarios que den lugar a tres síes. Este ejercicio es casi infalible a la hora de acercar más al padre y al hijo, porque cada uno ha tenido la oportunidad de expresarse *en un entorno seguro* y sentirse escuchado. Es muy fácil de hacer y no solo ayuda a los miembros de la familia a sentirse más conectados, sino que además allana el camino para que los niños desarrollen la habilidad de proponer conversaciones que permitan a ambas partes sentirse comprendidas. En el capítulo 11 encontrarás un ejemplo de este tipo de diálogo.

CONECTAR POR MEDIO DE LAS CONVERSACIONES OCASIONALES

Quiero tratar otro punto relacionado con la comunicación, que tal vez te sorprenda: las charlas ocasionales. Durante gran parte de mi vida pensé que la cháchara era una actividad bastante frívola y poco ilustrada. Compartir opiniones sobre el clima o la marca de yogur más sabrosa me parecía una tontería. Pero al irme haciendo mayor lo he ido viendo de otra manera.

Somos una especie social. Cuando los seres humanos nos juntamos, tenemos el instinto de conectar. Pero ¿cómo? Ciertamente, podemos encontrarnos con alguien y bucear en sus ojos sin que medie palabra. Sin embargo, las conversaciones breves son maneras adorables de intercambiar energía. El tema de la conversación es irrelevante. Una charla sobre el tiempo sirve tan solo de excusa para establecer contacto con el otro, para transmitirle: «Te veo. Estoy aquí contigo. Tengo interés en ti».

Es útil enseñarles a nuestros hijos cómo dialogar con los demás, de tal manera que puedan participar en cortos intercambios con cualquier persona con la que se encuentren. No puedo contar las veces que he visto a niños congelarse cuando alguien trata de darles conversación:

—¿Qué te gusta hacer, Bobby?

—No sé.

—¿Te gustan los deportes?

—Supongo.

No propongo que mantengamos conversaciones superficiales de manera rutinaria, pero sí creo que hay un tiempo y lugar para las charlas amistosas y que no les hacemos ningún favor a nuestros hijos cuando los protegemos diciendo: «Lo siento; no quiere hablar». Sí, algunos de nosotros somos introvertidos y nos sentimos incómodos con el contacto social; somos, y tenemos derecho a serlo, criaturas tímidas a quienes incluso les resulta doloroso mirar a alguien que no conocen, no digamos ya entablar una conversación con esa persona. No estoy sugiriendo que forcemos a nuestros hijos a ser lo que no son, y desde luego no estoy proponiendo que los animemos a charlar con extraños al azar. Pero si queremos equipar a nuestros jóvenes con las habilidades que necesitan para convertirse en adultos conscientes y seguros, tenemos que enseñarles el arte de la conversación, de acuerdo con sus capacidades particulares.

ES TU TURNO

Piensa en una situación en que la conversación que tenías con alguien que era importante para ti se torció, de modo que la cosa acabó con palabras enojadas, resentimiento o incluso, tal vez, distanciamiento.

¿Contribuiste a que la conversación diera un giro a peor? ¿Acudiste a la otra persona presto a disparar? Siempre que le dices al otro algo del estilo «¿por qué has hecho esto?», está casi garantizado que provocarás una actitud defensiva en esa persona. ¿O bien aceptaste pasivamente todo lo que dijo la otra persona, echando humo en secreto pero evitando expresar tus auténticos sentimientos?

Tómate unos minutos para reflexionar sobre cómo podrías haber abordado esta difícil conversación de un modo diferente. ¿Cómo podrías haber dejado claro que estabas abierto al punto de vista de la otra persona? ¿Cómo podrías haber expresado tus sentimientos con honestidad, pero con respeto, lo que habría conducido a un mejor resultado? Es posible que quieras registrar tus pensamientos en tu diario.

EN LA PRÁCTICA: ESTAR PRESENTES EN LA VIDA REAL
¿Cómo puedo corregir a mi hijo sin avergonzarlo?

PREGUNTA: ¿Cómo se puede ayudar a un niño a que comprenda que sus palabras y acciones pueden herir a los demás sin hacer que se sienta avergonzado? Mi hijo tiene problemas de impulsividad y mal carácter, pero también es un chico muy sensible. Se siente muy mal después de haber tenido un berrinche, hasta el punto de declarar que se odia a sí mismo. ¿Cómo podemos ayudarle a trabajar en sus rabietas sin avergonzarlo?

CONSEJO: Estas situaciones ocurren a menudo con niños que son a la vez sensibles e impulsivos. Por una parte, pueden ser muy susceptibles y especialmente vulnerables a las heridas y desaires. Por otra parte, pueden tener dificultades a la hora de contenerse, y se ven arrastrados por las rabietas sin poder evitarlo.

No hay una solución sencilla a tu dilema. Es bueno que tu hijo sienta algún arrepentimiento por sus arrebatos, porque los remordimientos actúan como una influencia inhibidora sobre la conducta. Si se siente mal por arremeter contra su hermano, por ejemplo, puede ser más capaz de contenerse la próxima vez que se enoje. El problema es que, si bien esta idea funciona en teoría, los niños con problemas de impulsividad no tienen, en general, la madurez emocional que les permita, antes de hacerlo, sopesar cuidadosamente los pros y los contras de arremeter. Tienen poco aguante; se sienten enojados y un instante después han explotado.

Cuando los niños se sienten avergonzados por no ser capaces de controlarse en medio de una tormenta emocional, necesitan comprender que *ellos no son su comportamiento*. Ayuda a tu hijo a verse como la persona que es, alguien a quien no le gusta herir a los demás. Tiene que verse como separado de su comportamiento. Esto no significa que no sea responsable de sus actos, pero le permite saber que es una buena persona y un ser humano valioso, independientemente de la manera en que actúe. Ayúdale a reconocer las señales de alarma del huracán emocional en su cuerpo, como tensión en el vientre o latidos rápidos, para que pueda pedirte ayuda antes de que sus arranques causen algún daño.

¿Hay que hacer participar a los niños introvertidos en las charlas ocasionales?

PREGUNTA: Hablas de que animemos a los niños a entablar conversaciones con los demás, pero mi hija es extremadamente tímida. Apenas puede mirar a los ojos a las personas que vienen a nuestra casa, aunque una vez que llega a conocerlas es fantástica. ¿No deberíamos dejar que los niños introvertidos sean como son en lugar de obligarlos a charlar con la gente, cuando les duele hacerlo?

CONSEJO: Sí, debemos dejar que los niños introvertidos sean como son; de hecho, debemos dejar que *todos* los niños sean como son. Pero a ningún niño le gusta verse paralizado por la ansiedad cuando tiene que interactuar con otras personas. Esta pregunta es difícil de responder, porque algunos niños necesitan un pequeño empujoncito, mientras que otros realmente no pueden y no deben ser forzados. Nada está más lejos de mi intención que sugerir que a un niño que esté de manera significativa dentro del espectro autista, por ejemplo, deba regañársele por no interaccionar con la cajera del supermercado.

Confía en ti. Si tu hijo es incapaz de tener relaciones sociales por más que lo intentes de distintas maneras, déjalo estar. Pero si todo lo que ocurre es que le falta experiencia a la hora de entablar una conversación o establecer una relación, tal vez considerarás la posibilidad de ayudarle a sentirse más cómodo en esta área.

¿Debo pedirle a mi marido que pida disculpas?

PREGUNTA: Mi marido y yo no estamos de acuerdo cuando se trata de pedir disculpas a nuestros hijos tras haberles gritado. Normalmente me siento muy mal después y les digo a mis hijos que lo siento. Pero mi marido es muy orgulloso. Incluso cuando me confiesa que se siente mal después de haber gritado, cree que es un signo de debilidad pedirles disculpas.

CONSEJO: Estar casado con alguien no garantiza que veamos de la misma manera todos los aspectos de la crianza. Incluso si determinamos que estaríamos principalmente en sincronía con nuestra pareja antes de tener hijos, se presentan incontables oportunidades de estar en desacuerdo.

Es posible que el comportamiento de tu marido siga el patrón del comportamiento de su padre o de un modelo que fuera importante para él en su infancia. Estas impresiones tempranas son potentes. No le sermonees, aconsejes, regañes o critiques por su falta de voluntad a la hora de pedir disculpas a vuestros hijos. Si te diriges a él como si fueses el padre que le regaña o avergüenza, tan solo le habrás dado al interruptor de su resistencia.

Si tu marido te ve actuar de manera íntegra con vuestros hijos —lo que significa que observa que asumes la responsabilidad de tus acciones— y posteriormente se da cuenta de que ellos se muestran respetuosos y cooperadores contigo, puede llegar a la conclusión de que pedir disculpas es un signo de fortaleza, no de debilidad. Pero tendrás que dejar que encuentre su propio camino. Si lo juzgas, tan solo defenderá sus acciones con mayor firmeza.

Capítulo 7

PREDICAR CON EL EJEMPLO

La mejor manera de vivir con honor en este
mundo es ser lo que pretendemos ser.

Sócrates

En una ocasión leí sobre una tribu africana cuyos miembros hacen algo extraordinario cuando alguien hace algo incorrecto. Creen que todas las personas vienen al mundo deseosas de paz y amor, pero que a veces cometen errores. Durante dos días la tribu entera rodea al infractor y le dice todo lo bueno que ha hecho en su vida. Ven su transgresión como una llamada de auxilio y se juntan para apoyarle y recordarle quién es, hasta que recuerda la bondad esencial de la que temporalmente desconectó.

Piensa en lo que podría ocurrir si hiciésemos esto con los niños que tienen problemas o que agreden a los demás. Imagina que les recordásemos compasivamente su bondad

> Cuando sabemos que somos amados, incluso después de que hemos perdido el rumbo, es mucho más fácil que reconozcamos nuestros errores, que busquemos maneras de reparar el daño hecho y que podamos restablecer así la confianza de nuestros seres queridos.

en lugar de reprenderlos cuando cometen un error. Cuando sabemos que somos amados, incluso después de que hemos perdido el rumbo, es mucho más fácil que reconozcamos nuestros errores, que busquemos maneras de reparar el daño hecho y que podamos restablecer así la confianza de nuestros seres queridos.

MODELAR UN COMPORTAMIENTO COHERENTE

Como haces una cosa es como las haces todas. Este ha sido un concepto básico muy importante en mi vida, que me ha influido tanto en el ámbito personal como en el profesional.

Cuando mi hijo tenía diez años, me preguntó por qué me había mostrado arisca con un televendedor que había llamado durante la comida.

—¿Te habrías comportado así si hubiese estado sentado delante de ti? —me preguntó.

—No, cariño. Por supuesto que no.

Cuando se dice que los hijos nos hacen mantenernos a un gran nivel, no es mentira. Ven lo mejor y lo peor de nosotros; todo lo que hacemos les deja una impronta. Registran debidamente la forma en que le hablamos a un televendedor o en que mantenemos la promesa de ayudarles con su trabajo de ciencias.

Podemos olvidarnos de nuestras buenas maneras o ver que no tenemos tiempo, después de todo, de ayudarle, como le habíamos prometido. Eso está bien; somos humanos e inevitablemente nos quedaremos cortos, de vez en cuando, en relación con cómo querríamos ser. Pero cuando nos comportamos de maneras que no están en sintonía con lo que predicamos a nuestros hijos, tenemos que asumir la responsabilidad: «Quise encontrar tiempo para ayudarte con este trabajo y puedo ver que te estoy decepcionando»; o, en el caso de mi hijo y el televendedor: «Podría darte excusas sobre los motivos por los que le he hablado de un modo áspero a ese vendedor, pero tienes razón. No me siento bien con cómo le he respondido».

Asumir la idea de que la manera en que hacemos cualquier cosa es la manera en que lo hacemos todo puede ser una auténtica carga. Tenemos que estar dispuestos a perdonarnos a nosotros mismos a menudo. Pero al mostrar un carácter consistente nos erigimos en un referente de confianza; entonces somos dignos de ser un punto de referencia para nuestros hijos mientras transitan por sus vidas con honor e integridad.

SER RESPONSABLES

Enseñar a nuestros hijos a hacerse responsables por la manera como se muestran en el mundo —en sus días buenos y no tan buenos— les da una ventaja enorme en la vida. Todos nos sentimos atraídos por las personas en las que podemos confiar, aquellas que cumplen con sus compromisos, mantienen su palabra y asumen la responsabilidad de sus acciones.

Sean, un muchacho de quince años, vino a verme tras haber tenido una discusión explosiva con su madre, en el transcurso de la cual la había llamado unas cuantas cosas feas.

Le pedí que me contara lo que hizo que acabara castigado durante un mes, y me explicó lo siguiente:

—Me hizo perder realmente los estribos, de modo que le dije _____. ¡Entonces dijo que estaba castigado durante una semana! Me salí aún más de mis casillas y le contesté que pensaba que era _____. Replicó que estaba castigado durante una semana más, de modo que dije _____.

Cuando quise saber cómo se sintió después, me confesó que bastante mal, pero que seguía disgustado por el castigo. Le pregunté si podía darle mi opinión sobre lo que había compartido conmigo.

—Tengo la impresión de que de algún modo te sentiste obligado a decir cosas hirientes porque tu madre te estaba alterando. ¿Es así como lo ves?

Dijo que sí. Pero se sonrió un poco; me conocía lo suficiente como para saber que probablemente iba a animarlo a salirse de su versión de los acontecimientos para ver las cosas desde una perspectiva más amplia. Le dije:

—Sean, ¿puedes explicarme la misma historia? Pero esta vez, mientras describes lo que hiciste o dijiste, utiliza por favor en primer lugar las palabras *decidí* o *elegí*.

Se revolvió un poco, pero accedió con espíritu deportivo:

—Mi madre me hizo perder realmente los estribos cuando vino a mí con eso, de modo que *decidí* decirle _____. Entonces fue ella la que perdió los estribos y me dijo que estaba castigado durante una semana. Me salí aún más de mis casillas y *elegí* decirle que pensaba que era _____. Entonces ella se salió también más de sus casillas y replicó que estaba castigado durante dos semanas, así que *decidí* decirle _____.

Cuando acabó, le pregunté cómo se había sentido al contar la segunda versión de la historia. ¡Pobre muchacho!; era mucho más fácil culpar a su madre que declarar su responsabilidad en cuanto a su contribución a la situación. Tengo que decir a su favor que admitió que había llevado a cabo algunas malas elecciones que le habían acarreado problemas. Le dije que todos cometemos errores, pero que si los asumimos y nos comprometemos a hacer las paces, podemos lograr que las aguas vuelvan a su cauce.

Es de todo punto positivo que les hablemos a nuestros hijos de la importancia de afrontar las consecuencias de las malas decisiones con la esperanza de que reflexionen y sean prudentes en relación con las decisiones que adopten. Pero no hay nada que les ayude más a comprender las implicaciones de las malas elecciones que escuchar historias de personas que están rehaciendo sus vidas después de haber perdido totalmente el rumbo.

> No hay nada que les ayude más a comprender las implicaciones de las malas elecciones que escuchar historias de personas que están rehaciendo sus vidas después de haber perdido totalmente el rumbo.

Un paciente mío lleva a sus hijos a comprar su árbol de Navidad todos los años a un vivero que está al cargo de los residentes de un programa residencial de recuperación llamado Delancey Street. Este padre me contó lo siguiente:

—Todos salimos inspirados de nuestras experiencias con los residentes de Delancey Street. Un hombre que nos ayudó a escoger nuestro árbol habló de sus hijos, a quienes no había visto en dos años. Nos dijo: «Vale la pena, porque si sigo con este programa, podré por fin ser el padre que merecen». En otra ocasión descubrimos que el chico que bromeaba con nosotros mientras atábamos el árbol al techo del coche había pasado la mayor parte de su vida en prisión. Nos habló de los errores que cometió y de lo agradecido que estaba de seguir vivo y de tener la oportunidad de volver a empezar.

Este paciente ha llevado a sus hijos a comprar el árbol de Navidad en Delancey Street durante años, en parte porque ve el efecto positivo que tiene en ellos hablar con personas que han asumido la responsabilidad de los errores que cometieron y que están rehaciendo sus vidas.

Comprensiblemente, la mayoría de nosotros intentamos alejar a nuestros hijos de las personas que están luchando con una adicción o con las secuelas de comportamientos deshonestos. Pero si tienes amigos de confianza que han logrado atravesar una etapa difícil de su vida y ahora se están conduciendo bien, puede ser de un interés inestimable que lleves a tus hijos a que escuchen sus consejos, fruto de una sabiduría adquirida con esfuerzo. Ya fuera sentados alrededor de una hoguera hace miles de años o de pie en un vivero de árboles de Navidad, la manera como los humanos aprendemos mejor es por medio de escuchar las historias de otras personas. Exponer a los niños a la sabiduría y comprensión de individuos que perdieron el rumbo y después lo retomaron, tras haber afrontado sus errores, puede tener un gran impacto en sus vidas.

MOTIVAR A LOS NIÑOS A DECIR LA VERDAD

Todos los niños manipulan la verdad; a ciertas edades esto es apropiado en aras de su desarrollo. De hecho, deformar la verdad forma parte de aprender la diferencia entre la fantasía y la realidad, los hechos y la ficción. Y, por supuesto, los niños ocultan la verdad para evitar meterse en problemas. La incomodidad de perpetuar un engaño es normalmente más tolerable que sufrir las consecuencias de admitir una verdad difícil, incluso a riesgo de ser descubiertos después. Después es después, y ahora es ahora.

En vez de usar el miedo y la vergüenza para estimular a los niños a asumir sus errores, hacemos un mejor servicio a nuestros hijos cuando les subrayamos, y por supuesto enseñamos, cuánto mejor es ser honestos, incluso cuando es difícil serlo.

Un estudio llevado a cabo en la Universidad de Toronto en 2010 exploró los factores que motivan a los niños a decir la verdad. A varios de ellos, de edades comprendidas entre los tres y los siete años, se los dejó solos en una habitación después de haberles dicho que no echaran un vistazo a un juguete misterioso. Poco después los investigadores regresaron a la habitación y les leyeron a los niños un cuento en voz alta (*Pinocho*, *El pastorcillo y el lobo* o *George Washington y el cerezo*). Después les preguntaron si habían mirado cuál era el juguete oculto.

A los niños que habían escuchado uno de los cuentos que mostraban las consecuencias negativas de la deshonestidad les dijeron: «No quiero que seas como Pinocho o como el niño que gritaba "¡el lobo!"; ¡dime la verdad!». A aquellos que habían escuchado el cuento en que George Washington admitía que había talado el cerezo les pidieron que fuesen como él. El experimento mostró que era tres veces más probable que estos niños confesaran haber mirado que no que lo

189

hicieran los que habían escuchado las consecuencias negativas de mentir (la vergüenza de Pinocho al crecerle la nariz o el hecho de que el niño que gritaba «¡el lobo!» fuese devorado por este).

En un giro interesante, cuando los investigadores cambiaron el final del cuento de George Washington de tal manera que, en vez de confesar a su padre que había talado el cerezo, mintió y dijo que no lo había hecho, los niños que escucharon la versión revisada se mostraron igual de poco dispuestos a confesar haber mirado el juguete misterioso que aquellos que habían escuchado historias en que la deshonestidad desembocaba en una consecuencia negativa.

> Los niños están más dispuestos a admitir un error cuando piensan que la honestidad es una cualidad positiva que cuando piensan que la deshonestidad conduce a un mal resultado.

Los resultados sugieren que los niños están más dispuestos a admitir un error cuando piensan que la honestidad es una cualidad positiva que cuando piensan que la deshonestidad conduce a un mal resultado. En otras palabras, el miedo al castigo es un motivador más débil que la perspectiva de recibir aprobación y elogio.

DISCULPARSE

En calidad de madre, me di cuenta de que, si bien no tenía que ser perfecta, debía aprender la manera de asumir la responsabilidad de aquellas ocasiones en que perdía los nervios y decía o hacía algo que me bullía por dentro. Tuve que aprender a disculparme.

Fue un proceso difícil, porque mi ego había desarrollado muchas estrategias para evitar estar equivocado. Yo había crecido en un entorno que valoraba el hecho de tener la razón por encima de reconocer los propios fallos y fui entrenada en el arte de defenderme a mí misma; me licencié en la escuela de las justificaciones, los razonamientos y el echar la culpa a los demás.

¿Recuerdas cuando dije que nuestros hijos pueden ser nuestros mejores maestros? Fue mi hijo el que me proporcionó la oportunidad de descubrir que me podía relajar en la bendita experiencia de ser imperfecta. Podía asumir mis errores. El proceso fue lento, pero ¡menudo alivio! Y ello tuvo un enorme beneficio colateral: ahora estaba educando a un joven que estaba dispuesto a disculparse tras haberse alterado, con lo que demostraba que valoraba el amor por encima de ganar una discusión o tener la razón.

Esto es lo que he aprendido acerca de las disculpas: deben ser sinceras. No tengo ningún interés en obligar a los niños a que murmuren con reluctancia «lo siento» después de que han lastimado el cuerpo o los sentimientos de alguien. De hecho, una disculpa no sincera enseña a los niños que está bien que sean unos impresentables siempre y cuando murmuren esas dos sencillas palabras. Es esencial que nuestros hijos presenten sus disculpas solo después de haber llegado a sentir un remordimiento genuino.

Esto no puede ocurrir en un entorno en que se les avergüence. Cuando humillamos a nuestros hijos por haberse equivocado, activan sus mecanismos de defensa, y esto hace que

> Debemos ayudarles, suavemente, a que se encuentren expuestos frente al corazón herido de la otra persona, de tal manera que puedan pensar en el impacto de su desagradable comportamiento.

les sea más difícil admitir haber hecho algo mal. En vez de esto debemos ayudarles, suavemente, a que se encuentren expuestos frente al corazón herido de la otra persona, de tal manera que puedan pensar en el impacto de su desagradable comportamiento. Solo entonces podrán ofrecer un auténtico «lo siento» o efectuar algún gesto con el fin de reparar el daño ocasionado.

El primer paso a la hora de disculparse es decir «lo siento» desde el corazón, sin buscar una justificación para la conducta que han tenido. «Lo siento, pero te pisé el pie porque sobresalía demasiado» no es una disculpa. Muchas personas saben ofrecer una disculpa superficial pero neutralizan su impacto al explicar por qué hicieron lo que hicieron; a menudo incluyen a la otra persona como factor causal: «Lo siento, me enojé cuando llegaste tarde, ¡pero estaba muy preocupada! Y estoy muy cansada... y las verduras se han quemado... y el perro pisoteó las rosas...». Decir todo esto no es lo mismo que decir: «Siento haberme enfadado tanto porque llegaste tarde». Punto. ¿Ves la diferencia? Tal vez habrá ocasión de que habléis sobre lo que ocurrió de un modo que ayude al otro a ver las maneras en que pudo haber contribuido al problema. Pero el intercambio inicial tan solo debe consistir en asumir el propio comportamiento.

En segundo lugar, tenemos que reconocer específicamente cómo afectó nuestro comportamiento a la otra persona: «Debí de hacerte daño cuando te pisé», o «Cuando te grité nada más cruzaste la puerta, debiste de sentirte dolido, sobre todo porque habías estado en un atasco durante una hora». Con esto hacemos que la parte ofendida sepa que no estamos meramente soltando palabras que suenan bien, sino que nos hemos metido en sus zapatos y podemos imaginar las maneras concretas en que puede haberse visto afectada por nuestras acciones.

En tercer lugar, manifestamos cómo nos sentimos de resultas de nuestro error y expresamos nuestra intención de hacerlo mejor en adelante: «Después me sentí muy mal por haber perdido los nervios. Quiero que sepas que estoy trabajándomelo. Te quiero y no deseo que, si vas tarde, estés preocupado porque yo pueda gritarte». A continuación, si quieres, puedes compartir lo que estás haciendo para reducir al mínimo las probabilidades de que ese comportamiento se repita –por ejemplo, comprometerte a salir de la estancia si te sientes disgustado, contar hasta diez, escribir en un diario, trabajar con un terapeuta o dormir más.

Para acabar, le preguntas a la otra parte qué necesita con el fin de perdonarte y sentirse mejor: «¿Quieres algo de mí?». Esto permite que la otra persona te diga que aprecia tus disculpas y que todo está bien, o le da la oportunidad de expresar lo que le gustaría que hicieras o cambiaras. Por ejemplo, podría expresar: «Quiero perdonarte, pero me gustaría que me aseguraras que la próxima vez que llegue tarde y mi teléfono esté fuera de cobertura escucharás lo que ocurrió antes de estallar en un ataque de ira».

En una ocasión alguien me dijo que en la escuela de preescolar de su hijo se enseña a los pequeños a no decir «lo siento» cuando hacen daño a otro niño. En vez de esto, se les alienta a preguntar al compañero si está bien y a que muestren su preocupación llevándole un vaso de agua y una toallita de papel húmeda. Se incentiva también a todos los testigos del incidente a que le lleven una toallita de papel húmeda al niño herido. Así pues, siempre que un niño resulta herido en esa escuela, tiene a su disposición un vaso de agua y un montón de toallitas de papel húmedas. Me encanta la imagen de un niño pequeño enjuagándose las lágrimas rodeado por un grupo de compañeros que le ayudan a sentirse mejor. Estos niños aprenden, desde muy temprana edad, a hacer las paces de manera muy práctica, en vez de murmurar un falso «lo siento».

Para resumir, estos son los cuatro pasos a la hora de pedir disculpas:

1. «Lo siento», expresado desde el corazón y sin ninguna explicación, lo que podría verse como un intento de justificar o defender lo que ha sucedido.

2. «Supongo que te sentiste _____», con lo cual revelas que te has metido en los zapatos de la otra persona; le muestras empatía y que estás preocupado por ella.

3. «En el futuro...». Ahora es cuando anuncias tu intención de hacerlo mejor, dejando claro que no quieres reincidir en tu comportamiento hiriente.

4. «¿Quieres algo de mí?». Estás invitando a la otra persona a que comparta lo que sea que no le esté permitiendo perdonarte y soltar.

Cuando empezamos a reconocer nuestros errores en vez de autojustificarnos o culpar a los demás, ganamos una gran sensación de libertad. Al no tener que luchar con el desfase existente entre la persona más evolucionada que querríamos ser y la invariablemente imperfecta que en ocasiones manifestamos, podemos aceptarnos a nosotros mismos con mayor compasión. Nos resulta más fácil disculparnos y, paradójicamente, al dejar de lado las defensas podemos entrar en una empatía más sincera con el otro.

La paternidad nos ayuda a afrontar nuestras debilidades y a asumir la responsabilidad de nuestros actos en vez de permitir que el orgullo y el ego dirijan el espectáculo. Esto resulta útil para educar a unos niños que se hagan responsables de sus comportamientos y comprendan la importancia de vivir con integridad.

ES TU TURNO

Antes de empezar querría aclarar que el propósito del siguiente ejercicio no es reactivar viejas vergüenzas o pesares, sino examinar el hecho de que a menudo es más doloroso y costoso reprimir u ocultar un error que admitirlo y hacer las paces.

Piensa en un error que cometiste que te aportó una importante lección vital.

Describe la situación en tu cuaderno.

¿Alguien resultó herido? ¿De qué manera?

¿Abordaste de inmediato las consecuencias de este error o negaste de entrada haberlo cometido y tuviste la esperanza de que nadie se enterara?

Si no asumiste tu error, ¿cuál fue el coste para ti de negar la verdad?

¿Cómo hiciste las paces con todos los afectados por ese error?

Si es oportuno y no va a dañar a nadie, comparte esta historia con tu hijo; ayúdale a comprender la lección que aprendiste de afrontar tu error.

Resume en tu cuaderno cualquier pensamiento o reflexión que te haya suscitado este ejercicio.

EN LA PRÁCTICA: ESTAR PRESENTES EN LA VIDA REAL
¿Debería castigarse a los niños si se portan mal?

PREGUNTA: Esa historia sobre la tribu africana es conmovedora, pero no entiendo cómo podemos ayudar a los niños a comportarse correctamente si no los castigamos cuando se han portado mal. ¿No se sentirán confundidos? ¿No debería un niño afrontar las consecuencias negativas de sus malos comportamientos en vez de que se le diga que es una buena persona?

CONSEJO: Cuando equiparamos al niño con su comportamiento desobediente, le estamos haciendo un muy flaco favor. Los seres humanos hacemos las cosas por uno de estos dos motivos: para experimentar placer o para evitar dolor. Una persona que miente, roba o hiere a los demás lo hace o bien porque cree que sus acciones la harán sentirse mejor de alguna manera (más poderosa, respetada o justificada) o porque piensa que dichas acciones la ayudarán a evitar algún tipo de dolor.

Los niños a los que constantemente se les juzga, regaña, avergüenza o pega por sus errores no se sienten inspirados a hacerlo mejor. A menudo se dan por vencidos a este respecto y justifican sus malas acciones por el hecho de que sus corazones se han endurecido. Al recordarle a un niño la bondad de su espíritu y al hacer que conserve una visión clara de quién es en esencia, le ayudamos a restablecer su fe en sí mismo. Esto es mucho más eficaz a la hora de ayudar a los niños a desarrollar el valor de hacer lo correcto que amenazarlos con castigos.

Esto no es lo mismo que decir que sus errores o malas acciones no deberían tener nunca consecuencias naturales. Si tu hija ha armado un alboroto porque no se le ha permitido llevar el jersey de su hermana, puedes decidir no llevarla al parque. Pero como probablemente hayas visto, mi enfoque en cuanto a las malas conductas es el de mirar sus causas subyacentes en lugar de pensar en términos de castigos —o recompensas—. No creo que las soluciones-parche sean efectivas; estoy mucho más interesada en comprender el porqué del mal comportamiento del niño y abordarlo en su raíz que en imponer castigos arbitrarios cuando se ha portado mal.

¿Es normal que los niños mientan?

PREGUNTA: Mi hijo de diez años se ha acostumbrado a mentir; elabora historias para evitar meterse en líos. Nunca sé cuándo está diciendo la verdad y cuándo está mintiendo, así que tengo que asumir que está mintiendo y castigarlo en consecuencia. Por supuesto, esto lo enfurece cuando ha dicho la verdad. ¿Cómo puedo notar la diferencia?

CONSEJO: Cuando un niño se porta mal, me pongo el sombrero de detective y me hago una de estas preguntas: ¿qué sentido tiene que se comporte así?, ¿cuál debe de ser la verdad para que se haya decidido a mentir?, ¿qué placer está buscando el niño o qué dolor está intentando evitar?, ¿cómo le compensa mentir? Es muy posible que esté evitando el dolor de tener problemas. Esto tiene sentido, ¿no es así?

Acostumbro a decir que enseñamos a nuestros hijos lo honestos que pueden ser con nosotros a partir de la manera en que reaccionamos cuando nos dicen cosas que no queremos oír. ¿Qué ocurre cuando tu hijo te cuenta la verdad? ¿Te enfureces? ¿Le dices que te ha decepcionado mucho? ¿Se siente avergonzado e incómodo? ¿Humillado acaso? Esto no significa que sea «culpa» tuya que tu hijo mienta o que no deba asumir la responsabilidad de sus engaños. Pero cuando trabajo con un niño que miente, siempre empiezo asumiendo que se halla frente a dos malas elecciones y que opta por la mejor de ellas.

Los niños se sienten mal por mentir a sus seres queridos y violar así un sentimiento de cercanía y conexión que es de una importancia fundamental para ellos. Pero si tu hijo siente que decepcionarte con la verdad le hará sentirse aún peor, o si teme tu ira o tus castigos, probablemente seguirá pensando que mentir es el menor de dos males.

Cuanto más puedas trabajar para ser el capitán del barco y ser capaz de escuchar las verdades difíciles que te diga tu hijo, menos intentará protegerte (y protegerse) por medio de las mentiras.

También puede ser que encuentres útil leer acerca de maneras de fortalecer el vínculo y la conexión entre vosotros. Cuando los niños sienten que nos gustan, nos importan y gozamos con su presencia, se despierta su instinto natural de colaborar y conectar, y se les hace mucho más difícil tolerar la incomodidad que sienten al mostrarse deshonestos.

PREGUNTA: Mi padre hizo todo lo que pudo cuando éramos niños (mi madre no estaba) pero yo era un adolescente enojado y salvaje; me juntaba con una pandilla de niños duros y hacíamos algunas cosas de las que no me siento orgulloso, como hacer estallar buzones y pintar grafitis por el pueblo. Di un giro a mi vida y quiero que mis hijos —de nueve y once años— admiren a su padre. ¿Debería decirles lo que hice?

CONSEJO: La mayoría hemos hecho cosas que reflejan una pérdida temporal de nuestra brújula moral. Si bien es difícil desprenderse completamente del nudo que experimentamos en el estómago cuando recordamos las épocas en que nos comportamos mal, lo más importante es dónde estamos hoy. Por lo que dices, parece que estás comprometido con crear la vida que refleje el hombre que quieres ser, y esto es lo más importante.

Nada está más lejos de mi intención que decidir qué les dices a tus hijos y cuándo. No hay una respuesta correcta a tu pregunta, al menos desde mi punto de vista. Mi mejor consejo es que escuches tus instintos acerca de si compartir o no con ellos el precio que tuviste que pagar por tus elecciones de juventud. Puede ser beneficioso que les hagas saber el dolor que sientes cuando evocas algunos de los actos que realizaste de adolescente. Tan solo asegúrate de que compartes con ellos esos detalles para favorecerlos en algo; no como una manera de purgar tu culpa. No hagas que tus hijos sean tus confesores.

Y si decides no contarles tus transgresiones, ten también claro que lo haces por las razones correctas —porque no crees que estén preparados para integrar esa vieja versión de su padre con la que conocen a día de hoy.

Si necesitas reparar un daño (enviar una carta de disculpa, hacer algún acto de compensación, pagar una deuda...), no lo dudes; nunca es demasiado tarde para hacer las paces. Y espero que no solo asumas la responsabilidad de tus decisiones, sino que también te perdones a ti mismo. Como dijo

Maya Angelou: «Cuando somos más conscientes, podemos hacerlo mejor». Parece que ahora eres más consciente que antes, y educarás unos niños que tomen mejores decisiones.

Capítulo 8

CULTIVAR LA EMPATÍA, LA VULNERABILIDAD Y LA COMPASIÓN

Nuestra compasión humana nos une los unos a los otros;
no a partir de la pena o la condescendencia, sino como
seres humanos que hemos aprendido la manera de convertir
nuestro sufrimiento habitual en esperanza para el futuro.

Nelson Mandela

A primera vista, parecemos una especie diversa. Se hablan unas seis mil quinientas lenguas en el mundo, lo que significa que existe una enorme variación en cuanto a la manera en que ponemos palabras a nuestras esperanzas, necesidades, miedos y sueños.

Pero ¿qué hay en cuanto a estas esperanzas, necesidades, miedos y sueños? Son esencialmente los mismos. Somos una especie que va dando tumbos por este planeta girante, tratando de sobrevivir, de mantener a nuestros hijos con vida y de hacer que nuestra estancia aquí sea lo más significativa posible.

A veces me imagino a la humanidad como semillas de la vida, esparcidas por el mundo. Podemos comer alimentos diferentes y nuestra piel puede tener tonos variados, pero somos miembros de la misma tribu. Si tenemos que sobrevivir como especie, nuestros hijos necesitan crecer sabiendo que estamos interconectados en el nivel más primario, celular. El mundo es un lugar frágil; la capacidad de mostrar cuidado y compasión hacia nuestros compañeros humanos es determinante para nuestra preservación.

> Si tenemos que sobrevivir como especie, nuestros hijos necesitan crecer sabiendo que estamos interconectados en el nivel más primario, celular.

Hace más de veinte años, al observar los cerebros de los monos, los investigadores italianos Giacomo Rizzolatti y Vittorio Gallese descubrieron lo que denominaron «neuronas espejo». Advirtieron que ciertas células del cerebro se activaban cuando un mono alargaba el brazo y agarraba un cacahuete y que un subconjunto de células motoras se activaba también cuando ese mono veía cómo otro mono alargaba su brazo para agarrar otro cacahuete. En otras palabras, aunque el mono no estuviera realizando la acción él mismo, su cerebro respondía como si lo estuviera haciendo.

Las investigaciones científicas avalan hoy día la noción de que las neuronas espejo se activan en nuestro cerebro cuando otra persona está triste, enfadada o feliz, ayudándonos a sentir lo que ella está sintiendo como si estuviéramos en su lugar. Actualmente se cree que las neuronas espejo son vitales para la empatía humana, puesto que nos permiten mirar a los otros seres humanos con ternura, sintiendo lo que ellos sienten. En otras palabras, estamos predeterminados a experimentar empatía. Dicho esto, creo que podemos actuar tanto para estimular la capacidad de nuestros hijos de sintonizar con los sentimientos de los demás como para acentuar la tendencia de algunos a aislarse.

ESCUCHAR HISTORIAS DE OTROS

No hace mucho, mi hijo lanzó un proyecto en una página web llamado *Cartas a nuestros antiguos yoes*, donde invitaba a las personas a escribir cartas a versiones más jóvenes de sí mismas con comprensiones, consejos o consuelo a partir de la perspectiva que habían obtenido tras haber vivido mucho más. La idea era recrear las conversaciones alrededor del fuego que la humanidad ha compartido durante milenios. Su intención inicial era crear un lugar para que se produjese una polinización cruzada de sabiduría, en el cual él y sus compañeros pudiesen aprender de los mayores, y en el cual tal vez los mayores pudiesen aprender una o dos cosas de los más jóvenes. A medida que ha recogido cartas de gente de todas las edades y culturas, he observado en él una callada transformación; está abriendo más su corazón.

Siempre le conté a mi hijo historias sobre personas menos privilegiadas que nosotros y, siempre que era posible, le exponía a gente que había viajado mucho y que podía ilustrarle sobre el mundo que había más allá de nuestro jardín. Apenas tenía tres años cuando lo llevamos por primera vez a la India; regresamos cuando tenía siete años y de nuevo cuando tenía diez. A los quince lo llevé a un viaje de dos meses y medio por Uganda, Tanzania, Australia y Nueva Zelanda con el fin de explorar, aprender y hacer voluntariado. Cuando ya estuvo en la universidad, pasó un semestre viviendo con una familia en Senegal. Sé que estas experiencias le ayudaron a convertirse en un joven compasivo, que se siente cómodo con personas de todas las clases sociales.

Pero leer cartas escritas con una vulnerabilidad tan cruda ha despertado de forma significativa la suya propia. Acaba las conversaciones más a menudo con un «te quiero». A veces me llama tan solo para darme las gracias por haber hablado con él de algo o por haber elaborado juntos una magnífica cena. También veo que está haciendo un mayor esfuerzo para apreciar y fomentar sus otras relaciones importantes.

Hubo una carta en particular que abrió realmente algo en Ari. La escribió un joven (un inmigrante chino) dirigida a sí mismo cuando era un niño:

Querido Z,

¡Deja de mirar esa fiambrera! Su contenido no es nada de lo que debas avergonzarte.

Col, arroz y salteados; tu madre se despertó temprano para hacértelo. Compró los ingredientes en el supermercado, los hirvió, los frio y los puso cuidadosamente en la fiambrera. No lo hizo para causarte pesar, y tampoco lo hizo porque es una mujer china terca que se niega a hacerte caso. Lo hizo porque quería que tuvieras una comida hecha en casa, porque reconoce la mirada de la soledad en tu cara cuando te deja en la escuela todas las mañanas.

Deja de esconder los palillos; no estás convenciendo a nadie por el hecho de usar un tenedor. El chico que se sienta a tu lado no dejará de arrojarte su lápiz si tratas de parecer más americano. No dejarán de insultarte todos los días cuando entres por la puerta, y no van a dejar de odiarte si finges ser más como ellos.

Algún día entenderás que no te odian en absoluto. Se odian a sí mismos, odian sus vidas y odian la mano cruel del destino que los hizo nacer en la indigencia. Sencillamente, no están lo suficientemente maduros como para tener una mayor conciencia, por lo que toman su odio, el odio venenoso que sienten hacia sí mismos, y lo vierten sobre ti. Lo vierten en ti porque ven tu vulnerabilidad, tu incertidumbre y tu confusión al haberte mudado a esta tierra extraña.

Sé fuerte, Z. Toma tus palillos y come tu comida. Cómela con orgullo, cómela con la espalda recta y la cabeza alta. Porque vivirás para tomar comidas hechas por grandes chefs, comidas dignas de reyes y comidas en tierras exóticas. Pero nunca sabrán tan dulces como la que tomaste el día en que aprendiste a sentirte orgulloso de ti mismo.

Cartas como esta nos permiten lanzar una mirada a los intentos y triunfos íntimos de los demás. Nos recuerdan que siempre hay opciones; que podemos cambiar nuestras mentes, llevar a cabo elecciones diferentes y crearnos una vida que esté alineada con nuestro corazón y nuestra alma.

DESARROLLAR LA COMPASIÓN

La compasión y la vulnerabilidad van de la mano. No podemos obligar a nuestros hijos a que sean amables ni castigarlos cuando no se muestren empáticos con los demás. Para que sus corazones se ablanden, tienen que pasar tiempo fuera de la burbuja que a veces construimos y preservamos con tanto cuidado. También necesitan observar que vivimos vidas compasivas.

Cuando buscamos oportunidades para hacer que el planeta sea más pequeño para nuestros hijos, esto les ayuda a reconocerse como ciudadanos del mundo, a ser responsables del bienestar de sus semejantes en lugar de solamente fijarse en los números uno.

Mi amiga Glennon Melton ha creado una comunidad maravillosa en su página web, Momastery, donde publicó una carta que escribió a su hijo, Chase, cuando este empezó tercero de primaria. Se ha compartido cientos de miles de veces. He aquí un extracto:

> Cuando buscamos oportunidades para hacer que el planeta sea más pequeño para nuestros hijos, esto les ayuda a reconocerse como ciudadanos del mundo, a ser responsables del bienestar de sus semejantes en lugar de solamente fijarse en los números uno.

No nos importa si eres el más inteligente, el más rápido, el más molón o el más divertido. Habrá muchos concursos en la escuela, y no nos importa si ganas o no uno solo de ellos. No nos importa si sacas sobresalientes. No nos importa si las chicas piensan que eres guapo o si te eligen el primero o el último para jugar al *kickball* en el recreo. No nos importa si eres o no el favorito de tu maestra. No nos importa si tienes la mejor ropa, la mayoría de las cartas de Pokémon o los aparatos más de moda. Sencillamente, no nos importa.

No te enviamos a la escuela para que llegues a ser el mejor en nada en absoluto. Ya te queremos tanto como podríamos quererte. No tienes que ganarte nuestro amor o nuestro orgullo ni puedes perderlos. Ya los tienes. Te mandamos a la escuela para que practiques ser valiente y bondadoso.

¡Con qué claridad expresa a su hijo su esperanza de que reconocerá la responsabilidad que tenemos todos de mostrar compasión! Al hacerle saber que ella y su marido están más preocupados por cómo se muestra como ser humano que por cualquier concurso que pudiera ganar, lo están preparando para que tenga un sentido de auténtica autoestima que ningún logro externo o elogio le podrían nunca proporcionar.

La mayoría de nosotros tendemos a gravitar en torno a las personas que son similares a nosotros, pero al hacerlo nos perdemos las oportunidades que vienen de conocer a gente que podría enriquecer enormemente nuestras vidas.

Todos sabemos que viajar ensancha la mente, pero no tenemos que subir a un avión para ayudar a nuestros hijos a entender que son ciudadanos de un mundo poblado por una amplia y variada gama de seres humanos. Partid el pan con personas de origen extranjero o explorad barrios de vuestra ciudad habitados por integrantes de culturas diferentes. Tened una conversación con el taxista. Preguntad a vuestro mecánico cómo aprendió su oficio. La vida de todos es potencialmente fascinante si nos tomamos el tiempo para escuchar. Todo el mundo tiene una historia que contar. Y nada estimula tanto la compasión y la generosidad como el contacto real con los demás.

HONRAR A NUESTROS MAYORES

Hasta fechas recientes, los niños crecían entre personas de todas las edades, desde recién nacidos hasta ancianos, incluidos los enfermos. El nacimiento y la muerte eran partes de la vida con las que estaban familiarizados. Los ancianos eran venerados. Se daba por sentado que uno mostraría respeto por las personas mayores, escucharía sus historias y buscaría su sabiduría.

Hoy día, los miembros de la familia se hallan dispersos por todas partes, y nuestra sociedad relega a los ancianos a instalaciones donde son atendidos en gran medida por personas extrañas. Me parece deplorable. Nuestra sociedad se deshace de los ancianos a un coste inestimable. Los niños necesitan sentarse a los pies de sus mayores. Por supuesto, hay algunas personas de edad avanzada que son tan desgraciadas que no pueden hacer mucho a la hora de edificar u orientar a los demás. Pero la mayoría son minas de oro de sabiduría, perspicacia e inspiración.

Los encuentros con gente que ha vivido mucho y ha tenido muchas experiencias no tienen precio. Hay personas extraordinarias viviendo en asilos cuyos cuerpos pueden estar dándoles problemas pero cuyas mentes son agudas. Hay que decirles a nuestros niños que sus mayores fueron una vez jóvenes, como ellos lo son ahora. También bailaron, fueron de parranda, se enamoraron y se les rompió el corazón. Tienen maravillosas historias por contar.

Tengo un puñado de amigos de ochenta y noventa años que han enriquecido enormemente mi vida. Así como alguien montado en un helicóptero es capaz de ver un paisaje más amplio, las personas mayores comparten sabiduría desde una perspectiva mucho más grande que la que yo pueda tener, sencillamente porque han vivido más. El amor y el apoyo que recibo por parte de mis amigos de edad avanzada tiene un valor incalculable.

Tómate un tiempo para estar con tus abuelos, o «adopta» un anciano o dos si no tienes abuelos. Sí, tus hijos pueden quejarse o girar los ojos hacia arriba cuando se les cuenta una historia que han escuchado diez veces ya. Pero en una cultura que adora la juventud y teme el envejecimiento, valorar a nuestros mayores ayuda a los niños a saber que envejecer es parte de la vida y no algo de lo que convenga alejarse.

A medida que ayudamos a nuestros hijos a conocer a aquellos que están fuera de su círculo inmediato, empiezan a comprender de manera más natural lo interdependientes que somos en relación con los otros seres humanos, tanto los que nos encontramos por la calle como los que están al otro lado del mundo.

> En una cultura que adora la juventud y teme el envejecimiento, valorar a nuestros mayores ayuda a los niños a saber que envejecer es parte de la vida y no algo de lo que convenga alejarse.

AYUDAR A NUESTROS HIJOS A TENER UN IMPACTO POSITIVO

Desde la mañana hasta la noche se les dice a los niños qué pueden y qué no pueden hacer, lo que da como resultado que se sientan bastante impotentes. Para que lleguen a ser adultos conscientes, seguros de sí mismos y considerados, necesitan saber que pueden efectuar cambios y tener un impacto positivo en la vida de los demás. Lo que sigue son las historias de dos niños que empatizaron con la trágica situación de otros niños de su edad que viven al otro lado del mundo y decidieron hacer algo. Incluyo sus historias no porque todos debamos tratar de educar a niños que se impliquen con movimientos humanitarios, sino para estimularte a que amplíes tu imaginación a la hora de pensar en ayudar a tus hijos a sintonizar con aquello que los motiva, de tal manera que puedan manifestar aquello que están destinados a ser como seres humanos únicos.

> Para que los niños lleguen a ser adultos conscientes, seguros de sí mismos y considerados, necesitan saber que pueden efectuar cambios y tener un impacto positivo en la vida de los demás.

Cuando vio una fotografía de dos niños pequeños que estaban viviendo en condiciones de esclavitud, la pequeña Vivienne Har, de ocho años de edad, se sintió impulsada a hacer algo. Decidió que iba a reunir dinero por medio de un puesto de limonada que diese servicio las veinticuatro horas del día, los trescientos sesenta y cinco días del año, lloviese o hiciese sol. Su objetivo era reunir 100.000 dólares para contribuir a poner fin a la esclavitud infantil. En el día cincuenta y dos, Nicholas Kristof, de *The New York Times*, publicó la iniciativa de Vivienne, y «su momento se convirtió en un movimiento». Logró su objetivo y donó 101.320 dólares a Not For Sale, una organización destacada que lucha contra la esclavitud.

Cuando sus padres le dijeron: «Lo hiciste, cariño; llegaste al final», Vivienne dijo: «¿Ha llegado el final de la esclavitud infantil?». Sacudieron la cabeza. «Entonces, no he acabado». Vivienne, que tiene actualmente diez años, ha catalizado un movimiento al poner en marcha la organización Make a

Stand,[1] «una marca de impacto social que apoya la visión de su fundadora, de diez años de edad, de un mundo en el que los dieciocho millones de niños en situación de esclavitud viven libres y a salvo». Cuando le preguntaron: «¿Qué consejo darías a los niños que tienen sueños como tú pero no están seguros de poder hacerlos realidad?», Vivienne respondió: «Si pones tu corazón en ello, puedes hacerlo. Lo prometo: no tienes que ser grande o poderoso para cambiar el mundo. Puedes ser como yo».

Los padres de Vivienne le podrían haber explicado que, si bien sus sentimientos eran nobles, la esclavitud infantil era un problema complicado y que debían resolver los adultos. Pero no lo hicieron. Criaron a su hija en un hogar que valoraba la bondad y la preocupación por los demás. (La misión de Vivienne comenzó porque su madre se había visto profundamente conmovida por fotografías de niños esclavizados en la inauguración de una galería). A partir de ahí, sencillamente mantuvieron a flote el deseo de su hija de hacer algo por esa causa.

Free the Children es una organización benéfica internacional que ha motivado a más de dos millones de jóvenes a adoptar medidas prácticas para hacer del mundo un lugar mejor. Todo comenzó en 1995, cuando Craig Kielburger leyó un reportaje acerca de un niño que vivía en el sudeste asiático que había sido vendido como esclavo a los cuatro años de edad y posteriormente había pasado seis años encadenado a un telar de alfombras. La cobertura mediática de

---

1. Make a Stand puede traducirse como «Haz un *stand*» [un puesto, una parada] y como «Toma una posición» (o «Adopta una postura»). El juego de palabras es deliberado, a partir del hecho de que la fundadora «tomó posición» por una causa junto a su puesto de venta de limonada (N. del T.).

la historia de Iqbal llegó a aquellos que quisieron silenciarlo, de modo que Iqbal perdió la vida a los doce años por hablar sobre los derechos de los niños. Cuando Craig leyó su historia, reunió a varios compañeros de clase para fundar Free the Children. Tenía doce años por aquel entonces.

Los niños no pueden comprar una entrada para We Day, un evento estimulante con actividades durante todo el día para adolescentes nacido de Free the Children que tiene lugar en catorce ciudades. Pero sí que pueden entrar a cambio de prestar un servicio. Decenas de miles de jóvenes y simpatizantes lo hacen cada año. Entre los oradores que han participado están el arzobispo Desmond Tutu, la doctora Jane Goodall, Jennifer Hudson y Magic Johnson. Los jóvenes que se han implicado con We Act han contribuido con 14,6 millones de horas de servicio voluntario. Estudios a largo plazo han demostrado que el ochenta por ciento de los alumnos que han participado en estos programas hacen voluntariado durante más de ciento cincuenta horas al año, el ochenta y tres por ciento hacen aportaciones a organizaciones benéficas y un asombroso setenta y nueve por ciento votaron en las últimas elecciones federales canadienses, en 2011 (frente al cincuenta y ocho por ciento de participación general).

Espero que estas historias te inspiren a buscar maneras de implicar a tus hijos en grupos atractivos para los niños, como We Day y Make a Stand. Muchos jóvenes experimentan falta de propósito y necesitan unos padres que les ayuden a participar en actividades que los inspiren a salirse de su zona de confort y encontrar un sentido a sus vidas, a la vez que se lo pasan bien con otros chavales de su edad. Todos los niños vienen al mundo con una naturaleza compasiva. Hacer voluntariado les ofrece la oportunidad de experimentar un sentimiento de propósito cuando se preocupan por alguien más.

Enseña a tus hijos a dar con las dos manos sin pedir nada a cambio. Implícalos en cocinar la cena para un vecino que se halle confinado en su casa, y déjalos que se la lleven. O bien pueden ayudar a lavar los perros en un refugio de animales. O participar en la limpieza del parque. O ayudar a arrancar las malas hierbas del jardín de la escuela del barrio. O tomar parte en una maratón con fines benéficos, animando a los corredores desde los laterales...

ÚLTIMA HORA: la paternidad es realmente dura

Mientras trabajaba en estos capítulos, describiendo algunas de las cualidades que creo que son importantes a la hora de ayudar a los niños a convertirse en adultos confiados y compasivos, tuve una pequeña crisis de fe. ¿Estaba loca por sugerir que un padre podía encarnar, no digamos ya enseñar, todas estas virtudes a sus hijos? ¿Quién puede ser honesto, responsable, tolerante, empático y respetuoso, todo a la vez? La paternidad, sin más, ya es muy exigente; ¿estaba abonando el terreno para que los padres se sintieran como unos fracasados?

La verdad es que la paternidad es difícil porque nos invita a manifestar cualidades que acaso todavía no hemos reconocido en nosotros. Exige un nivel de paciencia que no siempre podemos encontrar, sobre todo cuando estamos exigiendo demasiado. Como en el caso de esa película en que un niño se encuentra de pronto en el cuerpo de un adulto (*Big*), a menudo nos encontramos totalmente faltos de preparación ante la responsabilidad, la madurez y la abnegación que van junto con tratar de ser el modelo de conducta de nuestros hijos. Así es como resolví esta crisis: me di cuenta de que se necesita un valor increíble para ser padre. Cada día nos despertamos y nos enfrentamos a la posibilidad de una debacle a raíz de los zapatos que se pone o las malas miradas que nos lanza un adolescente gruñón. Se necesita valor para ser padre, y no hay elixir o píldora mágica que nos pueda hacer lo bastante valientes. Sencillamente, tenemos que poner un pie delante del otro y hacerlo lo mejor que podamos.

Tengo la esperanza de que, a medida que vas avanzando por estos capítulos, permitas que las ideas que estoy compartiendo se conviertan en semillas en tu consciencia. Lo último que quiero es que sientas que no has dado la talla por el hecho de que no has sido lo bastante honesto, responsable o compasivo.

Simplemente, hazlo lo mejor que puedas. Sé afable. Comete errores. Cáete. Obtén apoyo. Descubre tu valor. Y si no puedes encontrarlo, di una oración o pídele a un amigo que te anime. Avanza poco a poco. Sé amable contigo mismo.

Es tu turno

La mayoría de los seres humanos son compasivos por naturaleza. Lo sentimos por aquellos que están luchando y nos gustaría aliviar su sufrimiento. Pero una cosa es sentir una oleada momentánea de preocupación por la difícil situación de los menos afortunados y otra es tomar medidas. ¡Estamos todos tan ocupados...! Cuando le añades los niños al día de un padre promedio, apenas hay tiempo para sentarse a tomar una comida adecuada, y mucho menos para organizar una salida con nuestros hijos para hacer algo por los demás.

Aun así, cuando extendemos nuestra imaginación, a menudo podemos encontrar maneras de participar con nuestros hijos en proyectos que nos dejen la sensación de que hicimos una contribución significativa a la vida de otros.

Piensa en las causas que te motivan. Pueden ser los animales, el arte, los discapacitados, los ancianos, la política, los veteranos, la alfabetización, el medio ambiente, los sin techo, el hambre... Piensa en tus hijos y hacia qué causa o necesidad podrían sentirse más inclinados de manera natural. O piensa en lo que te apasiona a ti. A menudo, los niños se implican con el voluntariado porque su padre o su madre se muestran entusiasmados con una causa en particular.

Haz constar en tu diario uno o dos días en los que tú y tus hijos podríais dedicar algo de tiempo a una causa solidaria. Podría consistir en hacer lotes de Navidad para familias en situación de necesidad. O en ir con el perro a un hogar de ancianos. O en ofrecerte como voluntario para dar clases a niños con problemas de lectura. En realidad, el límite es el cielo; no necesitas mirar más allá de un vecino anciano a quien le encantaría que le leyeran en voz alta para encontrar maneras de hacer algo por los demás.

EN LA PRÁCTICA: ESTAR PRESENTES EN LA VIDA REAL
Mi hijo es muy sensible; ¿debería hacer voluntariado?

PREGUNTA: Mi hijo siente el dolor de los demás de una manera muy acusada. También se preocupa mucho. Me gusta hacer voluntariado con él, pero después prácticamente se desmorona. Cuando ayudamos a que las personas sin hogar tuvieran qué comer durante las vacaciones, le preocupaba que nuestra familia pudiese terminar sin un hogar. Cuando cuidamos a una madre de su escuela que se estaba tratando con quimioterapia, se obsesionó acerca de si su mami iba a contraer cáncer. Creo que se siente muy bien al ayudar a los demás, pero es presa de su propio sufrimiento.

SUGERENCIA: ¡Oh, estos queridos niños sensibles! Sus filtros son tan finos que para ellos los sonidos son más fuertes, las luces más brillantes y los sentimientos más intensos. He trabajado con muchos niños altamente sensibles y siempre me he encontrado con que se desempeñan mejor con las oportunidades de voluntariado que tienen relación con situaciones menos dolorosas y trágicas. Considera la posibilidad de que tu hijo ayude a un vecino impedido a cuidar de su jardín o que pasee a su perro. O podría disfrutar jugando con los niños pequeños en una guardería local. Si ama la naturaleza, podría querer ayudar a arreglar un sendero en el parque del barrio. No podemos mantener a nuestros hijos en una burbuja, ni es lo que más les conviene. Poco a poco tenemos que exponerlos a algunas de las verdades complicadas y difíciles sobre cómo es la vida para muchos de nuestros congéneres. Pero si nuestro hijo es hipersensible, debemos tenerlo en cuenta, a fin de evitar que se abrume con demasiada tristeza y ansiedad.

Podría serte útil echarle un vistazo al libro *The Highly Sensitive Child* («El niño altamente sensible»), de Elaine Aron. La doctora Aron afirma que en toda población –humana y animal– entre el quince y el veinte por ciento de los miembros están en el extremo impulsivo del espectro y otro quince o veinte por ciento están en el extremo de la sensibilidad elevada. Ambos tipos son esenciales para la supervivencia del grupo. Los miembros impulsivos empujan al clan a explorar nuevos territorios, mientras que las almas sensibles advierten de posibles peligros que de otro modo serían ignorados, como marcas casi imperceptibles de arañazos en un árbol que sugieren que puede haber osos merodeando por la zona. No dejes de buscar maneras en que tu hijo pueda realizar su contribución, pero ten en cuenta sus sensibilidades.

¿Deben importarnos las notas de nuestro hijo?

PREGUNTA: Me gusta la carta a Chase que reprodujiste antes, pero a mi mujer y a mí sí nos importa si nuestro hijo saca sobresalientes en la escuela o si gana un premio en la feria científica. ¿No crees que es importante que estimulemos la excelencia en nuestros hijos?

CONSEJO: ¡Totalmente! Todos nos sentimos bien cuando lo hemos hecho lo mejor que hemos podido. El problema es que cuando un niño crece enfocado en ganarse la aprobación de los demás, se pierde la satisfacción que viene cuando sabe, desde lo profundo de su corazón, que lo ha hecho bien —incluso si nadie más se ha dado cuenta.

Nuestra cultura está muy enfocada en lo externo, en los logros. Es cierto que vivimos en un mundo competitivo y que los niños que tienen cierto nivel de motivación y perseverancia lo hacen mejor que los que están desmotivados. Pero si los niños creen que lo que más nos preocupa son sus sobresalientes o distinciones honoríficas, pueden perder de vista los logros que no son tan fácilmente medidos o reconocidos.

He aprendido que cuando los niños aprenden a autorreferenciarse (es decir, cuando miran hacia dentro para ver cómo se sienten en relación con algo en vez de mirar fuera de sí mismos para determinar si lo han hecho bien), son mucho más fuertes en esencia. Estos niños tienen unas convicciones más claras, son menos vulnerables a la influencia de sus compañeros y están más dispuestos a hacer lo correcto, aunque sea impopular.

Ayuda a tu hijo a descubrir el gozo del trabajo duro, sí. Pero hazle saber que incluso si no recibe premios, medallas o trofeos, hacerlo lo mejor que sepa y ser el mejor ser humano que pueda ser es gratificante en y por sí mismo.

¿Es posible enseñar a los niños a que les guste el voluntariado?

PREGUNTA: No parece que mis hijos tengan ningún interés en hacer voluntariado o en ayudar a los demás. Su escuela les exige que hagan servicios a la comunidad, pero ellos eligen lo más rápido y fácil. No son malos muchachos, pero son muy egocéntricos y piensan que es injusto que tengan que dedicar siquiera unas pocas horas al servicio desinteresado cada semestre. ¿Se puede ayudar a los niños a empatizar con los demás si esta cualidad no surge en ellos de manera natural?

CONSEJO: Tengo sentimientos contradictorios en relación con los programas de servicio a la comunidad. En general, pienso que son mejores que nada, pero estoy de acuerdo en que no puedes hacer leyes para que uno sea amable o forzar la buena voluntad de alguien para con los demás. Estos son estados internos de consciencia que afloran cuando llegamos a comprender que todos somos pasajeros del mismo barco.

Busca una actividad que podáis hacer como familia, algo que tenga algún atractivo natural. A muchos niños les gustan los animales o se sienten especiales cuando son el chico mayor entre un grupo de niños más pequeños. Haced voluntariado en un huerto comunitario que done comida a albergues o presentaos como voluntarios para ayudar a recaudar fondos para una buena causa. Cuanto más ayudes tú a los demás —tal vez dedicando a ello unas pocas horas al mes—, menos se quejarán tus hijos del voluntariado.

Evan, un estudiante de secundaria de diecisiete años, de Malibú, pidió una sesión conmigo. Ya había trabajado con él de vez en cuando en el transcurso de los años, así que le resultó fácil sincerarse. Enseguida empezó a hablarme de sus luchas internas. Me dijo que a pesar de llevar una gran vida en la que podía tener, más o menos, todo lo que quería, estaba deprimido. Sacaba unas notas impresionantes, tenía una novia fantástica, era una estrella del deporte y se le había dado carta blanca con la tarjeta de crédito de su padre. Y estaba deprimido.

Evan me explicó que en una de sus clases le habían dado la tarea de contabilizar los desembolsos que efectuaba a lo largo de una semana. Se quedó atónito al descubrir que en siete días había gastado más de mil dólares.

—Me di cuenta de que toda mi vida tiene que ver con conseguir cosas, salir con los amigos y hablar por teléfono; tiene que ver con no perderme nada que mole. Todo tiene que ver conmigo mismo.

Le pregunté qué hacía que le diese una sensación de significado o propósito. Permaneció en silencio por un momento y luego respondió:

—Nada.

Hablamos de unas cuantas maneras de tratar su depresión, pero lo que ansiaba más era explorar cómo podía dotar de más sentido a su vida. Hacia el final de nuestro encuentro, su estado de ánimo había mejorado considerablemente. Evan se mostró muy emocionado en cuanto a buscar maneras de hacer que su vida orbitara menos en torno a sí mismo. Empezaría por participar más activamente en la vida familiar en vez de limitarse a ser el beneficiario de la generosidad de sus padres.

Espero que seas capaz de encontrar maneras de hacer de la práctica de dar a los demás algo habitual en tu vida familiar, de un modo que sintáis que es divertido y gratificante. A los niños realmente les importa saber que importan.

Capítulo 9

CÓMO AYUDAR A NUESTROS HIJOS A LIDIAR CON EL ESTRÉS

Sentarse con un perro en la ladera de una colina
en una tarde gloriosa es regresar al Edén, donde
no hacer nada no era aburrido: era la paz.

Milan Kundera

Algunos de nosotros tuvimos una infancia relajada. Pasábamos los días explorando los bosques o los campos, montábamos en bicicleta sin ningún destino en particular y jugábamos al aire libre hasta la noche. Construíamos pueblos con piedras y tierra o convertíamos cajas de cartón de neveras en castillos y naves espaciales. Por supuesto, el abuso y la negligencia eran a veces una parte triste y secreta de una vida aparentemente idílica. Pero los niños pasaban el tiempo de manera diferente no hace mucho tiempo. Todos teníamos menos prisas.

Los niños de hoy llevan el peso del mundo sobre sus espaldas. Se los insta a sobresalir en la escuela, a realizar de manera impresionante sus actividades extracurriculares, a gestionar bien las relaciones complicadas —tanto las reales como las cibernéticas— y a competir para entrar en una buena universidad o encontrar un trabajo decente.

En 2012 salió a la luz que ciento veinticinco estudiantes de Harvard estaban siendo investigados por un escándalo de plagio en un examen final; sesenta de ellos acabaron sancionados. Por otra parte, una investigación llevada a cabo por la Universidad de Michigan reveló que el diez por ciento de los estudiantes de décimo grado (equivalente a cuarto de ESO) y casi uno de cada ocho de doceavo grado (segundo de bachillerato) admitieron usar medicamentos que solo se podían conseguir con receta, los cuales obtenían ilegalmente, para poder soportar su carga de trabajo. Y de acuerdo con el *Journal of Adolescent Health*, la mayor parte de los adolescentes están durmiendo al menos dos horas menos de lo que se recomienda para gozar de una buena salud.

> El treinta por ciento de los adolescentes afirmaron sentirse abrumados, deprimidos o tristes como resultado del estrés.

En un estudio titulado *El estrés en América*, encargado por la Asociación Americana de Psicología, se encontró que el treinta por ciento de los adolescentes afirmaron sentirse abrumados, deprimidos o tristes como resultado del estrés. Casi el veinticinco por ciento se saltaban comidas debido al estrés. Y a casi un tercio el estrés a menudo los lleva al borde de las lágrimas. En los últimos sesenta años, la tasa de suicidios se ha cuadruplicado en los hombres de entre quince y veinticuatro años de edad y se ha duplicado entre las mujeres de la misma edad. Los suicidios entre los diez y los catorce años aumentaron más del cincuenta por ciento entre 1981 y 2006.

La Academia Americana de Pediatría publicó un estudio que remarcaba el hecho de que las hormonas del estrés, como el cortisol y la adrenalina, pueden tener un impacto significativo a largo plazo en el cuerpo de los adolescentes, que podría contribuir a enfermedades cardiovasculares en la edad adulta, así como a la aparición de asma, hepatitis vírica y enfermedades autoinmunes. El estrés puede provocar que se segreguen sustancias químicas que interfieran en el desarrollo de las redes neuronales en el cerebro en desarrollo, así como inhibir la creación de nuevas neuronas en los cerebros en crecimiento.

En mi consulta veo regularmente la evidencia de que estas estadísticas deben de estar en lo cierto: niños de ocho años de edad cuyos padres los traen porque han estado diciendo que quieren matarse. Adolescentes de catorce años que se provocan cortes para aliviar su ansiedad y su infelicidad. Niños que no pueden

> Como padres, tenemos una enorme influencia sobre las creencias de nuestros hijos en relación con lo que importa.

dormir, que son incapaces de comer, que se retraen, que lloran con facilidad o que tienen miedo de estar solos. Veo al acosado y a los matones, a los niños que hacen trampa en los exámenes y a los que se emborrachan habitualmente para aliviar el dolor y la presión que sienten en sus vidas. Es desgarrador. La infancia es breve. Durante este corto período, se supone que nuestros pequeños deben explorar el mundo, averiguar cómo llevarse bien con los demás, descubrir sus dones, trepar, bailar, tocar música... y divertirse.

Como padres, tenemos una enorme influencia sobre las creencias de nuestros hijos en relación con lo que importa. Si les enseñamos que lo que más nos importa son los logros externos, buscarán de un modo natural atajos, de modo que harán trampa en los exámenes o sacrificarán horas de sueño. Necesitan saber que queremos que vivan con curiosidad, emoción y entusiasmo, y que estamos aquí para *disfrutar* de la vida, no para forzar nuestro camino a través de ella.

> Necesitan saber que queremos que vivan con curiosidad, emoción y entusiasmo, y que estamos aquí para disfrutar de la vida, no para forzar nuestro camino a través de ella.

Cuando el autor Geneen Roth entrevistó a asesores financieros, le dijeron que, sin excepciones, todos los clientes con los que habían trabajado que habían logrado alcanzar su meta financiera inicial habían puesto el listón más alto y aspiraban a más. Fuera lo que fuese lo que hubiesen ganado, nunca les parecía suficiente una vez que lo tenían. Siempre acababan con ganas de más.

CONECTAR EN LA VIDA REAL

Algo que contribuye al estrés de manera significativa es el aislamiento o la desconexión. Escribe Michael Price, en una entrevista con Sherry Turkle, autora de *Alone Together* («Solos juntos»):

> Las personas están hoy más conectadas unas con otras que nunca antes en la historia humana, gracias a los sitios sociales alojados en Internet y a los mensajes de texto. Pero también están más solas y distanciadas unas de otras en sus vidas

desconectadas. Esto está cambiando no solamente la manera en que interaccionamos por Internet; también está llevando tensión a nuestras relaciones personales. [...] Cuando los adolescentes me dicen que prefieren los mensajes de texto a hablar, están expresando otro aspecto de los potenciales psicológicos de las nuevas tecnologías: la posibilidad de que nos ocultemos unos de otros. Los adolescentes aseguran que una llamada telefónica revela demasiado, que las conversaciones reales no les otorgan el control suficiente sobre lo que quieren decir.

Los niños salen de la escuela para encontrarse con que sus padres están mirando sus *smartphones*. Los mismos niños que una vez charlaban con papá entre juego y juego mientras miraban los deportes ahora aguardan hasta que ha acabado de mirar el correo electrónico. Las madres les dan el pecho a sus pequeños, o el biberón, mientras envían mensajes de texto, lo cual diluye el intercambio emocional de este contacto primal, íntimo. Para acabarlo de arreglar, si mamá recibe un mensaje que le produce ansiedad, sus sentimientos de tensión se traspasan a su bebé, que los experimenta como estrés en su relación con su madre y no como el resultado de influencias externas.

Arianna Huffington comparte la siguiente historia en su libro *La vida plena*:

La última vez que mi madre se enfadó conmigo antes de morir fue cuando me vio leyendo un correo electrónico a la vez que hablaba con mis hijos: «¡Aborrezco esto de estar haciendo varias cosas a la vez!», dijo, con un acento griego tan acentuado que el mío palidece en comparación. En otras palabras, estar conectados de una manera poco profunda al mundo entero puede impedirnos estar profundamente conectados con las personas más cercanas a nosotros —incluidos nosotros mismos—. Y ahí es donde se encuentra la sabiduría.

> Nada fortalece tanto a un niño como la conexión genuina con un ser querido.

La conexión ayuda a prevenir el estrés. Nada fortalece tanto a un niño como la conexión genuina con un ser querido. En mi libro anterior, detallé las seis etapas por las que pasan los niños en relación con el apego en los primeros seis años de vida, según lo descrito por el doctor Gordon Neufeld. Podemos hacer más profundo nuestro vínculo con nuestros hijos a lo largo de sus vidas a través de estas seis etapas y proporcionarles así uno de los antídotos más eficaces contra el estrés: una conexión saludable.

El recién nacido empieza su andadura hacia el vínculo por medio de la *proximidad*; conecta con nosotros a través del olfato, del tacto y del sonido de nuestra voz. Hacia los dos años, nuestro pequeño quiere ser como nosotros. Esta etapa es la de la *identificación*, la cual contribuye a que aprenda el lenguaje. La siguiente etapa es la de la *pertenencia* o *lealtad*; vemos cómo niños de tres años quieren echar a su hermanito del regazo de mamá, mientras declaran posesivamente: «¡Mi mami!». Cuando nuestro hijo tiene unos cuatro años, fortalecemos el vínculo cuando reconocemos y celebramos lo único que es, durante la etapa llamada *significado*. La conexión se hace más profunda hacia los cinco años, la etapa del *amor*, cuando los niños empiezan a ofrecernos sus pequeños corazones. Y si todo ha ido bien, a partir de los seis años construimos una base sólida para el apego en la etapa de *ser conocidos*. Le dejamos claro a nuestro hijo que somos capaces de escuchar su verdad y le procuramos apoyo a partir de la tranquilidad, como los capitanes del barco que somos, a pesar de las aguas tormentosas por las que pueda estar navegando.

Los niños que tienen vínculos fuertes y de confianza con sus seres queridos —siempre que estos sean sanos— son mucho más capaces de lidiar con los factores estresantes de la vida. El autor Johann Hari cita estudios que sugieren que las adicciones son el resultado de la desconexión; no es solo una cuestión de química: «Si no podemos conectar los unos con los otros, conectaremos con lo que sea que encontremos (el zumbido de la rueda de una ruleta o el pinchazo de una jeringa)». Y cita al profesor Peter Cohen, quien asegura: «Deberíamos dejar de hablar de *adicción* y pasar a llamarlo *vinculación*. Un adicto a la heroína se ha vinculado con la droga porque no pudo vincularse tan plenamente con ninguna otra cosa». Dice Hari a continuación que «lo contrario de la adicción no es la moderación. Es la conexión humana».

> Los niños que tienen vínculos fuertes y de confianza con sus seres queridos —siempre que estos sean sanos— son mucho más capaces de lidiar con los factores estresantes de la vida.

Siempre habrá jóvenes que tengan una relación muy cercana con sus padres y que aun así luchen fuertemente con la adversidad, pero hablando en general, el vínculo con un progenitor o cuidador amoroso ofrece a los niños una enorme ventaja a la hora de hacer más llevaderos los factores estresantes de la vida.

MANEJAR EL CAMBIO Y LA INCERTIDUMBRE

Una de las mayores certezas de la vida es la incertidumbre. Cuanto más podamos hacer las paces con el hecho de que algunas cosas están fuera de nuestro control, menos indefensos nos sentiremos cuando la vida no esté yendo de acuerdo con nuestros planes. Si demostramos que podemos ser flexibles en situaciones inesperadas, ayudamos a nuestros hijos a saber que ellos también pueden tolerar la incertidumbre mientras esperan que se revelen más aspectos de la situación.

> Si demostramos que podemos ser flexibles en situaciones inesperadas, ayudamos a nuestros hijos a saber que ellos también pueden tolerar la incertidumbre mientras esperan que se revelen más aspectos de la situación.

Recuerdo que una vez estaba sentada en un aeropuerto en Nairobi con mi hijo, que entonces contaba con quince años de edad. Era medianoche y nos habían dicho que no se nos permitiría embarcar hacia Australia porque la aerolínea no reconocía nuestros visados electrónicos. Ari comenzó a ponerse nervioso; no teníamos contactos en Nairobi, llevábamos despiertos casi veinticuatro horas por haber llegado allí desde Tanzania y la hora de salida se acercaba rápidamente. Aun cuando yo también estaba preocupada, intenté permanecer relajada, pues sabía que la manera en que manejase la situación influiría probablemente en la manera en que mi hijo lidiase con acontecimientos semejantes en el futuro.

Le sugerí que estuviésemos dispuestos a aceptar el peor de los escenarios posibles. Empezamos a hablar sobre lo que podíamos hacer si nos resultaba imposible embarcar ese día; nos recordamos que incluso si teníamos que esperar en Nairobi un día o dos a que llegase un visado tradicional, estaríamos bien.

Momentos antes de que nuestro vuelo estuviese listo para partir, la aerolínea recibió un fax procedente del consulado de Australia, y se nos permitió embarcar. Pero en esos momentos ya teníamos la confianza de que si no tomábamos el vuelo, simplemente alargaríamos nuestro viaje unos días más dc los que habíamos planeado y que estaríamos a gusto.

Sin embargo, ayudar a nuestros hijos no consiste solo en mostrarles cómo manejarse cuando las cosas no están yendo bien. Consiste también en infundir alegría a sus días.

DIVERTIRSE

Se dice que los niños de cuatro años ríen, de media, trescientas veces al día; los adultos de cuarenta años, solo cuatro. En su excelente libro *Anatomía de una enfermedad*, Norman Cousins explicaba cómo el hecho de ver tan solo diez minutos de alguna película de los hermanos Marx le reducía el dolor y la inflamación de la artritis y le permitía dormir más horas.

La risa reduce las hormonas del estrés, estimula las endorfinas, incrementa el flujo de la sangre al corazón y la cantidad de células que eliminan los virus de forma natural y nos hace más resistentes a las enfermedades. Hace que nuestro humor y nuestra actitud mejoren y estrecha los lazos entre las personas. Reír y divertirse constituyen maneras maravillosas de combatir el estrés. Anne Lamott dice que «la risa es santidad carbonatada».

La música también puede ser una manera fantástica de salirnos de nuestras cabezas e ir a nuestros corazones. Puedes cantar algo alegre cuando despiertas a tus hijos por la mañana, o podéis bailarlo juntos mientras os encamináis hacia la mesa para comer. Un pequeño cambio de humor puede tener consecuencias muy significativas. En el capítulo 11 encontrarás ideas para añadir más diversión y risas a vuestra vida cotidiana.

Nuestras actitudes frente a la vida pueden hacer que los niveles de estrés de nuestros hijos se incrementen o se reduzcan. No siempre es fácil saber cuándo debemos animarlos a perseverar a través de los obstáculos y cuándo está bien aceptar las cosas tal como son, como lecciones de vida. Pero como ocurre con cualquier otro aspecto de la paternidad, la manera en que transitemos por los altibajos de la vida influirá en el modo en que los niños manejen los suyos.

LA PERSISTENCIA

Motivar a nuestros hijos a seguirlo intentando cuando el éxito les rehúye tiene un valor incalculable. Es de vital importancia que desarrollen los recursos internos que les permitan perseverar a través de los obstáculos cuando sería más fácil tirar la toalla. Pero hay una diferencia entre perseguir los sueños con pasión y alegría y tratar de forzar que suceda algo que no está destinado a tener lugar. Los niños tienen que entender que cuando no logran alcanzar lo que esperan, pueden intentarlo de otra manera, hacer una pausa en su búsqueda o dejarlo correr. No manifestar un resultado en particular no es un fracaso, y en cualquier caso fracasar no es algo fatal. Andar a trompicones, tropezar y caernos es, a menudo, la manera como acabamos por llegar allí adonde estamos yendo.

Haz que tus hijos comprendan que aunque tengamos preferencias, podemos estar en paz cuando la vida no va de la manera en que habíamos planeado. ¿Cómo ve tu hijo que reaccionas ante la noticia de que habéis perdido vuestro vuelo? ¿Buscas a alguien a quien culpar? ¿Qué te ven hacer cuando te dicen que tu coche necesita una reparación cara? ¿Profieres maldiciones y golpeas el suelo con los pies? Haz que vean que cuando ocurre algo inesperado, puedes lidiar con ello. Asegúrate de que te oigan preguntar: «¿Esto será un problema dentro de cinco años o al cabo de dos días?». Al hacer que tus hijos vean que pones estas incidencias en un contexto más amplio, se sentirán inclinados a hacer lo mismo. Pero si piensas que, para estar bien, las situaciones deben desplegarse exactamente tal como has previsto, te sentirás impotente. Y la impotencia conduce al estrés.

Hay quienes creen que mimamos demasiado a nuestros hijos, que los aislamos de los inevitables golpes y contusiones de la vida al hacer todo por ellos. Hace algunos años circuló la historia de una estudiante universitaria que en vez de llamar a los bomberos cuando descubrió un incendio en su dormitorio, llamó por teléfono a su madre para preguntarle qué debía hacer. Y, ciertamente, se podrían decir muchas cosas acerca del llamado padre helicóptero, que revolotea

> Andar a trompicones, tropezar y caernos es, a menudo, la manera como acabamos por llegar allí adonde estamos yendo.

angustiado alrededor de su hijo para asegurarse de que todas las respuestas que ha escrito en sus deberes de matemáticas son correctas o que llama a la madre de una amiga de su hija para «corregir un descuido» al no haber sido invitada, su hija, a la fiesta de cumpleaños de la amiga. Pero hay una diferencia entre mimar a alguien y velar por él. Velar es un acto de amor, que consiste en conectar con nuestro hijo y estar en amorosa sintonía con él. Mimar es una manifestación de nuestra propia ansiedad; monitorizamos al detalle las experiencias de nuestro hijo con el fin de que no tengamos que verlo infeliz o estresado.

Las presiones que afrontan actualmente los niños son excepcionales, y a medida que los niveles de estrés siguen aumentando tenemos que ayudar a nuestros jóvenes a desarrollar buenas estrategias para afrontarlo.

PRESTAR ATENCIÓN AL ESTRÉS DE TU HIJO

Si tu hijo manifiesta signos constantes de estrés o de otras emociones que son primas hermanas de este (la ansiedad y la depresión), por favor, no mires hacia otro lado. Asegúrate de que sepa que, *sea lo que sea* aquello por lo que esté pasando, puede decirte la verdad. En mis talleres y formaciones por Internet dedico una cantidad significativa de tiempo a trabajar con los padres para que no les manden a sus hijos un mensaje contradictorio: «Puedes contármelo todo. Espera un momento. ¿¡Que has hecho qué!? ¡Te has metido en un buen lío!».

Nuestros hijos nos pondrán a prueba para ver si somos sinceros cuando decimos que queremos que acudan a nosotros si se sienten preocupados o estresados; vendrán a nosotros con pequeñas cuestiones para comprobar si somos capaces de escucharlos serenamente. ¿Seremos ese capitán tranquilo y seguro de sí mismo, o vamos a saltar por la borda cuando nuestros hijos nos revelen algo que les preocupa?

Si queremos ayudar a nuestros hijos a habérselas con el estrés y restablecer su equilibrio cuando la vida les parezca dura, tenemos que llevar a cabo nuestro propio trabajo, de manera que podamos decirles honestamente: «Sea lo que sea aquello por lo que estés pasando, cariño, estoy aquí y te ayudaré con ello».

> Si queremos ayudar a nuestros hijos a habérselas con el estrés y restablecer su equilibrio cuando la vida les parezca dura, tenemos que llevar a cabo nuestro propio trabajo, de manera que podamos decirles honestamente: «Sea lo que sea aquello por lo que estés pasando, cariño, estoy aquí y te ayudaré con ello».

LA PRÁCTICA DEL *MINDFULNESS*

«Cuando vi que mi hermana llevaba mi jersey preferido, hice añicos sus deberes. ¡Me salí de mis casillas!» —Caroline.

«La mente me dice cosas que me hacen preocuparme, como que voy a hacerme un lío durante mi exposición oral y que todos se reirán de mí. No puedo detener mis pensamientos» —David.

«Vi por Internet una foto de mis amigas en una fiesta de pijamas a la que no me invitaron. Me sentí tan dejada de lado y tan triste que acabé por hacerme un corte en la pierna» —Tiffany.

«Me sentí muy mal cuando no saqué la nota más alta de la clase. Cuando entré en el coche de mi madre, le grité, y después rompí a llorar» —Henry.

A estas alturas debería de estar claro que los adultos no son los únicos que experimentan un estrés serio y crónico. Los adolescentes e incluso los niños obtienen un gran beneficio de aprender estrategias que les ayuden a afrontar las situaciones cuando la vida no está yendo tal como esperan. Enseñar a los niños a calmarse y reconectar con el momento presente les permite, por ejemplo, ser más capaces de controlar sus emociones y de refrenar sus impulsos, lo cual les otorga una enorme ventaja a la hora de llevar una vida más feliz, tanto en esa época de su vida como en la edad adulta.

Margaret era una profesora de escuela que implementó un programa para que todos los alumnos aprendieran una práctica de atención plena o *mindfulness*. Al constatar lo bien que les estaba yendo a sus estudiantes de tercero de primaria, decidió intentar aplicarlo con su hijo de siete años, a quien le habían diagnosticado hacía poco trastorno por déficit de atención:

> Compré una campana de meditación y, a la hora de ir a dormir, cerrábamos los ojos, tocábamos la campana y escuchábamos cómo el sonido iba desvaneciéndose, mientras nos imaginábamos flotando en una nube. A veces, si su hermano le pone de los nervios, oigo cómo él mismo toca la campana para calmarse.

A continuación me dijo que, como sus compañeros de clase, su hijo estaba más concentrado y menos nervioso: «La práctica del *mindfulness* requiere tan solo de algunos minutos, y está haciendo realmente mucho por estos niños».

La palabra *mindfulness* ha ganado fuerza entre personas de todas las edades, tanto mujeres como hombres, y entre los distintos sectores de población. Dicho de un modo sencillo, implica poner atención a lo que está aconteciendo en el momento presente con curiosidad y con una conciencia desprovista de juicios. Eckhart Tolle prefiere emplear el término *presencia*: «*Mindfulness* [literalmente, *"plenitud"*] parece implicar que la mente está llena, cuando la verdad es lo contrario». Otros utilizan expresiones como *conciencia elevada* o *atención compasiva*. Para los fines de este libro, me sirve la palabra *mindful* [en español tendería a traducirse, no literalmente, como 'plenamente presente'] para designar la conciencia silenciosa y carente de pensamientos que nos permite descansar profundamente bajo la superficie de todos los acontecimientos externos que nos están generando agitación o estrés. Estas prácticas implican el uso de los sentidos (el sonido, el tacto, la respiración) para que nos anclemos en el momento presente en vez de que nos perdamos en pensamientos sobre el pasado o el futuro.

> *Mindfulness* implica poner atención a lo que está aconteciendo en el momento presente con curiosidad y con una conciencia desprovista de juicios.

El *mindfulness* ayuda a los niños a hacer una pausa antes de reaccionar frente a una situación estresante y a manejar las dificultades con mayor flexibilidad. Les da la capacidad de mostrarse menos reactivos frente a sus pensamientos; les enseña que los pensamientos no son más que pensamientos y que, así como el cielo es tan espacioso que no se ve perturbado por la presencia de las nubes, no tenemos por qué vernos arrastrados por todas las nubes-pensamiento que pasen por nuestra conciencia. Los pensamientos vienen, están ahí un rato y después se dispersan.

Una manera en que los profesores de *mindfulness* ilustran esta idea a los niños consiste en hacerles llenar un recipiente con agua y arena o bicarbonato de sodio, ponerle la tapa y luego decirles que sacudan el tarro y observen la «tormenta». Cuando los ingredientes se posan, ven que la arena o el bicarbonato se ha asentado en el fondo y el agua vuelve a estar clara. Esto es lo que ocurre en gran medida con nuestras mentes: cuando nos aquietamos por unos momentos, la tormenta de nuestros pensamientos se asienta, y podemos pensar y actuar más a conciencia.

En las familias y escuelas donde se enseña *mindfulness*, los niños manejan su frustración con mayor eficacia. Además, tienden a ser más compasivos, cooperadores y pacientes. Los más inquietos aprenden a estar más cómodos en su propia piel, y los que padecen ansiedad descubren que, a pesar de su tendencia a preocuparse por amenazas reales o imaginarias, no hay ningún peligro en el momento presente. Esto les ayuda a recuperar el equilibrio emocional cuando de otro modo se derrumbarían.

El *mindfulness* se está introduciendo en todo tipo de ámbitos con fantásticos resultados. Phil Jackson, exentrenador del equipo de baloncesto Los Angeles Lakers, ganó once campeonatos de la NBA, y atribuyó sus éxitos, en parte, a su uso de las prácticas de *mindfulness*. Acostumbraba a hacer que sus jugadores se sentaran en silencio para que desarrollaran fortaleza mental, e incluso tenía *días de silencio* en los que no se hablaba en absoluto. Cuando un jugador estaba teniendo un momento difícil en la cancha, podía realizar una práctica de *mindfulness* en el banquillo y reincorporarse después al grupo. El congresista Tim Ryan y otros han establecido programas de atención plena para los veteranos, lo que ha resultado en una notable reducción de los síntomas del trastorno por estrés postraumático en ellos. Del mismo modo, las cárceles han empezado a utilizar la atención plena para sanar y transformar vidas, prevenir la delincuencia y reducir el índice de reincidencias.

Más de seis mil empleados, tres mil padres y cuarenta mil estudiantes han pasado por el Programa de Resiliencia Interior de Linda Lantieri. Esta experta en aprendizaje social y emocional desarrolló este programa como una manera de ayudar a los profesores de la ciudad de Nueva York a lidiar con el trauma y el agotamiento después de los atentados del 11-S mediante la introducción de la meditación, el yoga y el tiempo para el trabajo interno y la reflexión. Estas son sus palabras: «Porque todas las medidas que tomamos para prepararnos para las eventualidades externas pueden fracasar. Pero lo que tenemos dentro no va a venirse abajo. Lo tenemos dentro pase lo que pase».

He tenido mucho éxito con la introducción de prácticas sencillas de *mindfulness* entre los niños y sus padres. Un efecto colateral es la manera en que todos pasan a estar un poco más centrados en el corazón.

Un día estaba en medio de una sesión particularmente difícil con una madre y su hija de quince años. La madre estaba tratando de imponer la ley en torno a una norma del hogar que su hija había quebrantado, y su hija irradiaba malevolencia e ira. Les pregunté:

—¿Os importa si descansamos un poco de esta conversación y pulsamos el botón de reinicio?

Ambas accedieron; la tensión en el despacho era elevada, y todas necesitábamos una pausa.

Las invité a que cerraran los ojos y procedí a conducirlas a través de un breve ejercicio de atención. Primero les pedí que atendieran a su respiración; que advirtieran dónde la sentían (tal vez en las fosas nasales cuando el aire pasaba por ellas, en la parte posterior de la garganta o tal vez en el ascenso y descenso del pecho o del estómago). Después de un momento de hacer esto, les pedí que prestaran atención a cualquier sonido que estuvieran oyendo:

—Puede ser el viento en los árboles, o tal vez oiréis un coche que pase por la calle. Acaso advertiréis el tictac de un reloj, o tan solo el sonido de vuestra respiración. Si vuestra atención divaga, traedla de nuevo, suavemente, a registrar los sonidos que surjan.

Realizamos este ejercicio durante unos tres minutos. Cuando acabamos, les sugerí que se sentaran en silencio por un momento con los ojos cerrados y que permitieran que sus ojos se abrieran cuando estuvieran preparadas.

Tan pronto como nos miramos las unas a la otra, supe que las cosas habían cambiado. Ambas afirmaron sentirse mucho más centradas y calmadas, lo cual fue sorprendente, porque tan solo habían pasado unos pocos minutos. La temperatura de la estancia, emocionalmente hablando, se había enfriado. Cuando retomamos la discusión, ambas presentaron posturas más abiertas, menos rígidas.

He efectuado este ejercicio con niños de seis años y con adultos de sesenta y he encontrado siempre que el solo hecho de detenerse y volverse hacia los sonidos o sensaciones, o seguir la respiración, puede hacer que las personas regresen a sí mismas de una manera que simplemente con decirles que se relajen o se calmen no se puede lograr.

Tener una práctica que puedas realizar con tus hijos a diario —idealmente, en el mismo lugar y hacia la misma hora— puede convertirse en un ritual beneficioso para todos los miembros de la familia. La mayor parte de las prácticas de *mindfulness* son aptas para los niños y muy fáciles de implementar. He incluido algunas de mis favoritas en el capítulo 11.

CONEXIÓN, CONEXIÓN, CONEXIÓN

En su libro *Y la luz se hizo*, Jacques Lusseyran escribe sobre los desafíos de su vida, que empezaron cuando se quedó ciego de niño, incluyeron la creación por su parte de un movimiento francés de resistencia y, después, su supervivencia en un campo de concentración:

> Mis padres eran sinónimo de protección, confianza, calor. Cuando pienso en mi infancia, aún siento esa calidez sobre mí, detrás de mí y a mi alrededor [...] Pasé por miedos y peligros de la misma manera que la luz pasa a través de un cristal. Este cristal fue, para mí, la alegría de mi infancia; la mágica armadura que, una vez puesta, te protege durante toda la vida.

El vínculo de amor que forjamos con nuestros hijos puede constituir una piedra angular de protección para ellos, para siempre.

ES TU TURNO

¿Pueden tus hijos decirte la verdad? A la mayoría nos gusta creer que nuestros hijos acudirán a nosotros cuando tengan dificultades. Pero a menudo hacemos que sea difícil para nuestros jóvenes expresarnos sus inquietudes, puesto que les enseñamos, por medio de nuestra reactividad, que no es seguro para ellos revelar la verdad sobre lo que está sucediendo.

Si nuestro hijo nos dice que le han descubierto haciendo trampas en un examen o si nuestra hija de catorce años revela que está pensando en tener sexo con su novio, podemos encontrarnos gritando, amenazando o sermoneando, demostrando así que en realidad no podemos tolerar la verdad de algunas de las situaciones con las que están lidiando nuestros hijos.

Reflexiona acerca de cómo respondes cuando tu hijo te dice algo que no quieres oír. ¿Permaneces en calma y abierto de mente? ¿Te enfadas o empiezas a dar consejos? ¿Intentas arreglar las cosas en vez de permitir que tu hijo se descargue del peso de lo que sea que esté sintiendo? ¿Lo castigas o intimidas? ¿Das la conversación por finalizada, dejando a tu hijo con la sensación de que la próxima vez que se enfrente a una situación estresante deberá hablar de ello con sus amigos en lugar de hacerlo contigo?

No siempre es fácil, pero ayudar a nuestros hijos a que sepan que pueden contar con nosotros para obtener asistencia significa mucho de cara a ayudarles a navegar por cualquier mar tormentoso que pueda estar generando estrés en sus vidas.

Escribe en tu cuaderno sobre lo seguro que haces que se sienta tu hijo a la hora de acudir a ti cuando está estresado por algo. Al adquirir más conciencia al respecto y comprometerte a ser en mayor medida ese capitán tranquilo, estarás en mejores condiciones para permanecer presente con él cuando el estrés se convierta en un problema.

EN LA PRÁCTICA: ESTAR PRESENTES EN LA VIDA REAL
¿Cómo puedo ayudar a mi hijo adolescente si nos excluye?

PREGUNTA: Mi hijo de dieciséis años se ha estado retrayendo de la familia desde que su primera novia rompió con él. Sabía que estaba abatido e intenté decirle que eso había ocurrido para bien y que encontraría a otra persona, pero me hizo el más absoluto de los vacíos. Me siento muy mal cuando te oigo hablar de la importancia del vínculo a la hora de ayudar a los niños con el estrés, porque mi hijo y yo estamos totalmente desconectados. ¿Cómo podemos ayudarle si se ha distanciado completamente de nosotros?

CONSEJO: Como dije antes, nosotros mismos les mostramos a nuestros hijos si es seguro o no para ellos revelar lo que está aconteciendo en sus vidas por medio de cómo respondemos cuando se abren a nosotros. Cuando reaccionamos dándoles consejos o nos mostramos desesperadamente infelices a causa de su infelicidad, aprenden a guardar sus secretos, con el fin de evitar el riesgo de tener no solo que manejar su estrés, sino también la presión de nuestro malestar por sus problemas.

Restablecer la conexión requiere paciencia y tiempo, pero puede hacerse. Si bien tu hijo de dieciséis años se halla en esa etapa en que los niños se alejan de sus padres para separarse de ellos, esto no significa que no te necesite. Pero si acudes a él con el aroma de la necesidad (desesperada por saber los detalles de su vida o tropezando con tus propios pies, metafóricamente hablando, por tu ahínco de querer restablecer su felicidad), se retirará instintivamente.

Busca pequeñas ocasiones para conectar, menos intrusivas. Tal vez tu hijo puede mostrar interés en ayudarte a preparar un nuevo postre. O tal vez puedes pedirle que comparta contigo algo de la buena música que ha descubierto recientemente. Si revela algo acerca de algún reto con el que esté lidiando —por pequeño o inocuo que sea—, trata de responder con interés pero sin hacerle un aluvión de preguntas u ofrecerle un torrente de consejos.

Para más información sobre el vínculo, lee por favor el capítulo 9, o infórmate en SusanStiffelman.com sobre los programas de profundización que ofrezco por Internet.

¿Qué puedo hacer cuando mi hijo se estresa con lo que ocurre con sus relaciones de Internet?

PREGUNTA: Tengo una hija de catorce años que se estresa por lo que sucede entre los amigos que tiene por Internet. Cuando trato de convencerla de que evite meterse en discusiones que la vayan a disgustar, me dice que no lo entiendo. A veces acaba por no dormir a causa de *posts* hirientes dirigidos contra ella o alguna de sus amigas.

CONSEJO: Es casi imposible para los niños navegar entre las complejidades sociales de su mundo *online*. En cierto sentido, es un territorio no mapeado incluso para los padres. ¿Cómo ponemos límites u ofrecemos la cantidad justa de supervisión de tal manera que nuestros hijos disfruten de lo que ocurre en una ciberciudad sin llegar a sentirse confundidos, heridos o incluso atormentados?

Dile a tu hija que reconoces que no lo entiendes. Dile que no puedes saber todo lo que está en juego para ella en relación con sus amistades de Internet, pero que quieres ayudarla a sentirse menos afectada cuando las cosas empiezan a ponerse feas. En vez de darle unos consejos que no está pidiendo (yo llamo a esto «colarse en la fiesta»), pídele a tu hija que te explique cuál es la mejor manera en que puedes ayudarla; déjala que te diga qué clase de apoyo necesita cuando tiene un conflicto. Si tan solo quiere desahogarse, permite que lo haga. Si se da cuenta de que la puedes escuchar sin sermonearla, es más probable que te deje intervenir con algún consejo.

Si te las arreglas para que llegue a confiar en ti lo suficiente como para bajar la guardia, procede con precaución. Muestra curiosidad: «Parece que te sales de tus casillas cuando se burlan de algo que has publicado. ¿Puedes ayudarme a entender lo que te motiva a seguir entrando en tu página cuando estás bastante segura de que solo vas a encontrar comentarios hirientes?». O bien: «Cariño, me pregunto si ayuda a Cassie que la defiendas publicando cosas ofensivas hacia los niños que la atacan o si significaría más para ella que apagases tu ordenador y la llamases para ver cómo le va».

Creo que todos los padres se guían por sus instintos cuando se trata de ayudar a sus hijos a navegar por el mundo digital. El primer paso es ser sensato. Si tu hija acudiera habitualmente a un lugar de reunión en el barrio y siempre llegara a casa hecha polvo o llorando, abordarías la raíz del problema; no te limitarías a prohibirle poner un pie fuera de casa. Ayúdala a sentir que eres su aliada en lugar de una fuerza de control exterior que está tan solo interesada en poner límites a su diversión.

¿Cómo puedo ayudar a mi hijo perfeccionista?

PREGUNTA: ¿Cómo podemos ayudar a los niños a saber cuándo deberían intentarlo al máximo y cuándo deberían dejarlo correr? Estoy muy contento de que mi hijo de doce años dé lo mejor de sí, pero a veces me gustaría que no insistiera en intentar hacer sus tareas con tanta perfección. Se obsesiona con cada detalle. A mi mujer y a mí nos preocupa cómo se va a manejar en el instituto si mantiene este nivel de exigencia con los deberes.

CONSEJO: Algunos niños parecen haber nacido con una vena perfeccionista. Por más que lo intentemos, es difícil convencerlos de que se muestren más ligeros con aquello que les importa. Pero muchos parecen imitar la necesidad de perfección de uno de los padres, o de ambos; han interiorizado la idea de que lo bueno tiene que ser grande, y que lo grande tiene que ser fabuloso.

Dile a tu hijo que te gustaría entender qué siente cuando la voz que tiene en la cabeza le impulsa, incluso cuando está cansado o agotado: «¿Qué sientes cuando sabes que has hecho un excelente trabajo y aun así estás insatisfecho?». Cuando le demuestras que quieres visitar su planeta y hacerte una mejor idea de aquello por lo que está pasando —sin juzgarlo ni criticarlo—, puede abrirse más y, con el tiempo, mostrarse más receptivo a tus orientaciones.

También puede ser que tu hijo sea más o menos «adicto a la aprobación» y que anhele la atención o el elogio de sus profesores. Si es este el caso, mira qué obtiene de esta aprobación que pueda conseguir de otras maneras. No hay nada malo en querer impresionar a un profesor con un trabajo bien hecho, pero si esto está causando un estrés excesivo al niño, la causa subyacente se aborda mejor de otro modo.

Si sientes que tu hijo está tomando sus rasgos perfeccionistas de ti o de tu mujer, plantéate fomentar un mayor equilibrio. Cuando estés trabajando en un proyecto, déjale ver que, si bien reconoces que probablemente podrías hacerlo mejor, si está lo suficientemente bien, con esto basta. Tómate un descanso, dalo por acabado y suéltalo. Con suerte captará el mensaje de que aunque es encomiable hacer las cosas bien, no hay nada que merezca que sacrifiquemos nuestra salud o nuestro bienestar en aras de ello.

Capítulo 10

LA FELICIDAD VIENE DE DENTRO

Piglet advirtió que aunque tenemos un corazón muy pequeño
este puede albergar un gran caudal de gratitud.

A. A. Milne

iendo adolescente, en la década de los setenta, en una ocasión entré en una librería Nueva Era de Kansas City y compré un pequeño libro azul titulado *Discursos de Meher Baba*. No tenía ni idea de lo que era un discurso, pero la primera línea se quedó conmigo durante el resto de mi vida: «Di "no quiero nada" y sé feliz». A pesar de mi juventud e inexperiencia, esta idea caló en mí hasta los huesos; supe que era verdad, aunque no estaba totalmente segura de comprender lo que significaba o cómo hacer para encarnarla.

> Cuando estamos en paz con la vida tal como es, somos libres para experimentar la auténtica alegría.

Incontables hombres insignes han dicho lo mismo: que la clave de la felicidad reside en liberarse del deseo. Cuando estamos en paz con la vida tal como es, somos libres para experimentar la auténtica alegría. Yo lo creo con todo mi corazón.

Esto no quiere decir que debamos educar a nuestros hijos para que vayan a la deriva por la vida, sin honrar las llamadas y los anhelos de su espíritu. El anhelo es a menudo el lenguaje de nuestro yo más profundo, y nos impulsa a desarrollar nuestros dones y talentos únicos. De lo que se trata es de mantener un equilibrio entre lo que Eckhart Tolle llama *ser* y *llegar a ser*. En sus conferencias, explica que si estamos demasiado centrados en *llegar a ser*, perdemos la capacidad de disfrutar del momento presente; caemos en patrones de estrés, de ansiedad y de no sentirnos nunca satisfechos. Pero si solo permanecemos en el estado de *ser*, no somos muy eficaces en el mundo. Eckhart describe esto como ir debajo del pensamiento; explica que si abandonamos cualquier lucha, podemos perder la alerta, la cual forma parte del hecho de estar presente. Tenemos que conservar el equilibrio entre el ser y el hacer para poder disfrutar de la vida y que a la vez esta sea fructífera.

Pero el hecho de vivir en una cultura que nos tienta con un desfile interminable de cosas que prometen hacernos realmente felices hace que sea más fácil decirlo que hacerlo. También hace que sea todo un reto educar a niños que no quieran desesperadamente una cosa u otra. Nuestros hijos se ven bombardeados con la promesa de que conseguirán popularidad, aprobación, placer o prestigio si pueden adquirir algo que está habitualmente fuera de su alcance. «Si sacara un sobresaliente en este examen...», «Si Cameron le dijera a Caitlyn que lo haga como yo...», «Si compraseis un nuevo iPad con una mejor cámara...».

Esto me recuerda una encuesta llevada a cabo por el Pew Research Center en la que, cuando se les preguntaba qué aspiraban a llegar a ser, el ochenta y uno por ciento de los jóvenes entre los dieciocho y los veinticinco años respondieron que lo que más querían era ser ricos. No es fácil contrarrestar el impacto de los anunciantes que hacen que parezca que la vida no es lo bastante interesante si le falta esto, eso o aquello.

Pero la felicidad no puede comprarse. En mi práctica como psicoterapeuta, algunos de mis pacientes más hastiados aparecen en las portadas de las revistas, poseen viviendas por todo el mundo y tienen vidas aparentemente idílicas; aparecen con frecuencia fotografiados divirtiéndose entre las olas de Malibú con su impresionante cónyuge e hijos de aspecto perfecto a su lado. Pocos podrían adivinar que se arrastran a través de sus días deprimidos y abatidos, o que intentan manejar su descontento con las drogas o el alcohol. Todo parece maravilloso visto desde fuera; es como la manzana roja y brillante que un gusano se está comiendo desde dentro. En este caso, el gusano les carcome el alma.

Mientras iba hojeando un ejemplar de la revista *Architectural Digest*, que muestra casas de diseño impecable (cocinas de ensueño, salas de estar de escaparate, muebles hechos a mano, con cada almohada puesta en su lugar), empecé a pensar en las familias que viven en estas casas. Ciertamente, algunos de sus residentes se mueven por las suntuosas habitaciones con agradecimiento y deleite. Pero tengo conocidos que dedicaron años a manifestar su casa de ensueño y terminaron frente a la dolorosa verdad de que la felicidad no está en venta; el dolor aún se filtraba en sus vidas. Tal vez la familia no se reúne alrededor de la enorme chimenea de piedra en el salón catedralicio con vigas de roble importado para compartir risas y jugar por las noches. Tal vez los niños están siempre de mal humor en sus habitaciones de diseño, tristemente consumidos por tratar de impresionar a sus amigos de Internet. La casa puede ser envidiable, pero no las vidas que se viven entre sus paredes.

No hay nada malo en disfrutar de las cosas buenas de la vida, y muchas personas ricas tienen vidas gratificantes llenas de amor, alegría y propósito. Tan solo quiero subrayar que el éxito mundano y la felicidad no van de la mano. Los elementos que contribuyen a una vida satisfactoria van mucho más allá de lo que el dinero puede comprar.

HACER LAS PACES CON LA NO OBTENCIÓN DE TODO LO QUE QUEREMOS

Cuando comprendemos que la felicidad no es algo que podamos comprar, nos sentimos más cómodos con las quejas de nuestros hijos cuando no pueden tener algo que quieren. Pero en vez de criticarlos por no ser lo suficientemente generosos, deberíamos ayudarles a transitar por su decepción, reconociendo sus sentimientos y guiándolos hacia la aceptación.

Recuerdo un día terrible en que mi hijo de ocho años lloró durante todo el trayecto hasta casa porque no le compré unas cartas de Pokémon que costaban treinta dólares. ¡Cómo quería esas cartas! Habría sido muy fácil comprar su sonrisa, pero habíamos establecido un límite de gastos, y esas cartas lo superaban con creces. Me sentí fatal. ¡Deseaba tanto esas cartas! ¿Qué tenía de malo ceder?

Sin embargo, quise que supiera que yo tenía fe en su capacidad de soportar la tormenta de no obtener lo que quería. Intenté ser amable y comprensiva:

—Sé cuánto las quieres, cariño. Sé que no parece justo.

Pero de alguna manera me mantuve firme en mi postura. Aunque la situación fue dura, creo que el hecho de no obtener lo que quería le ayudó a aprender que su felicidad no dependía de que su madre sacase la tarjeta de crédito.

Como dije, el hecho de querer cosas no es, en sí mismo, algo negativo. Los deseos y anhelos son a menudo susurros de nuestra alma que nos indican la dirección que deberíamos tomar en la vida. ¿Por qué pasaría un deportista días agotadores trabajando y perfeccionando sus habilidades si no anhelara dar lo mejor de sí? ¿Cómo habría aprendido yo el hindi si hubiese ignorado mi deseo de hacerlo? Es solo cuando suspirar por algo quita el oxígeno al hoy en nombre de la promesa de un mañana mejor cuando el deseo se convierte en un problema.

Ayuda a tus hijos a aprender la diferencia entre las demandas interminables de «cosas» por parte de la «mente del mono» y los verdaderos anhelos de su alma. Es un regalo estar en sintonía con la llamada del corazón. El truco está en no poner todos los huevos en la cesta de «algún día seré feliz, si y solo si...». El viaje es el destino, incluso cuando aspiramos a llegar alto. Se supone que debemos no solo alcanzar las estrellas, sino también disfrutar del viaje.

> Se supone que debemos no solo alcanzar las estrellas, sino también disfrutar del viaje.

Cuando la atmósfera de nuestro hogar es amorosa y ligera, cuando les inculcamos a nuestros hijos un sentido de propósito, cuando somos generosos con los demás y cuando les ayudamos a permanecer amorosamente conectados consigo mismos y con las otras personas, les proporcionamos los ingredientes para una vida excepcionalmente buena.

Ayudar a nuestros hijos a tener vidas más felices también requiere que les enseñemos a desafiar hábitos y patrones de pensamiento negativos —por medio de cambiar nuestro punto de referencia de la felicidad o nuestra capacidad por defecto para sentir alegría.

CAMBIAR NUESTRO PUNTO DE REFERENCIA DE LA FELICIDAD

Los investigadores en psicología positiva creen que tenemos un «punto de referencia» de la felicidad, esto es, un nivel subjetivo de bienestar que permanece relativamente constante. Las personas premiadas en la lotería tienden a regresar a su punto de referencia de la felicidad incluso después de haber ganado millones de dólares, y lo mismo ocurre con quienes han sufrido una gran pérdida. Mi amiga Marci Shimoff indica que este punto de referencia está determinado por tres elementos: la genética (en un cincuenta por ciento), los hábitos (en un cuarenta por ciento) y las circunstancias (en un diez por ciento).

A primera vista, esto puede sugerir que si no tuviste suerte en la lotería de la genética y heredaste unos genes que te predisponen a ver el «vaso medio vacío», hay un cincuenta por ciento de posibilidades de que estés destinado a tener una vida infeliz. Pero este no es el caso. Los expertos en epigenética han determinado que si cambiamos nuestros hábitos, podemos cambiar nuestro ADN. El doctor David Rakel afirma:

> *Epigenética* significa 'en torno al gen', y la sopa en que bañamos a nuestros genes está determinada por las elecciones humanas. [...] Tenemos la oportunidad de bañar a nuestros genes con alegría, felicidad, ejercicio y alimentos nutritivos, o podemos bañarlos con ira, desesperación, comida basura y un estilo de vida sedentario.

En otras palabras, a pesar de nuestra genética o circunstancias, podemos cultivar la felicidad.

Se dice que tenemos unos sesenta mil pensamientos al día. También se dice que el ochenta por ciento de ellos son negativos. Y se cree que aproximadamente el noventa y cinco por ciento de los pensamientos que tenemos hoy son más o menos los mismos que tuvimos ayer, anteayer y el día anterior a anteayer. Esto significa que si no cambiamos nuestra manera de pensar habitual, nos veremos sometidos a unos cuarenta y cinco mil pensamientos negativos al día. ¡Esta es una sopa bastante negativa para que nuestros genes naden por ella!

si no cambiamos nuestra manera de pensar habitual nos veremos sometidos a unos cuarenta y cinco mil pensamientos negativos al día.

Cuando los investigadores de los Institutos Nacionales de la Salud norteamericanos midieron el flujo sanguíneo y los patrones de actividad del cerebro, descubrieron que los pensamientos negativos estimulan áreas implicadas en la ansiedad y la depresión, actuando como un veneno en nuestro organismo. La mejor manera de ayudar a nuestros hijos a desarrollar hábitos de felicidad saludables es adoptarlos nosotros mismos.

¿Te ven tus hijos caer en una espiral negativa del tipo «¿qué pasaría si...?» cuando la vida te sirve una mano difícil, o intentas silbar una melodía feliz mientras haces todo lo posible por sacar partido de la situación? Naturalmente, es posible que prefieras que la correa de distribución de tu coche no se rompa o que la lluvia amaine antes de la hora de la barbacoa. Pero hay una diferencia entre las preferencias y las necesidades. Cuando necesitamos algo, entramos en un lugar de impotencia, en el que alimentamos la desesperación y las conductas no saludables que tenemos cuando tratamos de controlar un resultado en particular porque no podemos soportar que no tenga lugar.

> Cuando necesitamos algo, entramos en un lugar de impotencia, en el que alimentamos la desesperación y las conductas no saludables que tenemos cuando tratamos de controlar un resultado en particular porque no podemos soportar que no tenga lugar.

Cuando nuestros hijos ven que reconocemos la decepción sin lanzarnos de cabeza a la infelicidad, desarrollan una imagen de lo que es permanecer presentes a través de los momentos difíciles de la vida. Entonces tienen la referencia de una forma de ser a la que pueden remitirse cuando se encuentran con sus propios desafíos.

BUSCAR LA FELICIDAD EN EL INTERIOR

Cuando algunos de nosotros pensamos en la felicidad, nos imaginamos a un futbolista haciendo el avión tras haber marcado o a una novia radiante de alegría mientras camina por el pasillo hacia el altar. Estos momentos son realmente especiales, pero son relativamente escasos y distantes entre sí. Además, dependen de las circunstancias externas.

La verdadera felicidad es tranquila y profunda. No depende de las circunstancias. No es algo que obtengamos mediante la manifestación de un evento o logro largamente anhelado. Se trata de un estado en el que nos instalamos que infunde una profunda alegría a los distintos momentos de nuestra vida, tanto los ordinarios como los extraordinarios.

> La verdadera felicidad es tranquila y profunda. Se trata de un estado en el que nos instalamos que infunde una profunda alegría a los distintos momentos de nuestra vida, tanto los ordinarios como los extraordinarios.

La autora Barbara De Angelis explica una historia personal que me produjo un gran impacto. Voy a parafrasearla.

Tras años de búsqueda, conoció a un hombre que creyó que era su alma gemela. Se enamoraron profundamente y ella se maravilló de su buena suerte. El corazón de Barbara rebosaba felicidad cuando caminaban por la playa agarrados de la mano. Su amado le mandaba apasionadas cartas de amor. Pasaba los días saturada por una especie de dicha romántica que no había conocido nunca.

Unos meses más tarde, descubrió que ese hombre se estaba viendo también con otras mujeres. Para colmo, les había enviado las mismas cartas de amor que le había escrito a ella.

Barbara quedó destrozada. ¿Cómo pudo un amor que había sentido tan verdadero y profundo haber sido una farsa? Con el corazón roto, desconectó del mundo y se sumergió en un agujero hondo y oscuro.

Después de permanecer un tiempo en este estado de tristeza, algo se liberó dentro de ella y tuvo una revelación: si toda su experiencia del amor se había basado en una mentira, ¿por qué había sentido tanta felicidad? Comenzó a entender que la alegría y el amor que había experimentado en presencia de ese hombre, y cada vez que había pensado en él, habían estado dentro de ella todo el tiempo. Él no le hizo entrega de un pedazo de amor cada vez que estuvieron juntos; no le dio una pastilla que abrió las compuertas de su corazón. Lo que ocurrió fue que sus expresiones de amor la habían impulsado a abrir el grifo de la alegría dentro de sí misma. Fue el hecho de abrir ese grifo lo que le permitió experimentar ese magnífico amor, no algo que él hiciera. En realidad, su novio no había sido más que la excusa que necesitaba para permitirse experimentar sentimientos de amor que habían estado siempre en su corazón.

Lo que me encanta de esta historia es la manera en que expone una mentira que muchos de nosotros perpetuamos: que nuestra felicidad depende de algo o alguien más. Cuando piensas en las veces en que sentiste gozo, acaso recuerdes en primer lugar lo que estaba aconteciendo externamente; tal vez todos tus seres queridos se habían reunido, o estabas paseando por el bosque. Pero aun cuando estas condiciones fueron importantes, el sentimiento de felicidad estaba activo en tu interior. La verdadera felicidad la autogeneramos; es un sentimiento en el que podemos entrar independientemente de lo que esté ocurriendo fuera. ¡Qué maravilloso regalo les haríamos a nuestros hijos si les pudiésemos ayudar a comprender que en realidad la felicidad viene de dentro! Cuando abrimos nuestros corazones a apreciar todo lo que está trayendo el momento presente, alargar el brazo para tomar una rebanada de pan puede catalizar en nosotros tanta felicidad como recordar una lista de cosas por las que estamos agradecidos (una lección esencial para nuestros pequeños).

> Cuando abrimos nuestros corazones a apreciar todo lo que está trayendo el momento presente, alargar el brazo para tomar una rebanada de pan puede catalizar en nosotros tanta felicidad como recordar una lista de cosas por las que estamos agradecidos (una lección esencial para nuestros pequeños).

Dentro de nosotros hay un río siempre presente al que podemos tirarnos en cualquier momento. La felicidad real tiene que ver con disfrutar del simple milagro de estar vivo.

EXPRESAR GRATITUD

El agradecimiento no es algo que podamos enseñar a nuestros hijos por medio de las palabras, pero si creamos hábitos de gratitud, no podrán evitar verse afectados por ellos. Expresar agradecimiento de manera regular nos ayuda a dejar de fijarnos en lo que está mal para celebrar lo que es maravilloso.

John Gottman es profesor de psicología y autor de muchos libros, entre ellos *Siete reglas de oro para vivir en pareja*. En el transcurso de su investigación sobre la estabilidad matrimonial, se le ocurrió una técnica que es útil no solo en los matrimonios, sino también en otras relaciones familiares: establecer cinco manifestaciones de aprecio por cada comentario negativo.

Gottman sugiere que cada vez que te quejes neutralices el impacto de la queja con cinco agradecimientos o reconocimientos positivos. Harville Hendrix, creador junto a su esposa de la terapia de relaciones Imago, habla también de esta idea, y anima a las parejas a pasar de los patrones de comunicación dañinos a los constructivos. He tenido mucho éxito a la hora de trabajar con las familias para que integren esta idea en sus vidas cotidianas; a los niños —¡y a los padres!— les encanta oír lo que nos gusta o apreciamos de ellos. Si, víctima de la frustración, te encuentras diciendo algo así como: «¿Por qué haces siempre tanto ruido al comer?», puedes hacer comentarios positivos durante todo el día, como: «Me encantó lo tiernamente que jugaste con los cachorros, cariño» o «Cuando venía por el camino y te vi jugar al aire libre, me sentí muy feliz de verte y muy contento de ser tu padre». Ofrecer muestras de aprecio a nuestros seres queridos es como poner lubricante a un motor; reduce la fricción y hace que la vida familiar transcurra con mayor suavidad.

RESPONDER A TU HIJO LAS GRANDES PREGUNTAS SOBRE LA VIDA

Las palabras *espiritual* y *espiritualidad* tienen múltiples significados. Aquí no las estoy utilizando en un sentido religioso o dogmático, sino para describir nuestro anhelo innato de comprender cómo empezamos a estar vivos, qué poder o fuerza —si es el caso— está dirigiendo el espectáculo y por qué estamos aquí. Los seres humanos parecemos venir con un anhelo pre-programado de comprender el misterio de la vida. Buscamos, más allá de las explicaciones racionales, un marco más profundo para comprender el universo y nuestro lugar en él.

Tu visión personal de la espiritualidad puede incluir la creencia en Dios o en una fuerza benevolente que está gobernando el universo. Puede tratarse de algo que asocias con los ángeles o espíritus guía, o con las tradiciones de pueblos indígenas que llevan mucho tiempo viviendo en la Tierra. Tus creencias pueden haberse visto definidas por tus padres o por la comunidad donde creciste. O puedes haber rechazado estas creencias y haber abrazado algo muy distinto, que resuene más íntimamente con tu corazón y tus sensibilidades.

Sean cuales sean nuestras prácticas o creencias, tenemos que pensar acerca de cómo deseamos transmitirlas a nuestros hijos. ¿Queremos que acudan a la escuela dominical? ¿Hay ciertos rituales que queramos incorporar a su día a día? ¿Nos gustaría que aprendiesen pasajes de las Escrituras? ¿Rezaremos antes de las comidas o antes de irnos a dormir? ¿Creemos que deberían conocer un abanico de religiones, para que puedan llevar a cabo sus propias elecciones? ¿Somos ateos o agnósticos y estamos decididos a no transmitir a nuestros hijos ninguna creencia en particular, de manera que puedan encontrar su propio camino?

Estas son decisiones muy personales, que confío en que los padres tomen por sí mismos. Pero tenemos que estar preparados con al menos algunas respuestas básicas una vez que nuestros hijos empiecen a hacernos las grandes preguntas sobre la vida, incluida la de qué ocurre cuando un ser querido fallece.

En la película *Cocoon* hay una escena con la que resueno profundamente. En ella, una mujer joven se desviste en su cuarto, y en vez de quitarse la ropa se quita la piel, enteramente, de la cabeza a los pies. Por debajo, es un ser luminoso, una luz brillante. Se despoja de la identidad exterior para pasar a ser quien realmente es, un ser puro de luz.

Me encanta esta imagen, y a veces la evoco. Cuando interactúo con las personas, imagino que por debajo de su personalidad externa son, como yo, manifestaciones de la divinidad, que han ido a parar al tubo que es el cuerpo para jugar y aprender aquí, en la Tierra, durante un tiempo. A veces incluso imagino que cada persona con la que me encuentro es Dios o la divina presencia disfrazada y que ambos sabemos que no somos el papel que estamos representando, si bien nos divertimos mucho (ojalá) representando dicho papel de todos modos.

Esta idea puede no servirte a ti, pero en el caso de algunos niños puede resultar útil explicarles que nuestro espíritu es algo semejante a la luz vertido en el recipiente que es nuestro cuerpo, y que este es el motivo por el cual, cuando alguien muere, el amor y la conexión que sentimos por esa persona permanece. De todos modos, reitero que confío en que cada padre encontrará la manera adecuada de hablar sobre la vida y la muerte con su hijo. En el caso de algunos progenitores, esto consistirá en no decir nada en absoluto. Su método puede implicar llevar una vida compasiva sin hablar de ello, permitiendo así que sus hijos absorban qué es andar un camino espiritual por medio de vivirlo por sí mismos.

Pero algunos padres pueden estar muy apasionados con su práctica espiritual. Tal vez acudan fielmente a la iglesia, mediten a diario, escuchen habitualmente conferencias impartidas por maestros espirituales inspiradores, se inclinen frente al altar de su gurú cada mañana, comulguen con sus ángeles o espíritus guía o acudan a retiros para profundizar en su fe. A veces, los hijos de estos apasionados devotos encuentran absurdas las actividades espirituales de sus padres y no quieren participar en ellas. Como el personaje de Michael J. Fox en la serie *Enredos de familia*, que rechaza rotundamente la mentalidad liberal de sus padres y pasa a ser un adolescente republicano con traje y corbata, nuestros hijos pueden rechazar nuestras creencias espirituales; pueden incluso repudiarlas y ridiculizarlas con desdén.

Por más decepcionante que pueda ser el hecho de que tu hijo se resista a todos y cada uno de los esfuerzos que llevas a cabo para inculcarle tus creencias, esto también puede ser una bendición. Si aquello que nutre tu alma es real para ti, no necesita ser validado por nadie, ni tan siquiera por tus hijos. He visto a padres sabotear cualquier esperanza de que sus hijos lleguen a abrazar sus prácticas espirituales simplemente por forzarlos a participar en ellas. Esto no funciona así.

> Si aquello que nutre tu alma es real para ti, no necesita ser validado por nadie, ni tan siquiera por tus hijos.

Sí, expón a tus hijos a aquello que nutre tu espíritu. Pero deja que acudan a estas prácticas por sí mismos, por medio de observar cómo te conviertes en alguien más tranquilo, amoroso y generoso. De nuevo, nuestros hijos pueden ser nuestros mayores maestros. Olerán y pondrán al descubierto cualquier hipocresía que alberguemos. Si somos insistentes en relación con lo que creemos o necesitamos que se unan a nosotros en nuestro camino, nos rechazarán. Si salimos de nuestras habitaciones después de meditar con una actitud gruñona, perderán el respeto por cualquier experiencia de paz interior que pretendamos haber logrado. Si volvemos de la iglesia contando chismes acerca de las personas que allí vimos... imagínatelo. Nuestros hijos necesitan que nuestra práctica espiritual sea siempre real.

> Deja que se sientan atraídos, como te ocurrió a ti, por un sentimiento interior que los tiente, mientras tú llevas tu práctica a la vida en su presencia.

No hay ninguna necesidad de que salgas de tu práctica espiritual pareciendo un santo, flotando por el lugar con una sonrisa beatífica y pidiéndoles a tus hijos en voz baja si les importaría guardar sus juguetes. Sé consciente de que los niños aprenden mucho más de lo que ven que de lo que decimos. Si quieres que abracen tu camino espiritual —o, al menos, que estén abiertos a explorarlo—, no los fuerces. Deja que se sientan atraídos, como te ocurrió a ti, por un sentimiento interior que los tiente, mientras tú llevas tu práctica a la vida en su presencia.

ES TU TURNO

Más adelante hay una lista de las cualidades de las que he hablado en los últimos capítulos. He abarcado muchos aspectos, pero sin duda he dejado de lado atributos que puedes sentir que son esenciales a la hora de educar a tu hijo. Tómate un momento para reflexionar sobre las características que crees que son importantes. Escribe en tu cuaderno una o dos frases sobre un cambio específico que puedas llevar a cabo que posiblemente os ayude a ti y a tu hijo a desarrollar más esa cualidad.

Por ejemplo, si eliges «respetarse a sí mismo», puedes decidir practicar ser más asertivo con tu compañero de trabajo cuando te pide repetidamente que lo sustituyas con el fin de que pueda disfrutar más rato de su comida. Si te decides por «respetar a los demás», puedes establecer la intención de hablar con tus hijos acerca de maneras en que cada miembro de tu familia manejará esos momentos inevitables en que uno hiere los sentimientos de alguien o ignora su petición. Si optas por «vivir con pasión y propósito», tal vez buscarás un lugar donde tú y tus hijos podáis hacer voluntariado. O puedes querer participar en un taller de escritura para mostrarles a tus hijos cómo le sienta a uno perseguir los callados anhelos de su corazón. Como recordatorio, he aquí las cualidades de las que hemos hablado:

- Pedir disculpas
- Ser responsable de las propias elecciones
- Estar feliz y contento
- Ser honesto
- Ser vulnerable
- Comunicarse bien
- Lidiar con el estrés
- Cultivar la compasión
- Dominar la ira
- Mostrar buenas maneras
- Desarrollar empatía
- Disfrutar la vida
- Disfrutar de la propia compañía
- Sentirse merecedor de amor
- Dar
- Divertirse
- Honrar a los mayores
- Honrar la espiritualidad
- Respetar los acuerdos
- Escuchar con respeto
- Escuchar la propia intuición

- Vivir con pasión y propósito
- Manejar la incertidumbre
- Practicar la gratitud
- Practicar la atención plena
- Practicar el cuidado de sí mismo y la bondad
- Deshacerse de las relaciones insanas
- Resituar el propio punto de referencia de la felicidad
- Respetar a los demás
- Respetarse a sí mismo
- Poner límites en las relaciones
- Fortalecer el vínculo
- Decir la verdad

EN LA PRÁCTICA: ESTAR PRESENTES EN LA VIDA REAL
¿Deberíamos hacer que nuestros hijos vengan a la iglesia?

PREGUNTA: Mi marido y yo asistimos a una iglesia aconfesional los domingos. Siempre hemos sentido que era importante para nuestros hijos que vinieran con nosotros, lo que hacían de buena gana cuando eran más pequeños. Pero ahora mi hijo de quince años dice que es estúpido ir, y mi hijo de trece quiere ser como su hermano mayor, así que también se niega a venir. ¿Qué deberíamos hacer?

CONSEJO: Hay dos escuelas de pensamiento sobre la manera de responder a una pregunta como esta. Una de ellas sugiere que se obtienen muchos beneficios de establecer una práctica semanal de dedicar tiempo a la oración, la contemplación y la acción de gracias. Este punto de vista reconoce que los niños no tienden a levantarse entusiasmados los domingos ante la perspectiva de ir a cualquier lugar que no sea «divertido», pero que aun así los padres deben mostrarse firmes en su compromiso de involucrar a la familia en una actividad regular que ponga el acento en fomentar cualidades significativas, incluso si los niños se quejan.

La otra posición sugiere que obligar a los niños a ubicar sus cuerpos en una casa de culto favorece poco que se despierte en ellos su interés natural en Dios o la espiritualidad. Si vamos aún más allá, forzarlos a asistir a los servicios dominicales puede hacer que se desentiendan de la búsqueda espiritual en el futuro, debido a la asociación negativa que habrán interiorizado en relación con los movimientos de reverencia, puesto que los habrán efectuado sin tener un interés genuino en ello.

Creo que si los padres muestran un entusiasmo sincero por la devoción hacia alguna forma de actividad espiritual, deberían confiar en que es menos importante que sus hijos hagan acto de presencia que el hecho de que sientan la emanación de la alegría, paz y devoción de sus padres. En última instancia, esto es lo que influirá más en un niño a la hora de explorar su propia espiritualidad. Sin embargo, cada padre tiene que decidirlo por sí mismo. Algunos sentirán —comprensiblemente— que ir a la iglesia, aunque sea a regañadientes, es mejor que quedarse en casa durmiendo o viendo la televisión.

Si tu hijo de quince años quiere descansar de ir a la iglesia, tal vez es aconsejable dejar que lo haga; como dice un refrán, puedes conducir un caballo hasta el agua, pero no obligarlo a beber. Ciertamente, puedes pedirle que os acompañe en lo que crees que es un ritual familiar especial y valioso, pero en ese caso quizá te encuentres con que esté más dispuesto a hacerlo si se le permite elegir que si se le obliga. Si piensas que tu hijo pequeño lo pasa bien yendo con vosotros, intenta hablar con él sobre la importancia de pensar por sí mismo y de llevar a cabo elecciones que le parezcan correctas a él, en vez de aquellas que estén motivadas por el intento de ganarse la aprobación de su hermano.

¿He malcriado a mis hijos?

PREGUNTA: He trabajado como un loco para proporcionarle una buena vida a mi familia y, con seguridad, mis hijos no valoran los muebles caros o la lujosa casa donde vivimos. Todo lo que les preocupa es obtener los últimos dispositivos o la ropa más chic. ¿Es demasiado tarde para enseñarles a valorar lo que tienen, en vez de que se quejen por lo que no tienen? ¿Los he estropeado para siempre?

CONSEJO: Nunca me ha gustado la palabra *estropear* a la hora de describir a los niños. ¿Leche estropeada? Sí. ¿Niños estropeados? ¡No! Los niños quieren lo que quieren de manera natural, ¡y a menudo nos lo hacen saber con mucha vehemencia! Pero nosotros somos quienes les enseñamos a crearse la expectativa de que obtendrán lo que piden. Debemos poder creer en su capacidad de sobrellevar el disgusto resultante de que no todos sus deseos se vean cumplidos.

Enfadarnos con los niños por ser desagradecidos porque de pronto hemos decidido dejar de comprarles todo lo que desean es un poco injusto. Si tu familia siempre ha ido detrás de lo nuevo y radiante, no es razonable esperar que tus hijos caigan de pronto en un estado de agradecimiento perpetuo.

Cambia las experiencias de tus hijos en relación con lo que es el amor de sus padres. Empieza a proporcionarles aquello que el dinero no puede comprar pero que realmente satisface: largos paseos en bicicleta, partidas épicas de Monopoly, ir a partes de vuestra ciudad que nunca habéis explorado o ver películas en familia algunas noches. Permite que sean testigos de cómo aprecias los intangibles de la vida, como el placer de una buena lectura o ver cómo algo que has plantado en el jardín da fruto. Cuando cambies lo que valoras, será más probable que tus hijos pasen de querer cosas a estar agradecidos por lo que tienen.

Puede ser que lleve tiempo que abandonen la actitud del querer a toda costa. No los culpes por ser desagradecidos. Cuando pidan algo, invítalos a que lo apunten en una lista, la de los «Deseos para días especiales». Ayúdalos a descubrir el placer de trabajar y ahorrar para obtener lo que desean especialmente. Reconoce su decepción y frustración con la comprensión de que se ven privados de algo (para saber más sobre esta estrategia, puedes leer acerca del Acto I de la Paternidad en el capítulo 5 o leer mi libro *Parenting Without Power Struggles*).

¿Puede una persona pasar de ser negativa a positiva?

PREGUNTA: La depresión está presente en todo mi árbol genealógico. ¿Es realmente posible pasar de ser alguien que tiene habitualmente pensamientos negativos a ser una persona positiva y esperanzada?

CONSEJO: Este es el milagro de nuestras vidas: que podemos crecer en circunstancias que parecen definir la trayectoria de nuestra vida y, sin embargo, liberarnos con el fin de crear algo totalmente nuevo por nosotros mismos.

Sí, tendrás trabajo a la hora de querer salirte de patrones de pensamiento negativo largamente asentados. Estos patrones son habituales, y no es fácil romper los hábitos. Requerirá de ti conciencia y compromiso evitar caer en los surcos bien marcados de ver las experiencias desagradables como inevitables o de alejar lo bueno porque no creas que sea real.

Pero puedes liberarte de las limitaciones de tu árbol genealógico. Tienes libre albedrío. Puedes elegir cómo pensar acerca del baile de la vida y ver los momentos difíciles como oportunidades para crecer y a los seres queridos como regalos de un universo benevolente.

Esto no significa que debas desestimar recibir ayuda si la necesitas; esta puede consistir en medicación, terapia o modificaciones en el estilo de vida —lo cual puede incluir cambios en la dieta, dormir más, hacer ejercicio, meditar o jugar—. ¡Pero sé un pionero; rompe viejos patrones familiares y haz añicos el techo de cristal de la capacidad que tiene tu familia para experimentar la alegría!

Capítulo 11

HERRAMIENTAS, CONSEJOS
Y ESTRATEGIAS

Lo único que es en última instancia real en tu viaje es el paso
que estás dando en este momento. Esto es todo lo que hay.

Eckhart Tolle

Mucho de lo que he escrito sobre educar a los niños para que sean conscientes, para que estén seguros de sí mismos y atentos a los demás, te habrá resultado familiar. Sabemos que es importante practicar una actitud de agradecimiento y que es aconsejable vivir en el presente. Es a la hora de llevar todo esto a la práctica cuando algunos tenemos problemas. Es conveniente saber que deberíamos estar más presentes con nuestros hijos o vivir en un estado de agradecimiento. Algo completamente distinto es incorporar esta comprensión a nuestras vidas cotidianas.

Muchos estamos comprometidos con hacer del mundo un lugar mejor, y a menudo dedicamos una cantidad considerable de tiempo y energía a nuestras causas humanitarias predilectas. Sin embargo, tenemos justo delante la ocasión de causar un impacto positivo en el mundo: la paternidad nos proporciona una oportunidad práctica de ayudar a construir un mundo mejor por medio de educar a unos niños que se conviertan en adultos conscientes y responsables.

En este capítulo te ofrezco una variedad de actividades que puedes integrar en tu vida cotidiana. Algunas ideas te parecerán atractivas; otras no tanto. Pero te ruego que integres al menos algunas de estas prácticas en tu vida. Si bien te animo a que las lleves a cabo con tus hijos, también puedes realizar todas estas actividades por tu cuenta.

PRÁCTICAS PARA CULTIVAR LA ATENCIÓN PLENA Y LA CONSCIENCIA

«Mamá, ¿me estás escuchando?».

«Papá, ya te he dicho dos veces que necesito que me lleves».

«Dijiste que solo debías consultar el correo electrónico del trabajo un momento, ¡pero de esto ya hace mucho!».

Como he dicho ya varias veces, nuestros hijos pueden contarse entre nuestros mejores maestros, puesto que nos proporcionan oportunidades ilimitadas de ampliar nuestras miras. Una de las formas en que nos mantienen a raya es llamándonos la atención cuando nos hemos despistado. Como mencioné anteriormente, las prácticas de atención plena o *mindfulness* están rompiendo los confines de los centros de meditación y están entrando en escuelas, cárceles y hospitales. Sería maravilloso que pudiesen formar parte de la vida de los niños desde edades tempranas. Imagina un mundo en que los niños crezcan siendo conscientes de sus sentimientos y emociones, menos a merced de los pensamientos estresantes y con un sentimiento de gratitud canturreando en el trasfondo de sus vidas.

Ofrezco pues a continuación algunas ideas para llevar las prácticas de atención plena a la vida familiar. Siempre es mejor predicar con el ejemplo, por lo que si nunca has hecho ninguna práctica de atención plena o meditación, te sugiero que las realices durante al menos un mes antes de exponerlas a sus hijos.

Preparar el terreno

La manera de presentar las prácticas de meditación y *mindfulness* variará en función de la edad de tu hijo y su estadio de desarrollo, pero en general podrías decirle algo como esto: «Tal vez hayas visto que a veces me gusta sentarme en silencio y estar un rato quieta por la mañana [o por la tarde, o por la noche]. Cuando lo hago, me siento realmente bien por dentro, en paz, y esto me ayuda a manejarme durante el día. Me gustaría enseñarte a hacerlo. ¿A ti te gustaría?».

Es aconsejable que los niños «se apunten» a ello en vez de decidir nosotros que el *mindfulness* es algo que deben hacer. La mayoría de los niños estarán interesados, pero aun así es una buena idea preguntarles si les gustaría aprenderlo.

Siempre ayuda que les expliques en qué consiste: «El *mindfulness* es muy sencillo. Consiste en percibir qué está ocurriendo en este momento en vez de pensar en el pasado o el futuro. Lo que me gusta del *mindfulness* es que me ayuda a sentirme más tranquila y feliz. Lo primero que vamos a hacer es crear un lugar especial donde podamos practicar juntos unos minutos cada día. Creo que el lugar podría ser este. —Señalas una parte específica de la casa, y añades—: ¿Me ayudarás a prepararlo?».

Invita a tu hijo a participar en la creación de un espacio acogedor, tal vez con cojines, flores o plantas de interior, o pequeños objetos que sean significativos para vosotros. Si os sentís cómodos prendiendo una vela aromática o un incienso, estos olores hacen que a algunas personas les resulte más sencillo permanecer ancladas en el presente.

Una vez que habéis establecido vuestra zona de *mindfulness*, podéis empezar con vuestra primera práctica.

Empezar la práctica

Indícale: «Pongámonos cómodos y a gusto. Deja ir la tirantez y la tensión, comenzando por la parte superior de la cabeza e imaginando cómo una bola caliente de luz relaja todos los músculos de tu cara y mandíbula. Después baja hasta el cuello y los hombros, permitiendo que cada músculo se suavice y suelte cualquier sensación de rigidez o tensión».

Continúa guiándolo a través de esta relajación, desde la cabeza hasta los pies. Una de las maneras más fáciles de presentarles el *mindfulness* a los niños es usar una campana de meditación o un cuenco tibetano. Después de tocar el gong o el cuenco, pídele a tu hijo que escuche atentamente mientras el sonido se vuelve cada vez más tenue. Puedes sugerirle que levante la mano cuando deje de oírlo. Esto centrará su atención en el sonido y en nada más.

Otra actividad que les gusta a los niños es una mencionada en el capítulo 9. Dile a tu hijo que escuche cualquier sonido que llegue a su oído, tanto de puertas adentro como fuera. Indícale que si descubre que su mente está vagando —y efectivamente vagará—, puede volver a enfocarla, suavemente, en cualquier sonido que capte su atención: el ruido de un coche que pasa, el rugido de los intestinos por el hambre, un perro que ladra... Sean cuales sean los sonidos, anímalo a que los registre de una manera relajada, sin esfuerzo.

Seguir la respiración

Una de las prácticas de *mindfulness* más comunes implica seguir la respiración. Explícale a tu hijo: «Mientras inspiras, presta atención a la respiración que entra. Percibe el aire tal como entra en las fosas nasales. ¿Es frío o caliente? Síguelo por la garganta, mientras recorre su camino hasta los pulmones. Durante unos momentos, presta atención tan solo a tu respiración, en la nariz, o en la garganta, o tal vez en el vientre (percibe cómo sube y baja), mientras inhalas y exhalas. O pon la atención en el sonido que se produce cuando tomas y expulsas el aire. Si tu mente divaga (probablemente lo hará), regresa a percibir tu respiración».

No sigas hablando durante algunas respiraciones, para que el niño pueda hacer lo que le has indicado.

También puedes hacer que tu hijo cuente sus inhalaciones y exhalaciones para darle a su mente algo que hacer mientras se acostumbra a viajar en el flujo y reflujo de la respiración. Dile: «Relaja tu cuerpo. Cuando estés listo, toma aire, y cuenta "uno, uno, uno, uno, uno, uno, uno" mientras inhalas. Al exhalar, cuenta "uno, uno, uno, uno", hasta que tus pulmones estén vacíos. Espera la próxima respiración, sin prisas. Después inhala, contando "dos, dos, dos", y al exhalar cuenta "dos, dos, dos, dos", hasta que tus pulmones se queden sin aire. Puedes preferir contar al inhalar o al exhalar; ambas opciones son correctas. Sigue así durante diez respiraciones. Observa cómo te sientes al seguir respirando sin contar durante algunos momentos más».

Poner las manos en el pecho y el vientre

Cuando nos esforzamos o nos adentramos en un estado de estrés, tendemos a respirar desde el pecho, y nuestras respiraciones son más rápidas y superficiales. Cuando estamos relajados, respiramos más lentamente, desde el vientre. Una manera sencilla pero efectiva de que tu hijo recupere el sentido de presencia es invitarlo a que se coloque una mano sobre el pecho y la otra sobre el vientre: «A medida que inhalas y exhalas, percibe qué mano está subiendo y bajando. No trates de hacer que ninguna de las dos manos haga algo distinto de lo que está haciendo; tan solo presta atención a cuál es la que se mueve más».

Después de que tu hijo haya observado su respiración y sus manos durante un tiempo, puedes animarlo a que la lleve al vientre. Después, puedes preguntarle si se sintió distinto de alguna manera al respirar desde el vientre en lugar de hacerlo desde el pecho. Si te dice que se sintió más tranquilo, sugiérele que practique este ejercicio cuando se sienta molesto, preocupado o especialmente inquieto.

Después de una sesión de *mindfulness*, a muchos niños les gusta compartir qué les pareció, incluidas las dificultades que pueden haber tenido para permanecer centrados, así como cualquier sentimiento de tranquilidad que estén experimentando. También puede gustarles que les cuentes cómo te fue a ti. Escucha a tu hijo con actitud abierta y dile cuánto disfrutaste esos momentos especiales que pasasteis juntos.

Observar las emociones

El *mindfulness* ayuda a los niños a comprender lo que están sintiendo, de manera que están menos a merced de las tormentas de las grandes emociones, las cuales, si no se las controla, pueden convertirse en un tsunami.

Dile a tu hijo que se siente en silencio o que se tumbe con los ojos cerrados y conecte con lo que está aconteciendo en su interior: «Percibe cómo te sientes: emocionado, enfadado, triste, preocupado, satisfecho, curioso... Acaso experimentes varias emociones a la vez, como la de estar excitado y un poco preocupado. No intentes cambiar nada; limítate a percibir lo que estás sintiendo». Cuando les ayudamos a aceptar sus emociones sin resistirse a ellas, nuestros hijos son más capaces de manejar sus grandes sentimientos.

En su libro de ejercicios de *mindfulness* para niños, *Tranquilos y atentos como una rana*, Eline Snel propone que describan sus sentimientos en términos meteorológicos. Pregúntale a tu hijo si siente que su tiempo interior es soleado, tormentoso, ventoso, calmado, lluvioso o si hay un huracán. Por medio de sintonizar con lo que están experimentando e identificarlo, pueden establecer cierta distancia entre ellos y sus emociones.

Como dice Snel, los niños pueden reconocer cosas como las siguientes: «No soy el aguacero, pero me doy cuenta de que está lloviendo; no soy un miedoso, pero me doy cuenta de que a veces tengo una gran sensación de miedo en algún lugar cerca de mi garganta».

Permitir que los pensamientos sean nubes que pasen

Esta es una actividad interesante para realizar con los niños, especialmente los que se preocupan mucho. Invita a tu hijo a que se siente cómodamente, con los ojos cerrados, mientras sintoniza con su respiración de una de las maneras de las que hemos hablado: «Mientras estás sentado, puedes percibir u oír pensamientos que pasan por tu mente. No intentes hacer que estos pensamientos desaparezcan —lo cual es imposible de cualquier modo—; tan solo percíbelos. Piensa que eres el cielo azul, tan grande que unas cuantas nubes apenas importan, puesto que hay mucho espacio. Siente que eres este espacio enorme y permite que los pensamientos que acuden a tu mente sean como pequeñas nubes que pasan por él. No intentes agarrar los pensamientos-nube, o hacer que se vayan o vengan. Tan solo percíbelos. Incluso puedes nombrarlos: "He aquí un pensamiento sobre la cena. Aquí otro de preocupación por los deberes. Ahora aparece un pensamiento sobre cuándo acabaremos esta práctica. Y ahora otro sobre lo que ha dicho mi amigo hoy". Relájate y disfruta de la paz y la quietud de ser solamente el cielo». Después de un rato corto, invítalo a abrir los ojos. El ejercicio ha terminado.

Pasear siendo conscientes

Cuando los niños son pequeños, son conscientes en casi todo lo que hacen. ¿Recuerdas los paseos que dabas con tu hijo pequeño? Llegar tan lejos como dos o tres casas más allá podía hacerse eterno. Nuestros pequeños lo encuentran todo interesante, desde el sonido de un pájaro moviéndose debajo de un arbusto hasta las misteriosas grietas de la acera.

Si tu hijo tiene más edad, invítalo a entrar en un mayor nivel de conciencia mientras dais un paseo por el barrio. Caminad en silencio y escuchad los sonidos que haya a vuestro alrededor durante un minuto o dos. Pídele que perciba cómo siente el aire contra su cuerpo. ¿El sol le calienta la piel? ¿Hay una brisa ligera? Anímalo a prestar atención a la luz, a cómo se filtra a través de los árboles o cómo se refleja en un coche cercano. O imaginad que acabáis de aterrizar en la Tierra procedentes de otro planeta y que todo es nuevo. Imagina cómo veríais una valla pintada o cómo os maravillaríais con los colores de las flores al pasar por su lado.

Frotarse las manos

Una manera muy sencilla de enseñar a los niños a salirse de sus cabezas y traerlos de vuelta al momento presente es hacer que se froten las manos rápidamente durante unos treinta segundos, mientras sienten la fricción y cómo aumenta el calor. Esta es una manera rápida y sencilla de regresar al cuerpo.

Saborear cada bocado

El sentido del gusto es poderoso y puede devolvernos rápidamente al presente. Sugiérele esto a tu hijo: «Imagina que vienes de un país —o un planeta— donde no tienen este alimento; nunca lo han visto antes. Toma un bocado y permite que la comida esté ahí, moviéndose por tu boca antes de empezar a masticarla. Percibe su sabor: ¿es dulce o salada? Percibe su densidad: ¿es dura o blanda? ¿Cómo huele? ¿Qué ocurre cuando la masticas? ¿Cambia su textura con la saliva? Evita pronunciarte sobre si te gusta o no esta comida y no intentes describirla. Tan solo saboréala, permaneciendo muy atento a los gustos y sensaciones».

Otra versión de esta práctica consiste en invitar a tu hijo a comer una manzana mientras presta mucha atención a cada aspecto de la experiencia: «Percibe tus dedos alrededor de la manzana. Percibe su peso, su suavidad. Dale un mordisco y escucha el sonido del crujido. Permite que el jugo te llene la boca y advierte su sabor: ¿es dulce, agrio, ácido o refrescante?».

Escuchar música con atención plena

Elisha y Stefanie Goldstein, psicólogos clínicos y cofundadores del Centro para un Vivir Consciente, están llevando a cabo una labor maravillosa con su programa Calm para adolescentes. Su música para la meditación es una manera de que los adolescentes tengan una experiencia del cuerpo facilitada por algo que aman: ¡la música! Empiezan por poner la atención en sí mismos (conectan con su respiración, cuerpo, pensamientos y emociones) y después, al darle al *play*, prestan atención al conjunto de su experiencia corporal mientras practican la escucha atenta de una música popular. ¡Esta actividad les encanta a todos!

Andar a cámara lenta

Una muy buena práctica de *mindfulness* es la de caminar a cámara lenta, con toda la conciencia centrada en los minúsculos movimientos que dan lugar a cada paso. La mirada es hacia abajo, con el fin de poder permanecer internamente enfocados. Hay que andar a un ritmo más lento del normal y percibir, por este orden, el contacto de los talones, la planta de los pies y los dedos con el suelo. Prestad atención a lo que está haciendo el otro pie (cuándo se levanta, cuándo el peso del cuerpo pasa de recaer sobre uno de los pies a recaer en el otro). ¿Qué músculos intervienen en los tobillos, pantorrillas, rodillas y muslos? ¿Qué músculos están relajados o tensos durante el movimiento? Sentid si vuestros pasos son ligeros o pesados. Observad qué se siente cuando el centro de gravedad del cuerpo pasa de una pierna a la otra.

Podéis realizar esta actividad durante dos o tres minutos, pero cuando se vuelve realmente interesante es cuando se lleva a cabo durante unos veinte minutos. Cuando la he practicado en retiros, la instrucción que reciben generalmente los participantes es que eviten hablar o establecer contacto visual con los demás, que permanezcan totalmente presentes en la experiencia de dar cada paso.

Haz preguntas para fomentar la atención

El siguiente ejercicio está sacado del libro *El niño atento*, de Susan Kaiser Greenland, quien aconseja hacerle preguntas al niño para que se vuelva más autoconsciente. Pregúntale: «¿Estás concentrado, distraído o en un punto medio?». Para saber si está o no somnoliento: «¿Te sientes cansado, con energía o entre una cosa y la otra?». Para averiguar si está cómodo: «¿Te resulta fácil estar sentado sin moverte, difícil o a medias?». Susan sugiere que se les puede decir a los niños que respondan girando el pulgar hacia arriba, hacia un lado o hacia abajo. Este es un magnífico ejercicio para ayudarles a ser más conscientes de lo que están experimentando y comunicarlo, sea de forma verbal o no verbal.

Centrarse en una sola cosa

Muchos niños creen que pueden hacer varias actividades a la vez: los deberes, escuchar música y mantener una conversación mediante mensajes de texto. Pero en realidad la multitarea consiste en cambiar de ocupación con mucha rapidez. Los estudios sugieren que la calidad de nuestro trabajo se reduce significativamente cuando dividimos la atención entre varias actividades. Cuando los estudiantes realizan varias gestiones a la vez mientras hacen los deberes, su comprensión de la materia disminuye, recuerdan menos lo aprendido y encuentran más difícil aplicar lo que han estudiado.

Si has caído en el hábito de la multitarea, intenta salirte de él y que tus hijos vean cómo prestas toda tu atención a una cosa a la vez.

Y si ves que tu hijo se ocupa de varias tareas al mismo tiempo, aconséjale que se detenga, realice unas cuantas respiraciones y salga de los asuntos entre los que está dividiendo su atención. Invítalo a centrarse en una sola tarea durante uno o dos minutos: «Dirige tu atención a la respiración o a las sensaciones que experimentes en el cuerpo, excluyendo cualquier otra cosa. Ahora piensa si el párrafo que acabas de escribir para tu redacción realmente dice lo que querías decir». También puedes sugerirle que se desenganche por completo y se tome un descanso en la naturaleza. Respirar el aire libre es una gran manera de volver al momento presente.

Ejercicio con las orejas

Los niños se lo pasan muy bien con este ejercicio. Comenzando por la parte superior de la curvatura de cada una de las orejas del niño, colócale el pulgar en el interior del hueco y el dedo índice en el exterior y, con un poco de presión, baja por las orejas. Haz toda la curva, hasta el lóbulo. Puedes repetir esto varias veces. Es una buena manera de despertar el cerebro. A veces sugiero que se haga esto por la mañana si el niño se siente aturdido, o antes de hacer un examen.

La atención plena o *mindfulness* se puede practicar en cualquier momento; de hecho, he incluido algunas prácticas que pueden efectuarse en movimiento. Pero muchas familias encuentran útil hacer una pequeña práctica cada día a la misma hora. Para algunas de ellas, dedicarle unos pocos minutos antes de partir hacia la escuela da lugar a un buen estado de ánimo para afrontar el día. Una práctica rápida de tres minutos también puede reducir la tensión en las mañanas caóticas. Algunos padres establecen el hábito de hacer una práctica antes de la hora de acostarse, lo que facilita que sus hijos se relajen. O, tal vez, toda la familia podéis dirigiros a vuestro lugar especial para sentaros juntos antes de cenar.

No obligues a los niños a que hagan *mindfulness*, como si se tratase de hacer los deberes o de practicar en el piano. *Invítalos* a participar. Si no están interesados, déjalo correr. Muchos padres dan consejos a sus hijos que estos no tienen ningún tipo de interés en escuchar. ¿Te resulta familiar? Cuando estoy asesorando a un padre que me dice lo mucho que ha tratado de convencer a su hijo de que algo es bueno o malo para él, le pregunto: «¿Se apuntó tu hijo a tu clase?». Tras un pequeño silencio, se ríen. Todos sabemos que los niños se resisten mucho a recibir observaciones o consejos útiles que no han solicitado. Así que, por favor, sé respetuoso con tu hijo, y no lo obligues a hacer *mindfulness*. Si logras que las prácticas de *mindfulness* sean agradables, es probable que no tengas problemas para que las acepte. Si no, ¡será un buen momento para que practiques el desapego respecto a los resultados!

PRÁCTICAS PARA EL MANEJO DE GRANDES EMOCIONES
Abrazar a tus hijos

Probablemente resulta obvio que a los niños les gustan los abrazos, pero permíteme decir unas palabras al respecto, en caso de que el afecto fuera un tabú en tu familia de origen y hayas subestimado su valor.

Casi todos los niños reciben alimento emocional por medio de los abrazos. El contacto físico con un cuidador afectuoso regula su sistema nervioso, que se está desarrollando y a menudo es todavía inestable, de modo que los calma.

> En el intercambio sin palabras que es un abrazo largo y amoroso, todo lo que tiene que decirse queda dicho.

Pero lo más importante es que transmite directamente lo que un niño necesita saber por encima de todo: que es profundamente querido. En el intercambio sin palabras que es un abrazo largo y amoroso, todo lo que tiene que decirse queda dicho.

Es cierto que algunos niños se sienten incómodos con el contacto directo, pero si tu hijo se cuenta entre ellos, lo sabrás. En el caso de la mayor parte de los niños, recomiendo ser generosos con los abrazos y sus primos cercanos, los besos. Algunas familias establecen una política de abrazos a la que acuden cuando las cosas se deterioran con rapidez. Dejan de gritar, detienen cualquier negociación y abren los brazos.

Cito a continuación la descripción de los abrazos de un abuelo que aparece en *Ahora hablo yo*, de Bunmi Laditan. Tal vez es demasiado azucarada, pero la encuentro hermosa: «Los abrazos de un abuelo son místicos. Si el abrazo de un abuelo fuera un alimento, sería un malvavisco cubierto de salsa de chocolate envuelto en algodón de azúcar calentado suavemente por el aliento de un unicornio». La autora ofrece recomendaciones, entre ellas las siguientes: «Borra de tu cabeza cualquier tarea pendiente. No tienes que estar en ningún otro lugar». También: «Sonríe como si fuese Navidad».

Abraza a tus hijos. Si no te dejan, abrázalos con los ojos. Recibirán el mensaje.

Dejar que lloren

Los padres invierten demasiado esfuerzo en intentar evitar que sus hijos lloren: «No estés triste», «Sécate los ojos», «¡No hay para tanto!». Como todos los demás sistemas milagrosos del cuerpo, el mecanismo del llanto es tremendamente importante. Los psicólogos han bautizado como *síndrome de los ojos secos* el que padecen los niños a los que no les importan las amenazas de que les haremos o quitaremos algo. Sus corazones se han endurecido y están emocionalmente helados.

Cuando empezamos a tomarnos tiempo para bajar el ritmo y estar calladamente presentes, las emociones dolorosas que han sido largamente reprimidas pueden aflorar. Muchos de nosotros estamos en constante movimiento, de modo que no sentimos el dolor de la pena o la tristeza no procesadas, pero de hecho permitirnos sentir estos sentimientos es lo que hace que se movilicen y salgan. Es maravilloso ayudar a nuestros hijos a que sepan que pueden permitirse sentir sus emociones, incluidas las difíciles.

Escribe Annie Lalla en su ensayo *What Makes You Cry* («Lo que te hace llorar»):

Los sentimientos son internos y a menudo pueden ocultarse, pero las lágrimas son externas y, por tanto, los demás las ven. Son señales visuales explícitas que indican: «Este individuo necesita ayuda». Un corte sangrante en tu cuerpo dice: «Presta atención; haz algo para curar la herida». De la misma manera, las lágrimas dicen que la tribu [la familia, la comunidad...] está sangrando a través del tierno corazón de uno de sus miembros: «Prestemos atención; vayamos y ayudémosle». Vosotras, lágrimas, sois la manera en que vuestro cuerpo os muestra lo que es importante para vosotras. Contenerlas es una forma de autoengaño y una ocultación de nuestra verdad más profunda. [...] Cada lágrima no llorada es una revelación perdida, una lección desestimada, un momento al que le faltó vitalidad. [...] Las lágrimas nos llevan a casa.

A veces, lo más generoso que podemos hacer por nuestro hijo —o por nosotros mismos— es sentarnos en silencio y dejar que las lágrimas caigan. El autor Marc Gafni asegura que nuestras lágrimas nos muestran lo que nos importa. Esta afirmación me encanta.

Alienta a tus hijos a que permitan que la alegría y la tristeza salgan por sus ojos, en forma líquida, cuando sentimientos potentes afloren en ellos. Honra las grandes emociones que los mueven, así como a ti mismo. Deja que las lágrimas te lleven a casa, a tu corazón.

Permanecer de pie sobre una pierna

Kim Eng es profesora de talleres de presencia por medio del movimiento, una práctica espiritual que incorpora el movimiento físico como una manera de acceder al estado de presencia. Eng ofreció la siguiente idea para salir de una situación de enfado: la próxima vez que te encuentres en medio de una discusión acalorada o en una lucha de poder con tu hijo, intenta permanecer de pie sobre una pierna mientras discutes (cuanto más acalorada es la discusión, más arriba subes la pierna). Es casi imposible seguir enfadado. Tu hijo puede hacer lo mismo. Cuando estás de pie sobre una pierna, lo cual parece un ejercicio absurdo, ves que lo realmente absurdo no es el ejercicio, sino tu propio ego. Esta práctica te recuerda que tu ego está reaccionando a una situación y que puedes soltarla. Cualquier postura o movimiento inusual puede usarse como una manera de sacar la atención de la mente condicionada y hacernos conscientes del ego, y generar así una mayor autoconciencia.

Crear un rincón de la paz

Muchos niños me dicen que cuando se disgustan por el comportamiento fastidioso de un compañero o una reprimenda de sus padres, tan solo quieren estar a solas durante un rato. Esta es una expresión sana de autocuidado. Una manera de facilitar «un tiempo a solas» es establecer un espacio en tu casa al que los niños puedan acudir a recuperarse de una tormenta emocional. Esto es lo contrario de confinarlos a no moverse de una silla o mandarlos ponerse de cara a la pared por haberse portado mal. Amueblad el espacio elegido con un puf y una manta acogedora y llamadlo «el rincón de la paz» o «nuestro lugar seguro». Poned ahí cosas tales como juegos para estimular el tacto, limpiadores de pipas, tiras adhesivas, un animal de peluche suave, bolas de goma blandas, algo que desprenda un perfume agradable, imanes, un libro o juguete favorito del niño, títeres... Explícale a tu hijo que ese es un lugar especial donde puede acudir a relajarse y estar lejos de cualquier persona que lo haya perturbado. ¡Tú mismo puedes acabar acudiendo a este espacio de vez en cuando!

Establecer señales

Aunque muchos padres creen que los berrinches son una forma de manipulación para conseguir lo que quieren, la mayoría de los niños sufren mucho cuando superan su límite emocional y se derrumban. Casi siempre tienen muchos remordimientos después de los hechos. Los niños no siempre saben cómo conservar la calma cuando están abrumados por grandes emociones.

En mi trabajo, hablo mucho sobre la importancia de evitar los problemas entre padres e hijos por medio de abordar su causa. Pero a veces ni tan siquiera nuestros mejores esfuerzos para alejarnos de la tormenta emocional de un niño funcionan. Puede ser útil que os pongáis de acuerdo en una señal que él pueda utilizar para avisarte de que se está viendo inundado por sentimientos que escapan a su control y necesita tu ayuda. La idea es ayudarle a pensar en lo que necesita para regresar a su centro, que asuma la responsabilidad de evitar futuros berrinches sin sentirse juzgado por sus padres por perder los estribos.

Puedes empezar así: «Cariño, ¿recuerdas lo nervioso que te pusiste esta mañana cuando no pudiste encontrar los zapatos que querías ponerte? Me pareció que lo estabas pasando muy mal, como si un torbellino hubiese empezado a girar en tu interior». Si está de acuerdo, puedes continuar con algo como esto: «Me gustaría ayudarte cuando empiezas a disgustarte tanto. ¿Puedes pensar en lo que yo podría haber dicho o hecho que te hubiese facilitado dejar de enojarte? ¿Te habría gustado que te hubiera dado un abrazo o que hubiésemos salido a caminar unos momentos? ¿O acaso habría sido mejor que te hubiese dejado solo durante un rato? ¿Qué te parecería si me hicieras una señal por la que yo pudiese saber que estás empezando a perder los estribos? Así podría hacer algo que te ayudase —como darte un abrazo— en vez de empeorar el problema haciendo cosas como hablar demasiado o darte consejos».

Algunos niños sugerirán una palabra o frase especial; otros inventarán una señal manual —como mover los dedos de una mano o tirarse del lóbulo de la oreja—. La señal podría ser también un sonido.

Date cuenta de que es mucho más fácil hablar cuando las cosas van bien de lo que es hacerlo cuando un niño se encamina hacia una rabieta. Pero crear una señal para cortar los comportamientos explosivos en sus inicios puede ayudar a un niño a desarrollar una mayor conciencia y maestría emocionales.

PRÁCTICAS PARA RELAJARSE PROFUNDAMENTE
Apagar fuegos

Esta práctica puede ser beneficiosa para los niños que están agitados, enojados o de mal humor, ya que ayuda a sacarlos de la vorágine de pensamientos perturbadores. Haz que tu hijo se siente o se acueste y dile: «Cierra los ojos e imagina que estás en un pequeño avión volando sobre cada parte de tu cuerpo en busca de tensiones, de la misma forma en que un avión de extinción de incendios podría buscar pequeños fuegos en la maleza en un incendio forestal. Puede ser que sientas tensión en el estómago o una presión en el pecho. O puedes tener las manos sudorosas o el cuello tenso. Percibe estas sensaciones y suéltalas, mientras te imaginas inundando la zona con el "agua de la relajación" para apagar los fuegos de la tirantez y la tensión. Mientras, mentalmente, rocías las zonas donde estás sintiendo estrés, presta atención a la maravillosa sensación de relajación que experimentas y disfruta esta sensación».

Hacer un concurso entre las partes del cuerpo

Aunque suene ridículo, esta técnica ha demostrado ser una manera divertida de salir de una mente ocupada y profundizar en la relajación. Me acuesto y cierro los ojos, y en lugar de escanear mi cuerpo en busca de tensiones, busco la parte más relajada. De hecho, anuncio a mi cuerpo que estamos teniendo un concurso ¡y que la parte más relajada gana! Curiosamente, mientras avanzo, desde la cabeza, por el cuello, espalda, brazos, piernas y demás, me doy cuenta de que cada parte se relaja un poquito más para poder «ganar». El hecho de que sea una práctica tan disparatada puede hacer que resulte atractiva para tus hijos.

Respirar a través de una pajilla

Para realizar este ejercicio, necesitaréis una paja de beber cada uno. Invita a tu hijo a hacer unas cuantas respiraciones normales; después dile que haga una inhalación y que exhale lentamente, con los labios alrededor de la pajilla, con una mano colocada a unos dos centímetros y medio de distancia del otro extremo. El objetivo es exhalar tan lentamente que esta mano no sienta el soplo del aire. Después se hacen dos o tres respiraciones normales y a continuación otra más con la pajilla, con la técnica descrita. Con el tiempo, este ejercicio puede practicarse sin la ayuda de la pajilla; bastará con poner una mano delante de la boca o la nariz al exhalar, intentando de nuevo que el aire salga con tanta suavidad que la mano no lo sienta.

Darle a tu hijo una pulsera calmante

Pon ceremonialmente una pequeña pulsera en la muñeca de tu hijo y dile que es su «pulsera calmante especial». Después sentaos juntos y haced una de las actividades relajantes que se haya demostrado eficaz a la hora de ayudarle a sentirse tranquilo y en paz. Cuando completéis el ejercicio, haz que toque la pulsera; indícale que vierta sus sentimientos pacíficos en ella para saturarla de tranquilidad: «Cuando te sientas inquieto o agitado, toca tu pulsera y recuerda esta maravillosa sensación de calma».

Balancearse

Aprendí este ejercicio al hacer entrenamiento de la visión, pero he descubierto que no solamente ayuda a mis ojos a relajarse por medio de apartar la fijación de la mirada en el ordenador, sino que también me ayuda a recuperar la sensación de relajación. Puede tener algo que ver con el movimiento uniforme, como cuando nos encontramos mecidos en el vientre de nuestra madre.

Pídele a tu hijo que se ponga de pie con los pies a la anchura de los hombros y dile: «Con los ojos abiertos, haz que la parte superior del cuerpo oscile hacia la derecha y luego hacia la izquierda, manteniendo los dos pies en el suelo, pero permitiendo que cada talón se alce mientras giras hacia el lado opuesto. Deja que tus ojos se posen donde quieran en vez de fijarlos en un solo punto. De hecho, no trates de ver nada. Deja que tus ojos se posen rápidamente en cientos de puntos sin fijarte en ningún lugar en particular, mientras te balanceas de un lado al otro». Si bien los beneficios aumentan cuando les dedicas más tiempo, incluso tres o cuatro minutos pueden ser muy relajantes.

Hacer la postura del niño

El yoga ofrece una amplia variedad de posturas que promueven la relajación. Una de mis favoritas para los más pequeños es la postura del niño, denominación que encuentro muy acertada. Partiendo de la posición de rodillas, dejad que las posaderas bajen hasta tocar los talones, mientras estiráis el cuerpo hacia abajo y hacia delante sobre la colchoneta. Colocad los brazos al lado del cuerpo en el suelo, con la zona del estómago apoyada en la parte superior de los muslos, y permitid que la frente descanse sobre la colchoneta. Esta postura relaja todo el cuerpo y es una de las muchas útiles a la hora de aliviar el estrés.

PRÁCTICAS PARA TODA LA FAMILIA
Compartir valoraciones

Cuando tengo una sesión de asesoramiento familiar, a menudo empiezo con una ronda de valoraciones. Por turno, todos los participantes se ponen de pie y le dicen a cada uno de los demás algo específico que aprecian de ellos basándose en un suceso acontecido en la última semana: «Papá, agradezco que vinieras a montar en bicicleta conmigo. (Hermano mayor) Max, agradezco que me dejaras jugar contigo en tu cuarto en lugar de echarme. (Hermanita) Cassie, agradezco que me ayudaras a encontrar mis zapatos. Olvidé que los había sacado al patio, pero tú te acordaste. Mami, te agradezco que pongas almendras en mis cereales como a mí me gusta». Mientras cada persona espera para escuchar lo que quien habla está a punto de decir sobre ellas, sus caras tienen un brillo expectante, casi beatífico. Nunca dejo de verme conmovida por estas expresiones y la forma en que los corazones se ablandan. Muchas familias deciden llevar a cabo esta práctica con regularidad. Ser apreciado por alguien cambia, casi al instante, nuestros sentimientos hacia esa persona, ¡incluso si se trata de nuestro fastidioso hermano mayor!

Divertirse más

El factor diversión parece estar seriamente ausente en la vida de muchos niños. Escribo a continuación unas cuantas ideas para que insufléis más alegría a vuestras rutinas diarias. ¡Recomiendo encarecidamente que conviertas en una práctica el hecho de jugar más con tus hijos!

- Persigue a tus hijos por la casa.
- Soplad burbujas.
- Jugad a pelearos con regularidad.

- Marchad alrededor de la mesa antes de que nadie la abandone después de comer, acompañados de pitos y panderetas.
- Jugad al escondite.
- Haced una guerra de almohadas.
- Que cada miembro de la familia acuda a cenar con un chiste pensado, para compartirlo.
- Cantad una canción de agradecimiento antes de empezar a comer.
- Planificad una noche de karaoke con vuestros vecinos.
- Organizad una fiesta disco familiar o aprended juntos el baile del cuadrado.
- Cocinad juntos. Sé el cocinero de tu hijo; deja que él planifique el menú, mientras que tú cortarás y rebanarás los ingredientes.
- Jugad a las canicas (sigue siendo uno de mis juegos favoritos).
- Haced un concurso de acertijos.
- Organizad una demostración de talento en tu vecindario, en la cual participará tu familia colectivamente.
- Habla con acento extranjero al pedirles a tus hijos que ordenen sus juguetes. Háblales en susurros. Dales órdenes como si fueses la reina de un cuento de hadas.
- Programa una cita nocturna al mes con cada uno de tus hijos. Id a algún lugar donde nunca hayáis estado.
- Haced un almuerzo tipo desayuno. Comed fuera, en la hierba, o tened un día de campo a la antigua en el parque, repleto de lanzamientos de huevos y carreras de relevos con los amigos.
- Columpiaos juntos en los columpios.

- Jugad a la herradura, a colar la bola lanzada a los agujeros practicados en un tablero o a los dardos.
- Haced caligrafía (una actividad que favorece mucho la atención, además de ser creativa).
- Chapotead en una piscina para niños.
- Dibujad con tiza en la acera. ¡Cread una obra maestra en familia!
- Haced un concurso para ver quién aguanta más sin parpadear. O un concurso de sonrisas, en el que cada uno hace todo lo que puede para no sonreír.
- Haced un círculo de percusión familiar con tambores u ollas y sartenes tocadas con cucharas de madera; todo servirá. Si tenéis un bailarín en la familia, puede moverse al ritmo que marquéis.
- Haz novillos con tus hijos una vez al año: conduce hacia la escuela, después pasa de largo y encaminaos a una aventura no planeada: «¿Vamos a girar a la derecha o a la izquierda?». Decididlo a medida que avanzáis.

Ralph Waldo Emerson dijo: «Saber cómo jugar es un feliz talento». Divertirte con tus hijos es una de las maneras más rápidas de cambiar el pH de la relación (capítulo 3) y restablecer la conexión. ¡Divertíos!

Darse tres placeres al día

Esta es una actividad divertida para hacer con tus hijos. Os ayudará a trasladar el foco de las actividades mentales —que a menudo implican la presencia de un enchufe, una pantalla o una pila— a los placeres que vienen de sencillamente estar habitando un cuerpo. Está adaptada del libro de Marta Beck *The Joy Diet*.

Invita a cada miembro de la familia a completar las siguientes frases en voz alta con cinco cosas que disfruten en cada categoría. Uno de vosotros puede tomar notas. ¡Después, disfrutad de al menos tres de estos placeres cada día!

1. Me encanta el sabor de:
2. Me encanta ver:
3. Me encanta cómo me hace sentir:
4. Me encanta el olor de:
5. Me encanta el sonido de:

Lo que descubráis puede conduciros a todos hacia maravillosas actividades que habéis pasado por alto durante mucho tiempo. Si uno de vosotros dice que adora el olor de las lilas, podéis recordar cómo disfrutáis visitando una floristería; ¡una manera fácil de levantar el ánimo! O alguien puede recordar lo relajante que es escuchar el piar de los pájaros, lo cual puede llevaros más a menudo a un banco del parque para gozar de sus cantos.

Dibujar con atención plena

Dibujar con un niño es una magnífica manera de asentaros juntos en el momento presente. Dile a tu pequeño que elija un objeto y dale la instrucción de dibujar lo que vea. Deja que el lado izquierdo del cerebro —que es el analítico, el basado en el lenguaje— se aquiete mientras dibujáis lo que tenéis delante. Advertid los detalles. Caminad alrededor del objeto para verlo desde distintos ángulos. Esta es una actividad fantástica que realizar con los niños para estimular la conciencia de lo que tenemos alrededor.

Contar cuentos

En esta era de saturación digital, muchos niños están perdiendo la capacidad de formar imágenes en su mente, lo cual contribuye a que tengan menos voluntad de disfrutar de los placeres de un buen libro. Contar cuentos los entretiene, estimula su imaginación y los calma. Hay varias maneras de implicar a los niños en el arte intemporal de la narración de cuentos. Acomodaos, inventa un personaje singular y ve qué ocurre mientras empiezas a hilvanar un cuento. No te preocupes por si eres «bueno» a la hora de explicar cuentos. Tus hijos se divertirán con tu esfuerzo.

Otra opción es crear los cuentos entre todos, participando por turnos. Di una frase que abra la historia y, después, que cada uno de tus hijos añada una o dos frases; y seguid en círculo, desarrollando la narración. Su participación asegura que permanecerán atentos e implicados. También podéis elegir escuchar cuentos. Existen actores con gran talento que graban cuentos para niños.

Contar cuentos (y escucharlos) es relajante, fomenta la conexión y estimula la capacidad de los niños de mantener la concentración. ¡Divertíos con ello!

Escuchar a tu hijo

No hace falta decirlo, pero lo diré de todos modos: una de las mejores maneras de conectar con tu hijo es dejar lo que estés haciendo y escucharlo. Muestra interés por lo que le interesa. Hazle preguntas. Hablad sobre arañas, algún personaje favorito de tu hijo o el cambio climático. Cuando estamos plenamente disponibles para nuestros hijos con el fin de aprender más sobre su vida interior con curiosidad y apertura, restablecemos la conexión y fortalecemos el vínculo.

En el capítulo 6 me refería a un ejercicio que llamo los «tres síes» que facilita una mayor comprensión y empatía mutuas. Ofrezco a continuación un ejemplo de este ejercicio obtenido de una sesión que tuve con una madre y su hijo. Empieza con Thomas hablándole a su madre durante unos minutos sobre algo que le ha estado molestando. La madre ha accedido a escuchar atentamente sin interrumpir, girar los ojos hacia arriba o defenderse. Al acabar, se le dice que debe obtener tres síes de Thomas, para que se sienta escuchado y reconocido. Después intercambian los papeles:

—Mamá, me enfado mucho cuando estás de tan mal humor por la mañana. No me gusta cuando vienes a mi habitación fuera de tus casillas y gritándome. Eres mucho más amable con Jen. No es justo. Por la mañana estoy cansado y me gustaría que me dejaras dormir más. No veo por qué tengo que levantarme a las siete menos cuarto. No nos vamos hasta las siete y media, y no necesito tanto tiempo como Jen para estar a punto. Tampoco quiero desayunar, pero tú me obligas. ¡Ni tan siquiera tengo hambre! Bastaría con que comiera una barrita en el coche. Pero me haces levantarme y sentarme a la mesa. Me gustaría que me dejaras estar más tiempo en la cama. Estoy realmente cansado. Esto es todo lo que quería decir.

—Gracias, Thomas. Una de las cosas que he escuchado que decías es que no ves por qué tienes que levantarte tan temprano. Parece que puedes prepararte para salir en menos de cuarenta y cinco minutos.

—Sí. [*Levanto un dedo, indicando que la madre ha obtenido un sí*].

—También he escuchado que decías que no te gusta cuando grito por la mañana. Esto no te hace sentir bien.

—Sí. Es cierto. *[Levanto dos dedos].*

—Y creo que te he escuchado decir que te gustaría poder desayunar en el coche.

—No; quiero comer una barrita en el coche. No un desayuno completo.

—De acuerdo. Te gustaría poder tomar una barrita en el coche para desayunar. Así podrías estar más rato en la cama.

—¡Sí! *[Levanto tres dedos, confirmando así que la madre ha obtenido sus tres síes].*

—De acuerdo. Lo he pillado. Gracias por compartir todo esto conmigo.

Ahora es el turno de la madre. Tiene que responder (con respeto) a lo que ha dicho Thomas. Ahora le toca a ella obtener los tres síes, de manera que también se sienta escuchada:

—Comprendo que estés muy cansado por la mañana y que se te haga muy duro dejar la cama. Pero para mí también es duro. Cada mañana, cuando me dirijo por el pasillo a tu habitación, me tenso porque no me apetece tener otra bronca contigo. Tengo que estar en el trabajo a las ocho y media, y si no os dejase a tiempo en la escuela, llegaría tarde, y después tendría que aguantar las miradas de mi jefe durante todo el día, quien podría incluso pensar que no me tomo lo bastante en serio mi trabajo. Me gustaría que pudiésemos empezar las mañanas de una manera más amistosa, porque te quiero y me duele en el corazón pelear contigo. Nos duele a ambos. Me gustaría que te acostases a la hora, para que no estuvieses tan cansado; así podríamos empezar el día con mejor humor, y yo no me sentiría tan estresada desde el principio.

—Vale. Una cosa que creo que has dicho es que si llegamos tarde a la escuela tienes problemas en el trabajo si llegas tarde.

—Sí, es casi correcto. No tengo problemas del estilo de que me manden al despacho del director o algo por el estilo, pero mi jefe se da cuenta y no le gusta nada. *[Levanto un dedo].*

—Bien. Después he escuchado que decías que te tensas cuando entras en mi habitación porque no quieres tener otra pelea.

—Sí. *[Levanto dos dedos].*

—Mmmmm... No recuerdo qué más.

Invito a la madre a hablar durante alrededor de un minuto, y después regresamos a Thomas.

—¡Ah, sí! También has dicho que querrías que pudiésemos empezar el día más felices. Has dicho que me quieres y que no te gusta cuando no tenemos una buena mañana.

—Esto es del todo cierto. Gracias por escucharme, Thomas. Te lo agradezco de veras. *[Levanto el tercer dedo, mostrándole a Thomas que ha obtenido los tres síes].*

Lo que he visto repetidamente al hacer este ejercicio es que el solo hecho de sentirse escuchadas y reconocidas abre a las personas a experimentar una mayor empatía con aquel con quien estaban enojadas. Esto ayuda a crear un ambiente en el que pueden forjarse nuevas posibilidades o acuerdos. Otra forma de decir esto es que todas las personas pasan de sentirse enemigas de las otras a sentir que están en el mismo equipo. Este es un ejercicio sencillo pero potente.

Establecer un ritual de despedida

Hacer una rápida práctica de *mindfulness* antes de dejar a tu hijo en la escuela requiere tan solo un momento y puede predisponerlo a tener un día mucho mejor. Añadir un elemento que fomente la conexión también puede hacer que las despedidas sean más fáciles para los niños que tienen dificultades a la hora de separarse de la madre o el padre. Por ejemplo, podéis hacer tres respiraciones profundas juntos tomados de la mano. O podéis abrazaros durante tres segundos o entonar una pequeña canción que ambos hayáis creado. A los niños les encantan los rituales. Cuanto más procures que os ancléis en sentimientos de conexión o gratitud como parte de la rutina diaria con tu hijo, más probable será que eso sea algo que él siga haciendo por su cuenta.

Dar una sonrisa

Una de las maneras más sencillas como los seres humanos nos conectamos los unos con los otros es compartiendo sonrisas. Es una forma universal de tocar el corazón del otro, construir confianza y fomentar la empatía. ¡Y, por encima de todo, sonreír es bueno para la salud! Rebaja la tensión arterial, relaja el cuerpo, libera endorfinas y ayuda a reducir el estrés. Ofrecer una sonrisa amorosa al hijo que se apresura a desayunar o a la esposa que entra por la puerta puede ser transformador.

Un apunte entrañable: el obstetra Carey Andrew-Jaja canta el *Cumpleaños feliz* a todos los recién nacidos a los que ayuda a nacer. Más de ocho mil niños han sido bienvenidos a este mundo por medio de esta canción. Imagina cómo afectaría a tu hijo que cada vez que entrase en la misma estancia donde tú estás celebrases silenciosamente su presencia. Es un regalo para un niño sentirse tan querido.

Ofrecer un banquete de amor

Todos queremos sentirnos apreciados por quienes somos. Cuando las personas entran en mi web y se apuntan a mi *newsletter*, les llega un vídeo con un ejercicio que he bautizado como «inundación de amor». En el vídeo invito a los padres a que escriban al menos diez cosas que les gusten y valoren de sus hijos y que destinen un tiempo a leerles esta lista. Muchos padres me han dicho que esta pequeña actividad —que les lleva tan solo unos pocos minutos— ha mejorado drásticamente su relación con su hijo.

Cuando hacemos que un niño sepa que es querido por ser quien es, le estamos ofreciendo un banquete de amor. Te recomiendo encarecidamente que les digas a quienes amas qué te gusta de ellos.

PRÁCTICAS PARA MANIFESTAR UNA VIDA PLENA Y FELIZ

Establecer intenciones

La mayor parte de los días, antes de entrar en mi consulta para empezar una sesión con un paciente, pongo la intención de actuar con claridad, presencia y sabiduría. Cada año organizo el Congreso Paternidad con presencia, que acoge durante unos cuatro días una serie de diálogos con varias personas notables, como la doctora Jane Goodall, Arianna Huffington, Jon Kabat-Zinn, Alanis Morissette o el congresista Tim Ryan. Antes de empezar, dedico un momento con cada invitado a establecer la intención de que los debates se desarrollen de tal manera que podamos llegar a las mentes y los corazones de los padres en todas las partes del mundo; la intención debe ser que esos debates sean edificantes e inspiradores y constituyan un apoyo para los padres. Asimismo, cuando me meto en el coche, cierro los ojos para establecer la intención de que el viaje sea seguro antes de ponerme en marcha.

Es fácil enseñarles a los niños a fijar una intención. Ayúdales a describir, en términos positivos, cómo les gustaría que fuera algo (por ejemplo, pueden querer disfrutar a la hora de participar en una actuación en la escuela o sentirse confiados a la hora de hacer un examen). Entrar en una situación con una intención clara puede significar una gran diferencia en nuestra experiencia de ella.

Mostrar gratitud

La gratitud es la piedra angular de todo lo que he hablado en este libro. Lo cambia todo: nuestra relación con todo lo que esté aconteciendo en nuestra vida, nuestra facultad de aceptar a las personas con las que interactuamos y nuestra capacidad de disfrutar del momento en el que estamos. La gratitud hace que podamos abrazar la experiencia más dura. Podría escribir un libro sobre la gratitud —¡muchos lo han hecho!—. Expongo a continuación algunas ideas que puedes querer incorporar a tu vida.

Cuando sientas agradecimiento por algo que haya hecho alguien, házselo saber. Es fácil que nos olvidemos de reconocer los gestos amables de los demás, pero también es fácil hacerles saber que nos hemos dado cuenta y agradecérselo. Un rápido «gracias» expresado en persona está muy bien, sobre todo cuando haces una pausa para sentirte explícitamente agradecido mientras hablas. Un mensaje de texto o un correo electrónico puede hacer que alguien sepa que has reconocido su esfuerzo. Una rápida llamada telefónica también se agradece mucho. Pero no hay nada como escribir una nota a mano, ponerla en un sobre y mandarla por correo; entonces sabes que el destinatario tendrá el placer de leer y releer tus palabras de agradecimiento. Escribir cartas es un arte perdido que creo que deberíamos recuperar. Si te gusta esta opción, puedes incluso animar a tus hijos a que escriban notas de agradecimiento (pero solo si puedes hacerlo en un ambiente relajado. ¡Obligar a los niños a escribir notas de agradecimiento puede hacerles desistir de hacerlo el resto de sus vidas!).

Poner una moneda de diez céntimos en el frasco de la culpa

Antes he escrito sobre la importancia de asumir la responsabilidad de nuestros errores. Si bien el comportamiento de los demás puede darnos la oportunidad de justificar nuestro comportamiento poco amable, tenemos que ayudar a los niños a aprender que son responsables de sus acciones. Culpar a los demás evita que asumamos la responsabilidad y que efectuemos los cambios que nos acerquen más a la felicidad, independientemente del hecho de que las personas o las circunstancias se ajusten o no a nuestras preferencias. Un «frasco de la culpa» puede ayudar a que todos los miembros de la familia salgan del modo víctima. La idea es simple: si alguien señala con el dedo a otro por haber cometido un error, pone una moneda de diez céntimos en el frasco (¡algunos padres incluyen los lloriqueos o las quejas como comportamientos que cuestan una moneda!). Esta actividad puede ser importante a la hora de incrementar la conciencia de que somos los arquitectos de nuestras vidas en vez de estar a merced de cosas que no podemos controlar.

Conducir durante seis minutos

Piensa en un lugar que esté cerca de tu casa en coche e intenta establecer esta actividad como un ritual cada vez que conduces hacia ese lugar. Desde que dejéis vuestra casa hasta que lleguéis al supermercado, la escuela o el parque, declarad en voz alta aquello por lo que estáis agradecidos. Es así de sencillo: «Estoy muy contento de tener este abrigo en esta mañana tan fría», «Estoy agradecido por ese delicioso batido que acabamos de tomar», «¡Estoy agradecida por vosotros, niños!». Al llegar a vuestro destino, puede sorprenderos lo bien que os sentís todos —¡y lo agradecidos que estáis!

Agradecer durante treinta segundos

He aquí algo que puedes hacer en cualquier momento; basta con que hagas una pausa en la actividad que estés realizando. Mira alrededor y deja que tus ojos se posen en algo de tu entorno inmediato. Elige algo ordinario, que hayas visto incontables veces antes. Tal vez es el vaso de agua que está a tu lado. Míralo cuidadosamente. Detente para valorarlo. Piensa en la persona que diseñó el vaso, en cómo pensó que sería la sensación de agarrarlo y beber de él (cómo pensó en el tamaño de tu mano al decidir sus dimensiones y en lo que sentirían tus labios al poner el vaso en tu boca). Piensa también en el agua; en la persona que ayudó a diseñar la planta depuradora con el fin de eliminar los contaminantes de tal manera que pudieras saciar tu sed de manera segura. Permítete relajarte en el aprecio de este sencillo vaso de agua y en todo lo que ha llevado a que esté junto a ti en estos momentos. Puedes hacer esto a lo largo del día, con prácticamente cualquier objeto. Advierte cómo la experiencia de la gratitud se instala en ti.

Otro ejercicio de treinta segundos consiste en ponerte la mano sobre el corazón mientras repasas las bendiciones presentes en tu vida, reconectando con tu corazón y tu espíritu. Deja que la gratitud se expanda por tu pecho como un cálido resplandor, abriéndote al milagro del momento. Hacer de esto una práctica diaria puede transformar tu vida. ¡Incluso tal vez quieras poner una alarma en tu *smartphone* para acordarte de hacer esto cada hora o cada dos horas con el fin de consolidar una actitud de agradecimiento!

Hacer cadenas de papel de agradecimiento

Esta es otra actividad sencilla que puedes efectuar con tus hijos. Cortad al menos veinte tiras de papel y escribid en cada una algo por lo que estéis agradecidos. Después podéis hacer con ello una cadena de anillas de papel que podéis colgar en la cocina o la sala de estar —o fuera del portal— como recordatorio de gratitud. ¡Es muy divertido!

Previsualizar el día

Antes de abrir los ojos por la mañana, previsualiza el día que está por venir y relájate en un espacio de agradecimiento por cada una de las personas con las que es probable que te encuentres (tus hijos, tu cónyuge, un vecino, el jefe, los compañeros de trabajo...). Piensa al menos en cinco cosas que aprecias de cada una de estas personas. Esto puede hacer definitivamente que tu día sea más fácil y es también una maravillosa práctica que realizar con los niños antes de que partan hacia la escuela.

Fijar lo bueno con un velcro

El neuropsicólogo Rick Hanson ha acuñado la denominación *síndrome del velcro-teflón*. Dice que, puesto que la madre naturaleza está más preocupada por nuestra supervivencia que por nuestro gozo de ningún acontecimiento en concreto, nuestro cableado cerebral está urdido de tal manera que podamos recordar las experiencias negativas con mucha más intensidad que las positivas. ¡La amenaza de un jabalí nos impacta más que el piar de un pájaro!

Es así como las experiencias negativas se adhieren a nosotros como el velcro; se alojan en nuestra consciencia, de donde emergen una, otra y otra vez, a menudo cuando estamos tratando de conciliar el sueño: «No me puedo creer que mi jefe no me haya dado las gracias por haberme quedado hasta tarde con ese proyecto. ¡No valora lo duro que trabajo! Dedico mucho tiempo al trabajo». Afortunadamente, podemos cambiar el patrón de caer en una espiral de pensamientos negativos.

Cuanto más tiempo alberguemos un momento positivo en nuestra conciencia, más neuronas se dispararán y establecerán conexiones, creando un clima favorable a la felicidad en nuestro cerebro. Por lo tanto, si queremos que nuestras experiencias positivas «se nos peguen» (en lugar de resbalar por nuestro revestimiento de teflón), tenemos que mantenernos centrados en ellas por lo menos durante veinte segundos. Hanson dice: «Cuanto más consigas que tus neuronas se disparen a raíz de los hechos positivos, más van a estar vinculándose en estructuras neuronales positivas».

Empieza a escribir un diario de la gratitud en el que describas experiencias positivas de tu día a día. Haz un dibujo de algo especial que ocurrió por lo que te sientas agradecido. Habla a los demás (o háblate en voz alta a ti mismo) sobre lo bueno que se te presente. Dedica a cualquiera de estas actividades veinte segundos por lo menos y asegúrate de que tiene lugar en ti el cambio neuronal positivo.

Advertir lo positivo

Cuando experimentas algo placentero (el sabor de un arándano jugoso, tus hijos riendo juntos, el sol calentando tu piel), permítete sumergirte en estas sensaciones. Permite que las sensaciones y los sentimientos positivos se extiendan por tu cuerpo como un incendio, provocando en ti una mayor conciencia de la alegría. Recuerda que cuando eres consciente de esa buena experiencia, tus neuronas se disparan y vinculan, asentando en ti una felicidad más duradera.

Decir «cancelar, cancelar»

No podemos elegir nuestro primer pensamiento, pero podemos elegir el segundo. Es decir, un pensamiento negativo puede acudir a nuestra mente, pero eso no significa que tengamos que seguir sus oscuros y lúgubres designios. Si un pensamiento negativo o limitante aterriza en tu cabeza, del estilo: «No puedo creer lo egoísta que es Jonathan» o «Nunca voy a ser capaz de encontrar la manera de montar este exprimidor», di: «Cancelar, cancelar». La idea es que inmediatamente cortes de raíz la posibilidad de entrar en una espiral descendente de negatividad.

PRÁCTICAS PARA QUE LAS REALICEN
LOS PADRES POR SU CUENTA

Echa el ancla

Uno de los principales factores que nos permiten predecir cómo nos va a ir el día es si estamos o no conectados con nuestro espíritu. Ocurre como con un barco en el mar: uno que flote a la deriva puede desviarse kilómetros de su ruta, mientras que otro que esté anclado permanecerá allí donde el ancla lo haya establecido, incluso aunque se halle en medio de aguas turbulentas.

Independientemente de cuáles sean las tareas o actividades que nos esperan cuando abrimos los ojos para hacer frente a una nueva mañana, la mayoría sentimos la presión de volver a empezar: hay niños que despertar, desayunos y almuerzos por preparar, mensajes de correo electrónico por comprobar... La lista es interminable. Muchos de nosotros operamos desde un sentido de urgencia: cuanto antes podamos comenzar, más pronto habremos terminado, y antes nos sentiremos libres de presión. Pero la verdad, por supuesto, es que en el momento en que tachamos una tarea de la lista surge otra en su lugar. Nunca nos pondremos al día, nunca alcanzaremos nuestros objetivos, nunca acabaremos de hacer todo lo que está en nuestra lista de responsabilidades.

Nos hacemos un flaco favor cuando empezamos el día sin tomar contacto con la piedra de toque que tenemos dentro, aunque sea por un momento o dos. He descubierto que sentirnos bien por dentro es el ingrediente secreto que hace que todo sea mejor. Cuando me centro en mi espíritu, me siento mucho mejor y soy mucho más yo misma. Me maravillo del hecho de que haya días en que no llevo a cabo este recogimiento o en que no le dedico más tiempo, aun cuando me aporta tanta paz y alegría.

Pero se me olvida. Ahora bien, parece que la vida se conjura de tal manera que me obliga a elegir esa experiencia interna, la experiencia de alejarme conscientemente de la seducción del mundo exterior para nadar en las aguas del interior. No es fácil, porque me siento atraída por lo que está ocurriendo fuera; las distracciones potenciales están en todas partes: el periódico, la televisión, los correos electrónicos, el jardín que hay que regar, las llamadas telefónicas que hay que devolver... ¡Y eso sin haber niños! En el caso de los padres de niños pequeños, conseguir unos cuantos minutos para beber del pacífico manantial interior es un reto, lo sé.

También he descubierto, a lo largo de los más de cuarenta años que llevo meditando, que el sentimiento interior quiere ser cortejado. Es como un amante provisional pero extraordinario. Cuando establezco la intención clara de que aunque solo sea por unos momentos voy a entregarme enteramente a dicha experiencia interior y sigo regresando a esa sensación cuando mi mente se distrae, me veo recompensada con una experiencia que desafía toda descripción. Es sagrada y divina, dulce y tierna. Me convierto en lo que soy, y mi corazón entona una pequeña canción y baila feliz porque me he tomado el tiempo para alimentarlo con lo que más quiere, ama y necesita. Desde este lugar, puedo seguir a lo largo del día con ese sentimiento todavía tarareando en el fondo, por lo menos algunos de los días, o al menos hasta que el ruido del mundo exterior sube mucho de volumen. Pero incluso entonces la parte más profunda de mí recuerda lo que es más real en mi interior, y no me pierdo tanto entre las prisas y los reveses.

La meditación es una práctica. No es una píldora que podamos tomar. Necesitamos tiempo para llegar a conocernos a nosotros mismos como lo que realmente somos. Es una inversión. Ahora bien, no todo el mundo quiere ir profundamente dentro de sí, y eso está bien. Cada uno debe seguir la llamada de su corazón.

Pero seguir la llamada de nuestro corazón nos obliga a callarnos y escuchar. Presta atención mientras sintonizas con lo que te aporta un sentimiento de paz o alegría. Corteja ese sentimiento. Tráele flores. Envíale cartas de amor. Este sentimiento que mora por debajo de tu identidad como mujer, marido, pareja, madre o padre es lo que realmente eres. Al igual que tu hijo, desea ser visto y amado. Requiere tu tiempo y atención. Invertir en este yo que se halla más allá de la identidad externa o del papel que adoptas te saldrá a cuenta, con creces. Busca tiempo para ello. Arroja el ancla para conectarte con tu yo interior durante un momento antes de acometer los asuntos del día. Creo que te alegrarás de hacerlo.

No hagas nada

Encuentra quince minutos y un lugar donde puedas estar solo (sé que es más fácil decirlo que hacerlo, pero por favor, sígueme). Este lugar puede ser un sendero de excursionismo, tu porche trasero o incluso tu coche. Trata de asegurarte de que no te interrumpan durante esos quince minutos. Martha Beck describe esto como colgar el cartel de «no molestar» en tu vida.

Beck dice a continuación que el siguiente paso es sentarse a meditar o hacer una actividad repetitiva, que no implique a la mente pero que mantenga tu cuerpo ocupado, como caminar, patinar o correr. Observa cómo se mece la hierba en un campo o presencia cómo avanzan las ondas por un estanque.

Acto seguido, nos invita a desalojar la mente: «La mente humana típica es como un superordenador poseído por el alma de una ardilla loca. Está constantemente calculando, anticipando, recordando, fantaseando, preocupándose, acaparando, saltando frenéticamente de pensamiento en pensamiento». En esta etapa, solo tenemos que mirar nuestros pensamientos sin juzgarlos.

Puedes imaginar que los pensamientos que aparecen en tu cabeza son pequeños perros ladradores. Tú eres el gran elefante que avanza pesadamente por el camino mientras los inofensivos perritos gruñen y ladran.

El último paso es crear la imagen mental de un santuario donde te puedes anclar en momentos de estrés o caos. Evoca un lugar especial donde te sientas tranquilo y en paz, un lugar donde el mundo se detiene y logras un sentimiento de profundo descanso y alegría. Puedes visitar este lugar en tu imaginación durante tus quince minutos de «no hacer nada». Esta práctica es maravillosa para ayudarte a traer de nuevo una sensación de paz y equilibrio a tu vida.

Establece contacto

Voy a explicar una actividad que a veces llevo a cabo cuando estoy en un aeropuerto, si bien la he realizado también otras veces. Camino por la terminal buscando específicamente a alguna persona que esté disponible para establecer contacto —lo cual muestra por medio de una mirada, una sonrisa amistosa, un gesto—. Cuando participo en este juego, por lo general me doy cuenta de que es difícil encontrar a alguien que no se muestre apresurado, que no esté mirando su reloj o instando a sus hijos a permanecer cerca. Pero de vez en cuando me toca la lotería y obtengo un bonito recordatorio, por parte de otro par de ojos, de que no importa a dónde vamos; tan solo estamos aquí y ahora, y todo está bien.

Valórate a ti mismo

Este ejercicio puede ser uno de los más duros. Cuando lo hago con mis pacientes, a veces me es muy difícil conseguir que lo practiquen. Pero es muy potente.

Piensa en las cualidades que valoras de ti: la bondad, la generosidad, la paciencia, el sentido del humor... Incluye cualquier cosa que te guste de ti mismo. Si te cuesta, pídeles a tus amigos que te digan cinco cosas que les gusten de ti. (¡Si esto también te cuesta, diles que es una tarea necesaria para una clase a la que estás asistiendo!). Lee tu lista cada día y añádele algo tan a menudo como te sea posible.

Mientras no reconozcamos nuestra propia bondad y belleza, será difícil que recibamos amor y colaboración por parte de los demás. Asegúrate de que sabes qué regalo eres para todos nosotros.

Aquiétate cuando te hagan saltar

A veces saltamos porque el comportamiento de nuestro hijo está en conflicto directo con nuestras creencias. Si creciste en un hogar donde se esperaba que los niños hiciesen al instante lo que se les pedía, o en el que nunca debían responder a sus padres, es probable que sientas una auténtica reacción cuando tus hijos se niegan a arrimar el hombro o responden mal. También es posible que saltemos si nuestro hijo se comporta de una manera que es ajena a nuestro temperamento innato. Un niño que grite es más probable que saque de sus casillas a una madre afable. O podríamos perder el control sobre nuestra compostura al creer que no estamos a la altura de las expectativas de personas cuya opinión significa mucho para nosotros (nuestra pareja, amigos, suegro o asesor en temas de paternidad).

Cuando te des cuenta de que estás desalineado en relación con tu propia sabiduría interior respecto a la crianza, intenta realizar el siguiente ejercicio:

Paso 1. Aquiétate en silencio. Conéctate con lo que esté ocurriendo (tu hijo pequeño pidiendo pasta y mantequilla o tu hija negándose a apagar el televisor). Tan solo date cuenta de cómo te estás sintiendo por dentro.

Paso 2. Si una avalancha de pensamientos comienza a alimentar tu malestar, pregúntate: «¿Qué voz estoy escuchando en mi cabeza en este momento? ¿La de mi madre, la de mi padre, la de un profesor severo?».

Paso 3. En lugar de tratar de deshacerte de esa voz, traba amistad con ella, suponiendo que tenga buenas intenciones. ¿Cuál es su propósito? ¿Qué está tratando de evitarte o ayudarte a ver? Tal vez quiere advertirte de que no estás siendo lo suficientemente asertivo. O te puede estar sugiriendo que estás peligrosamente fuera de ti.

Paso 4. Busca la necesidad subyacente a esta voz. Tal vez está diciendo: «Me temo que no sabes cómo educar a tu hijo. Me preocupa el hecho de que si no te sacudo ni critico tu comportamiento como padre, dejarás de tratar de frenar sus tendencias agresivas».

PASO 5. Anota lo que aprendas de esta idea. Dile a esa voz dentro de ti: «Capto el mensaje, te lo agradezco, y esto es lo que voy a hacer al respecto».

Esta actividad se puede realizar junto con la terapia o en una clase para padres en el contexto de un compromiso por tu parte de aprender más acerca de lo que arruina tus esfuerzos de mantenerte en calma y de permanecer amorosamente al mando de ti mismo. Este ejercicio no es fácil, pero siempre es revelador.

Baila para abandonar el enfado

Una de las maneras más rápidas de salir del enfado es bailar. ¡Pon uno de tus discos favoritos y empieza a moverte! Después de una o dos canciones, puedes incluso haber olvidado qué fue lo que te calentó y molestó tanto. En mi caso, a menudo comienzo el día con algo animado o descanso bailando después de haber permanecido concentrada escribiendo con el fin de regresar a mi cuerpo y experimentar la suculenta emoción de estar viva.

Nombra lo que echas de menos

Estar presente significa establecer contacto con la vida tal como es, en este momento. Significa elegir estar aquí, incluso si «aquí» no se parece demasiado a lo que habías imaginado. Significa estar presente con el sonido de las risas —o discusiones— de tus hijos en la habitación contigua. Significa estar presente cuando te sientas en la banqueta del piano para ayudar a tu hijo a practicar mientras se hace un lío con las notas.

Pero a veces, antes de poder ser plenamente conscientes de lo que tenemos delante, hemos de pasar por un proceso de duelo por lo que hemos perdido, o al menos por lo que pensamos que hemos perdido.

Tómate algunos minutos para aquietarte. Ponte la mano sobre el corazón mientras respiras y entra en un lugar donde sientas auténtico cariño por ti mismo. Reconoce el esfuerzo que llevas a cabo cada día desde el momento en que te despiertas hasta que caes rendido en la cama por la noche. Ablanda tu corazón en relación con las maneras en que has tenido que dar más de ti mismo y las cosas que te has visto obligado a dejar de lado.

Haz esta pregunta y espera una respuesta, sin forzarla: «¿Qué me estoy perdiendo de la vida que estaba viviendo antes de tener hijos?». Permanece quieto y aguarda en silencio. Si no te viene ninguna respuesta a la mente, está bien. Si sientes o escuchas una respuesta que no tiene sentido de primeras, deja que te lleve a donde quiera.

Es importante que permanezcas en un espacio en el que te sientas amoroso y amable hacia la totalidad de ti mismo, permitiendo que cualquier cosa sea verdad, aunque no sea «la verdad más verdadera» o toda la verdad. Tal vez echas de menos las comidas previas a tener hijos en las que podías sentarte de principio a fin sin tener que levantarte para ir a buscar algo para alguien. O acaso el tiempo que podías dedicar al aspecto romántico de tu relación de pareja. Puede ser que añores los baños largos, o los paseos en solitario por los bosques, o sencillamente que tu mente no esté todo el tiempo queriendo saber dónde están tus hijos, cómo les va o qué estarán haciendo. Puede ser que eches en falta poder escribir, leer o meditar sin verte interrumpido. O la persona que eras antes de pasar a estar tan inextricablemente vinculado con tu nueva familia: tal vez eras más despreocupado y relajado, o más concentrado y aparentemente productivo.

Reflexiona sobre esto. Puede ser que quieras expresar en voz alta o apuntar lo que surja. Recuerda que si no aparece nada, también está bien. No te obligues a echar de menos lo que no estés echando de menos. Pero date espacio para airear las cosas ocultas que puedan mermar tu capacidad de manifestarte plenamente.

Hazte algunas preguntas difíciles

Muchas veces tenemos dificultades a la hora de sintonizar y estar presentes con nuestro hijo porque, como hemos visto en el capítulo 3, nuestra visión de lo que es criar un hijo tiene poco que ver con la realidad. Incluso puede ser radicalmente distinta de lo que habíamos esperado y puede dejarnos decepcionados, desanimados e incluso resentidos.

Nada de esto significa que no amemos a nuestros hijos o que deseemos no haberlos tenido. Solo significa que tenemos sentimientos que debemos afrontar en vez de barrerlos debajo de la alfombra. Son nuestras expectativas las que nos ocasionan problemas. Si estabas seguro de que tener un bebé consolidaría un matrimonio que estaba en la cuerda floja, puedes haber descubierto que la paternidad incrementa el estrés marital en lugar de erradicarlo. Si imaginaste que tener un bebé te permitiría ganarte la aprobación de tus padres, es posible que compruebes que también te expone a sus críticas constantes acerca de cómo estás ejerciendo la paternidad. Y si crees que tener un bebé podría llenar un vacío en tu corazón y en tu alma, es probable que hayas descubierto que no es así, y no puede serlo sin que tu hijo pague un gran precio por ello.

Dicho esto, hay que subrayar el hecho de que los hijos aportan mucho a nuestras vidas. A veces incluso refuerzan matrimonios, permiten crear unos vínculos más fuertes con la gran familia y llenan nuestros corazones con un amor que no pudimos tan siquiera imaginar. El problema es que los niños no hacen siempre esto por nosotros. Y, lo más importante, no es su cometido mejorar nuestros matrimonios y relaciones familiares o mitigar nuestra soledad. No es su tarea completarnos. Cuando criamos a nuestros hijos con este tipo de necesidad, alteramos la jerarquía natural de la dependencia: se supone que nuestros hijos deben apoyarse en nosotros, no que ellos son la respuesta a nuestras necesidades sin resolver.

A continuación expongo unas preguntas que puedes encontrar útiles mientras reflexionas sobre las expectativas que llevaste a tu vida parental. Te pido que seas honesto y, a la vez, muy amable contigo mismo. Todos tenemos expectativas en relación con la crianza. Todos esperamos que la llegada de los niños hará que nuestras vidas sean mejores. Todos tenemos heridas de la infancia que esperamos sanar a medida que crecemos. Si descubres que creíste que tus hijos se ganarían tu aprobación, te harían más caso o te harían sentir menos solo, está bien. Si llegas a comprensiones muy dolorosas, busca por favor el apoyo de un profesional en quien confíes para que te ayude a procesar estas viejas emociones.

Una vez escuché una entrevista con una madre que acosaba a su hija de veintisiete años: se presentaba en su lugar de trabajo, rondaba por las inmediaciones de su cafetería favorita y la llamaba a lo largo de todo el día para «comprobar que todo iba bien». Su hija estaba mortificada y desesperada por tener algo de espacio.

Cuando el entrevistador cuestionó a la madre, esta declaró muy emocionada: «¡Amo a mi hija! ¡He sido madre toda mi vida! ¡Esto es lo que hago! ¡Esto es lo que soy!». El psicólogo le pidió que retomara los intereses que tenía antes de ser madre. Respondió: «No tengo más intereses. Nunca he hecho otra cosa. Soy una madre». Se había identificado tanto con el papel de madre que había perdido el sentido de sí misma como persona separada. En este proceso, estaba cortando las alas a su hija.

He aquí algunas preguntas sobre las que pensar:

- ¿Qué esperaste que hiciera la paternidad por ti? ¿Qué cambios imaginaste que traería a tu vida?
- ¿Tenías una sensación de vacío que esperaste llenar por medio de tener un hijo?
- ¿De qué manera ha defraudado tus expectativas la paternidad que te has encontrado viviendo en la realidad?
- ¿Hay veces en que te gustaría poder congelar la imagen? Es decir, ¿echas en falta etapas más tempranas de la vida de tu hijo, se te hace difícil aceptar quién es ahora?

Tómate tu tiempo y no te agobies con este ejercicio. Todo está bien.

Destapa tu miedo a ser juzgado

Muchos padres se sienten especialmente alterados por los malos comportamientos de sus hijos cuando están en público o con el resto de la familia. Pueden sufrir lo que la psicóloga Mary Pipher llama *síndrome del público imaginario*, un término que acuñó para describir el aumento de la autoconciencia de las chicas adolescentes. Pero los padres también pueden padecer esto y creer que los demás están escrutando cada uno de sus movimientos, juzgándolos severamente cada vez que no pueden controlar una rabieta de su hijo o cuando este olvida sus buenas maneras.

Cuando padecemos el síndrome del público imaginario, nos aterroriza perder prestigio ante quienes pensamos que necesitamos impresionar; entramos en el modo abogado o dictador con el fin de intentar controlar el comportamiento de nuestro hijo para ofrecer una buena imagen ante quienes están a nuestro alrededor.

Las siguientes preguntas pueden ayudarte a llegar a la raíz de estos sentimientos de vergüenza o mayor autoconciencia:

1. ¿Quiénes son las personas cuyo juicio temes más?
2. ¿Qué te preocupa del hecho de que esas personas puedan pensar mal acerca de la manera que tienes de manejarte como padre o madre?
3. ¿Qué te daría la aprobación de esas personas?
4. ¿Qué más ganarías si esas personas te aprobaran?
5. ¿Qué otra cosa más ganarías con ello?
6. ¿Existe alguna manera de que puedas obtener lo que escribiste en las respuestas 3 a 5 sin contar con la seguridad de tener la aprobación de esas personas?

Este ejercicio puede destapar algunas verdades incómodas, pero puede tener también un valor incalculable a la hora de liberarnos para que podamos vivir con mayor autenticidad, con nuestras imperfecciones incluidas.

Ve a tu hijo sin un nombre

A veces tropezamos con la personalidad y el ego y perdemos de vista quiénes somos nosotros y quiénes son nuestros hijos por debajo de los nombres, las etiquetas y las percepciones largamente sostenidas. Intenta esto: olvida el nombre de tu hijo por un momento. Olvida aquello en lo que es bueno o los quebraderos de cabeza que te da con los deberes o las tareas. Borra de tu memoria que eres su madre o su padre. Toma distancia y ve a tu hijo como un espíritu depositado en el recipiente que es su cuerpo, que está aquí para viajar a tu lado de esta manera tan íntima. Tal vez encuentres más fácil hacer este ejercicio cuando tu hijo esté durmiendo, pero puede ser maravilloso que pases unos minutos en su compañía estando ambos despiertos y que intentes verlo como un querido hermano del alma. Basta con que no olvides que en esta vida, en este momento, estás adoptando el rol de madre o padre; si bien tú y tus hijos sois iguales en el nivel del alma, aquí abajo, en la Tierra, eres el adulto que está a su cargo.

Di: «¡No pasa nada!»

Los padres a menudo somos maestros a la hora de aliviar la carga de nuestros hijos. Les consentimos meteduras de pata, los sobreprotegemos y vertemos nuestro amor de padres en sus corazones rotos.

Es muy triste, entonces, que a veces seamos tan crueles con nosotros mismos cuando estamos sufriendo: «¡Debería haberlo sabido!», «¡No debería dejar que esto me moleste!».

He dicho en repetidas ocasiones que ejercer de padres es difícil. Lo es. Es imposible, en realidad. Y por lo tanto es imposible no tener días muy difíciles. Esa es una de las razones por las que me encanta la siguiente práctica y te invito a que la hagas tuya.

Cuando te sientas abrumado o hecho polvo, llega a tu corazón de la misma manera amorosa en que llegas al de tu hijo cuando sufre, y di: «¡No pasa nada!». Quiero que lo digas en voz alta. Los padres no son menos merecedores de bondad y consuelo que sus hijos, y sin embargo somos excepcionalmente tacaños a la hora de reconocer lo difícil que es a veces lograr que todo esté bien.

La próxima vez que te sientas atascado o confundido, o tengas remordimientos en relación con algo que hiciste, di: «¡No pasa nada!». Y asegúrate de acariciar o dar palmaditas a tu corazón mientras lo haces.

Da pequeños pasos hacia el cambio

En todos mis escritos, cursos y presentaciones intento no solamente informar e inspirar, sino también ayudar a los padres a efectuar cambios prácticos en sus vidas. Con esto en mente, me gustaría invitarte a que pienses en lo que has leído en este libro que haya tenido especial sentido para ti. ¿Qué ha sido lo que ha atrapado tu atención o te ha impulsado a pensar en tu papel de padre? Tal vez encontrarás útil darle un repaso rápido al libro para ver qué es lo que te llama la atención o qué es lo que te recuerda algo que te gustaría incorporar a tu vida.

Elige dos cosas en las que desearías trabajar a lo largo de los tres próximos meses. Tal vez quieras comprometerte a reconocer lo que estás sintiendo sin juzgarlo siempre que te sientas disgustado. O acaso decidas ser más amable contigo mismo, más implacable a la hora de cuestionar las cosas negativas que te dices a ti mismo. O tal vez te propongas bajar el ritmo y estar más presente con tus hijos. O puedes decidir comprometerte a pedir disculpas de buena gana, asumiendo tu responsabilidad por los errores que hayas cometido.

Ponte metas realistas a la hora de llevar a cabo los cambios que decidas realizar. Si decides cambiar el tono de voz que usas con tus hijos, la cantidad de tiempo que pasas con ellos, el tiempo que dedicas a tus artilugios digitales, lo presente que estás con tus sentimientos cuando estás disgustado y lo tranquilamente que manejas el estrés, todo a la vez..., puedes imaginarte lo que va a ocurrir. No es bueno intentar cambiar todo a la vez. En cualquier caso, no tengo dudas de que en muchos aspectos ya eres una madre o un padre fabuloso. Solamente quiero que te centres en dos cosas que harían que tu vida diaria fuese sustancialmente distinta. ¡O una sola cosa!

Escribe en tu cuaderno los dos cambios en los que te gustaría trabajar en los próximos tres meses. Debajo de cada intención, anota una frase o dos acerca de por qué quieres llevar a cabo este cambio. ¿Cómo mejorará tu vida en consecuencia? Veamos un ejemplo.

Dos cambios que me gustaría realizar en los tres próximos meses:

1. ¿Por qué quiero trabajar en esto? ¿En qué mejorará mi vida?

2. Pruebas del cambio. ¿Cómo sabré que estos cambios se están efectuando?

Perderás el rumbo. De la misma manera en que se te dan instrucciones para que, suavemente, vuelvas a llevar la atención a la respiración cuando tu mente vaga durante las prácticas de *mindfulness*, sé suave contigo mismo si te desvías del nuevo comportamiento que te has propuesto tener. Puedes encontrarte regañando a tu hijo cuando te prometiste no hacerlo, o hallarte perdido por Internet tras haberte comprometido a darle al botón de apagado después de una cierta cantidad de tiempo. Sé paciente. Sé amable contigo mismo.

Al final de cada día, anota cualquier progreso que hayas hecho en aras de tus dos cambios, ¡aunque tengas que sacar la lupa para encontrar algo! El cambio acontece pasito a pasito. Habrá días en que te parecerá que vas hacia atrás, resbalando y tropezando. Esto es de esperar. Tan solo comprométete a hacer el esfuerzo, y escribe o graba al menos dos o tres pequeños detalles que sugieran que estás avanzando con tus intenciones.

Se cuenta la historia de un joven pastor que quería ser lo suficientemente fuerte como para levantar una oveja pero le resultó imposible, y se lamentó a su padre de que era demasiado débil. Su padre eligió un cordero recién nacido y le dio a su hijo la instrucción de que lo llevara a cuestas por el perímetro del cercado todos los días, sin falta. El muchacho pensó que las indicaciones de su padre eran inútiles. Después de todo, ese cordero lechal era muy ligero y muy pequeño; ¡él quería ser capaz de llevar a cuestas una oveja totalmente adulta! Pero obedeció a su padre y recorrió el perímetro del cercado todos los días con el corderito a cuestas, sin advertir que el animal era cada vez más grande; asimismo, sus músculos se iban haciendo cada vez más fuertes. Finalmente, al cabo de unos meses, el muchacho se dio cuenta de que ya era capaz de llevar a cuestas lo que ahora era una oveja totalmente adulta.

Si te comprometes a vivir con mayor conciencia, reconociendo cada uno de los pequeños éxitos que logres cada día, será inevitable que se produzcan cambios en tu familia. Serás capaz de llevar la oveja a cuestas. Tan solo comienza (hoy) por levantar el corderito.

Lleva una banda elástica

Este ejercicio constituye una manera sencilla de llevar a cabo cambios prácticos y duraderos. Lo he usado no solo con adultos sino también con niños, con mucho éxito.

Elige algo que te gustaría dejar de hacer. Por ejemplo, dejar de gritar a tus hijos. O dejar de echar la culpa a los demás. Ponte una banda elástica en la muñeca mientras anuncias tu deseo de dejar de hacer eso. A veces les pido a todos los miembros de una familia que elijan un comportamiento en el que les gustaría trabajar y los invito a que, ceremonialmente, se pongan su banda elástica, a la vez que declaran su intención: «Declaro que me pongo esta banda elástica en la muñeca con la intención de emplear un tono de voz más agradable con todo el mundo», «Declaro que me pongo esta banda elástica en la muñeca con la intención de no burlarme de mi hermanita».

Si resbalas y caes en el comportamiento que estás intentando evitar, cámbiate la banda de muñeca. El objetivo es que la banda permanezca en la misma muñeca durante veintiún días consecutivos.

La idea es que lleva unos veintiún días cambiar un hábito. De modo que si cuentas con un recordatorio físico allí a donde vayas, se vuelve más fácil que permanezcas consciente de tu intención de cambiar un comportamiento.

Epílogo

En la India se cuenta la historia de un hombre que deja su aldea para ir a hacer fortuna. Algunos años más tarde, mientras viaja de regreso a casa con sus riquezas, se le une un ladrón que se hace pasar por viajero. Viajan juntos durante varios días, y el hombre acaudalado habla del dinero que ha amasado y de todo lo que hará ahora que es rico. Cada noche comparten alojamiento. Cuando el hombre rico sale para ir a cenar, su compañero registra la habitación de cabo a rabo para encontrar el dinero que el hombre declara que está llevando a la aldea.

El último día, cuando el hombre se acerca a su aldea, el ladrón confiesa:

—Debo decirte que soy un ladrón. Mi plan era robarte tus riquezas, de modo que cada noche, cuando salías de la habitación, la registraba de arriba abajo, pero nunca hallé nada. Ahora que estás llegando sano y salvo a tu aldea, dime: ¿realmente tenías todo ese dinero? ¿Dónde lo escondías?

Su compañero responde:

—Supe que eras un ladrón desde el mismo momento en que nos conocimos y que intentarías robarme todo lo que, trabajando muy duro, había conseguido ganar. Por eso escondí mi dinero donde nunca lo ibas a encontrar.

—¿Dónde? ¿Dónde lo escondiste?

—Dentro de tu almohada.

Obtenemos la verdadera libertad cuando nos damos cuenta de que todo cuanto pudiésemos necesitar o querer ya es nuestro. Pero lo olvidamos.

En *Conversaciones con Dios*, Neale Donald Walsch nos invita a imaginar que Dios nos envía a tener la experiencia humana con amnesia. Olvidamos quiénes somos con el fin de que podamos experimentar la gran alegría de encontrar de nuevo nuestro camino de regreso a casa. Para hacer esto, necesitamos aquietarnos mucho y entrar en un gran silencio interior. Tenemos que ser capaces de escuchar la voz que hay en nuestro interior, que nos llama de regreso al Hogar.

La mayoría corremos a través de nuestros días, olvidando incluso que hay una voz dentro de nosotros que nos susurra una invitación a que descansemos en nuestro interior y disfrutemos del momento, sea el que sea. Los niños nos lo recuerdan. Nos recuerdan nuestro estado natural, el que está enterrado bajo capas de miedo, recelo o desconexión de la vida. Nos recuerdan quiénes podemos ser si vivimos con el corazón abierto, en estado de asombro, maravilla y gratitud. Nos recuerdan los tesoros ocultos en nuestra propia almohada.

Todo lo que estamos buscando está aquí. Está aquí en nuestros días activos, en nuestras noches sin dormir, acurrucado bajo las sábanas y en los gritos que proferimos desde las gradas. La posibilidad de una verdadera expansión de nuestro corazón y alma está aquí. Si abrazamos el momento, vamos a encontrar todo lo que anhelamos.

Hay un techo de cristal que afortunadamente se va viendo destrozado a medida que una generación de padres se comprometen a ejercer la paternidad con mayor presencia, sintonía y compromiso. Lograr esto no es fácil; de hecho, para la mayoría de nosotros es contrario a la forma en que fuimos educados. De modo que, en gran medida, este es un viaje en el que damos dos pasos adelante y uno atrás. Pero si haces aunque sea un pequeño esfuerzo para estar más despierto y comprometido con tus hijos, ¡las posibilidades son ilimitadas! No solo gozarás de más alegría en tu corazón y mayor paz en tu hogar, sino que el mundo se verá habitado con cada vez más personas que crecerán sintiéndose reconocidas, apreciadas y valoradas. ¡Imagina la magnitud del cambio que esto desencadenará en nuestro planeta!

Tenemos la oportunidad de cambiar el mundo por medio de la paternidad, de cómo afectamos a nuestros hijos a la vez que nos sanamos y transformamos nosotros. ¡Qué gran oportunidad! ¡Qué aventura!

La crianza constituye una peregrinación espiritual, consistente en una sucesión de momentos valiosos.

NOTA DE LA AUTORA

Gracias por leer este libro. Es para mí una bendición y un honor que me hayas permitido entrar en tu vida para compartir las ideas que han tomado forma para mí en el transcurso de mis años de enseñanza, asesoramiento y maternidad.

Si quieres que estemos en contacto (en inglés), espero que te unas a nuestro grupo de Facebook en www.facebook.com/SusanStiffelmanAuthor. Me reúno ahí con un conjunto cada vez mayor de madres y padres de ideas afines y corazones similares que se están comprometiendo a ejercer la paternidad cada vez con mayor presencia.

Tal vez quieras también recibir mi *newsletter*; para ello, apúntate en www.SusanStiffelman.com o en Parenting-WithoutPowerStruggles.com. Puedes permanecer al corriente de mis actividades y apariciones públicas, y asimismo acceder a muchos recursos útiles.

Si te apetece profundizar en mi trabajo, ofrezco una variedad de clases en vivo y *online* que ayudan a transformar las ideas que enseño en prácticas de la vida real. Puedes visitar mi página web para más detalles al respecto. Si quieres que vaya a impartir una charla, contacta por favor conmigo en parentingpresence@gmail.com. Finalmente, si tienes una historia o comprensión por compartir, escríbeme por favor a parentingpresence@gmail.com.

Es un gran placer para mí escuchar cómo las ideas sobre las que escribo afectan a quienes las leen, y siempre estoy interesada en aprender de mis lectores.

Con mis mejores deseos,

SUSAN STIFFELMAN

AGRADECIMIENTOS

Escribí este libro en unos momentos de gran transformación personal. Creencias limitantes arraigadas iban recibiendo sepultura a medida que nuevas posibilidades iban viendo la luz en mí, a partir de la invitación de Eckhart Tolle y Kim Eng de publicar la versión original de este libro, en inglés (*Parenting with Presence*), con el nuevo sello de New World Library, Eckhart Tolle Editions. No solo se me ofreció la oportunidad de asociarme con una de las luces más claras y más brillantes que he conocido, sino que Eckhart incluso me ayudó a editar el libro a medida que lo escribía. No puedo expresar adecuadamente mi agradecimiento a ambos, Eckhart y Kim, por creer tan profundamente en mi trabajo y defenderlo para que otros puedan beneficiarse de lo que he aprendido por el camino.

Un agradecimiento especial también para mis editores, así como para quienes han participado en mis programas *online*, han leído mi libro anterior, han seguido mi columna en *The Huffington Post*, han participado en mis teleclases o han pasado a formar parte de nuestro grupo de Facebook. Nunca sabréis cuánto me han animado e inspirado a seguir con mi trabajo vuestros comentarios y correos electrónicos. En el fondo, soy un poco perezosa, pero cuando pienso en vosotros (las mamás y los papás, los abuelos y profesores que utilizan las ideas que ofrezco y se benefician de ellas), me siento motivada a continuar. Gracias por vuestro apoyo y por hacerme saber cuándo algo os ha ayudado.

Una mención especial para Glennon Melton y el equipo Momastery (Amy Olrick y Amanda Doyle). Vuestra creencia en mi trabajo y vuestra disposición a ofrecer mis clases a vuestro grupo me mostró lo que es posible: que realmente podemos cambiar el mundo para mejor, niño a niño, familia a familia.

Mi agradecimiento a mi madre, por su amor y claridad, y por el hecho de que a los noventa y tres años estás abriendo todavía archivos adjuntos de correo electrónico y conectándote con mis seminarios *online*. Gracias por mostrarme lo maravillosa que puede ser la vida, independientemente de la edad que tengamos. Mi agradecimiento especial a mis mamás adicionales, Beverly Gold y Berenise Kaplan. ¡Os quiero!

Mi agradecimiento también al más paciente, cariñoso, amable, inteligente, solidario, solícito, divertido, talentoso e increíble hombre del planeta, Paul Stanton. Gracias por el milagro de aparecer en mi vida. Doy las gracias a mi buena estrella por poder compartir mi vida contigo todos los días, y por nuestro inmenso y asombroso amor. (¡Un agradecimiento muy especial por todas aquellas deliciosas comidas y masajes en los pies cuando me acercaba a una fecha límite!).

Y, finalmente, mi agradecimiento a mi hijo, Ari, uno de los mayores maestros de mi vida. Gracias por tu paciencia y amor mientras continúo creciendo a tu lado. Que seas por siempre bendecido.

RECURSOS ADICIONALES

En mi página web

- SusanStiffelman.com/PWPextras: puedes escucharlos como guía para realizar los ejercicios que te propongo en el apartado «Ahora es tu turno» al final de cada capítulo.
- Audio clips con consejos dirigidos a los padres sobre temas diversos.
- Informe descargable que te ayudara a identificar las causas potenciales de las luchas de poder (disponible para suscriptores de newsletter).
- Love Flooding (video disponible para suscriptores de newsletter).
- ¡Y mucho más!

Libros

ESPECIALMENTE INDICADOS PARA PADRES

Tormenta cerebral: el poder y el propósito del cerebro adolescente, de Daniel J. Siegel

Padres conscientes: educar para crecer, de Shefali Tsabary

Separación consciente, de Katherine Woodward Thomas

Inteligencia emocional, de Daniel Goleman

Padres conscientes, niños felices, de Myla Kabat-Zinn y Jon Kabat-Zinn.

Un guijarro en el bolsillo: el budismo explicado a los niños, de Thich Nhat Hanh.

Plantando semillas: la práctica del mindfulness con niños, de Thich Nhat Hanh.

El niño atento; mindfulness para ayudar a tu hijo a ser más feliz, amable y compasivo, de Susan Kaiser Greenland.

Tranquilos y atentos como una rana, de Eline Snel.

SABIDURÍA GENERAL E INSPIRACIÓN

Conseguir el amor de su vida: una guía práctica para parejas, de Harville Hendrix.

Feliz porque sí, de Marci Shimoff.

Necesito que me quieran. ¿Es eso verdad?, de Byron Katie.

Un ataque de lucidez, de Jill Bolte Taylor.

Amor perfecto, relaciones imperfectas, de John Welwood.

La vida plena, de Arianna Huffington.

Plan B: la fe, el amor y la vida con Dios en un mundo imperfecto, de Anne Lamott.

Descubre la felicidad con mindfulness, de Elisha Goldstein.

La guerra del arte: rompe tus barreras y gana tus batallas creativas internas, de Steven Pressfield.

Cuando todo se derrumba, de Pema Chödrön.

Otros recursos y enlaces

- AttachmentParenting.org: API promueve prácticas de crianza destinadas a crear y fortalecer los lazos emocionales entre niños y padres (español).

- EckhartTolle.com: las enseñanzas de Eckhart Tolle tienen un valor incalculable para todos aquellos que deseen experimentar una vida consciente y plena.

- GreatHall.com: excelentes grabaciones ganadoras de varios premios con historias de la mitología y clásicos de la literatura adaptados a los niños.

- LettersToOurFormerSelves.com: ¿Qué le dirías a la persona que un día fuiste? Preciosas cartas dirigidas a nuestro yo del pasado, seleccionadas y coordinadas por mi hijo, Ari Andersen.

- MindfulnessCDs.com: excelentes meditaciones y programas de la mano del prestigioso médico experto en mindfulness, Jon Kabat-Zinn.

- MindfulSchools.org: programas, presenciales y online, para implementar el mindfulness en los centros educativos.

- RootsOf Empathy.org: programa escolar destinado a aumentar la empatía y reducir el comportamiento agresivo.

- TogetherRising.org: a partir de un blog de apoyo mutuo entre mujeres que cargan el peso de sus familias o comunidades surgió esta web que ha ido creciendo y que hoy en día ofrece todo tipo de campañas y programas comunitarios.

- VolunteerMatch.org: oportunidades de voluntariado acordes a tu edad, tus circunstancias y tus intereses
- TheWork.com: me encanta el trabajo de Byron Katie y la forma en que ayuda a disipar los efectos del estrés mental.

ÍNDICE TEMÁTICO

V

W

Y

SOBRE LA AUTORA

Susan Stiffelman es la autora de *Parenting Without Power Struggles: Raising Joyful, Resilient Kids While Staying Cool, Calm, and Connected* («Paternidad sin luchas de poder: cómo educar niños alegres y resilientes mientras permanecemos tranquilos, calmados y conectados») y asesora semanalmente como columnista a los padres en *The Huffington Post*. Es terapeuta matrimonial y familiar con licencia, profesora acreditada y conferenciante internacional. Susan también aspira a tocar el banjo y es una bailarina de claqué no muy buena pero decidida y una jardinera optimista.

ParentingPresence@gmail.com
www.SusanStiffelman.com

ÍNDICE